高等院校旅游专业系列教材

旅游商业研究

师守祥　编著

南开大学出版社

天　津

图书在版编目(CIP)数据

旅游商业研究 / 师守祥编著. —天津：南开大学
出版社，2010.4
（高等院校旅游专业系列教材）
ISBN 978-7-310-03397-3

Ⅰ.①旅⋯　Ⅱ.①师⋯　Ⅲ.①旅游经济：商业经济—
高等学校—教材　Ⅳ.①F59

中国版本图书馆 CIP 数据核字(2010)第 054884 号

版权所有　侵权必究

南开大学出版社出版发行
出版人：肖占鹏
地址：天津市南开区卫津路 94 号　　邮政编码：300071
营销部电话：(022)23508339　23500755
营销部传真：(022)23508542　　邮购部电话：(022)23502200

*

天津泰宇印务有限公司印刷
全国各地新华书店经销

*

2010 年 4 月第 1 版　2010 年 4 月第 1 次印刷
787×960 毫米　16 开本　20 印张　365 千字

定价：34.00 元

如遇图书印装质量问题，请与本社营销部联系调换，电话：(022)23507125

内容简介

  本书在总结我国旅游商业研究的相关经验和吸收国际上较为成熟的商业研究理论的基础上，全面系统地论述了旅游商业研究的理论、方法与技术。

  全书共分五篇，十六章。五篇包括旅游商业研究总论、旅游商业计划书、旅游项目可行性研究、旅游项目财务评价、旅游市场研究。十六章包括旅游商业研究、旅游商业研究常用的方法与工具、旅游商业研究信息收集、旅游商业研究过程与组织、旅游商业计划书组成、旅行社商业计划书大纲、酒店企业商业计划书大纲、互联网旅游企业商业计划书大纲、项目可行性研究、旅游项目可行性研究特征、旅游项目可行性研究的内容、财务评价与投资估算、旅游企业贷款、借款需求分析、旅游市场研究、顾客满意度调查等。

  本书结构完整、内容丰富、方法具体。特点是系统性、实用性、操作性强。适合旅游高等院校教师、研究生与高年级本科生、旅游企业管理人员、旅游咨询机构从业人员使用。

前　言

一

中国旅游业的发展自起步起就是在自上而下的制度框架中寻求经济利益的最大化。1985 年底，国务院常务会议原则上批准了《全国旅游事业发展规划（1986～2000 年）》。会议认为，发展旅游事业投资周转快，创汇比较多，所需设备和钢材等原材料少，不消耗资源，不污染环境，可以安排大量人员就业，还能把交通、民航、机场等基础设施带起来，把地方一大批手工业、轻纺工业、食品工业带起来，并促进精神文明建设。1991 年在《关于国民经济和社会发展十年规划和第八个五年计划纲要》中，把旅游业明确定为产业；1992 年中共中央、国务院发布了《关于加快发展第三产业的决定》，将旅游业定为第三产业的发展重点。随后，在一些地方，旅游业迅速提升为第三产业的支柱产业、地方国民经济的支柱产业。

1995 年，《中共中央关于制定国民经济和社会发展"九五"计划和 2010 年远景目标的建议》中把旅游业摆在第三产业中"积极发展"的新兴产业的首位，社会各界对旅游业的发展更加重视。1997 年 3 月 30 日《人民日报》发表了题为"要加快发展旅游业"的评论员文章。1998 年，中央经济工作会议确定了"旅游是经济发展增长点"的角色定位。之后，全国大部分省、自治区开始把旅游业看做是重要的经济产业。

整个二十世纪九十年代，中国经济发展中旅游业得到特别的关注。从 1992年起，先后有二十多个省、自治区人民政府颁布了《加快发展旅游业的决定》，大陆有二十七个省、自治区、直辖市把旅游业定位为支柱产业、重点产业和先导产业。大力发展国内旅游被看做是扩大内需、刺激经济发展的主要手段，各级政府也通过"黄金周"制度等行政手段来推动旅游业的发展。

在我国，旅游业已等同于旅游产业，全国旅游业 "十一五"规划的指导思想、发展目标表述为"促进旅游产业体系建设，全面提升旅游产业素质，综合发挥旅游产业功能，把旅游业培育成国民经济的重要产业"。"十一五"期间旅游行业需要重点推进的十项工作全部涉及旅游经济。

旅游业被赋予扶贫致富、缩小地区发展差距、调整产业结构、刺激消费、扩大内需、增加就业等诸多经济功能。

二

旅游业尽管被看做产业，但旅游研究，不论是理论领域，还是实践层面都与其不匹配。

我国的旅游研究可笼统地归纳为两个大类：一是解释性政策研究，二是模仿西方的旅游社会学研究（限于主题本书不讨论）。解释性政策研究主要为各级政府的旅游政策服务，为此开展的理论研究主要有旅游业关联度、旅游业乘数、旅游业经济贡献（创汇、扩大内需、增加就业、产业结构优化……）等研究，目的在于证明旅游业具有"一业旺、百业兴"的优点，应该大力发展，甚至实施"政府主导战略"下的"超常规发展模式"、"跨越式发展模式"等。

旅游业的技术含量低，对创新、人力资源和管理要求不高的产业特性，使其不符合成为区域主导（支柱）产业的要求。但旅游是一个公众广泛参与的时尚活动，旅游经济是典型的"注意力经济"。在旅游学界有关"旅游业是世界第一大产业"，"旅游业投资少、见效快、效益高"，"旅游业是天然可持续产业"等一系列不实言论的误导和鼓动下，加之媒体断章取义的报道，旅游业被不恰当地炒作为无所不包、无所不能的"万能产业"。我国几乎所有的省、自治区、直辖市都以不同的形式提出将旅游业列为其主导产业。在提高地区知名度的诱惑下，旅游开发也常常成为"形象工程"、"政绩工程"。

在实践层面主要是为地方政府编制旅游发展（开发）规划。30年来产生了难计其数的规划成果。全国层面从1979年始，配合"国家社会经济五年计划"编制旅游事业发展规划，至今已有六部"旅游事业（产业）五年规划"。地方性旅游规划有省、市（地）、县（市）三级旅游规划。地方性旅游规划除与各地五年计划协调的部门规划外，大多还邀请专家进行专门的研究规划，目前已基本完成。

数量最多的是旅游区规划，我国的旅游区有风景名胜区、森林公园、地质公园、遗产地、度假区、自然保护区……，类型复杂、数量庞大、不计其数。仅以森林公园为例，从1982年我国第一个国家森林公园——"张家界国家森林公园"建立始，现已发展到拥有各级森林公园1200多处，其中国家级森林公园439处。按规定设立森林公园都应有规划。

　　我国专项旅游规划数量也很可观,如 2005 年的红色旅游年、2006 年的乡村旅游年等促生了大量规划文件。

<h1 align="center">三</h1>

　　从产业健康、持续发展的要求考虑,旅游研究应重点关注其"商业研究"。旅游商业研究是指为旅游经营决策提供信息服务的系统性旅游研究。

　　商业研究的作用,简单地讲,就是在复杂化的经济环境下降低商业决策的风险。在开发、投资之前能够获得比较可靠的商业情报,不被错误的信息所误导;在经营效益良好时能够提高企业的核心竞争力,把握未来发展的方向;储备、开发新的利润源;在经营出现危机时知道问题之所在,并且提出解决问题的办法。其目标可概括为解决管理困境,评估商业机会,提供市场信息,为市场营销和促销服务,为项目投资服务,为企业识别新的利润来源服务。

　　旅游业是个很特殊的产业,不仅其组成广泛,结构复杂,而且其商业研究本身也面临缺乏基础理论指导、顾客难以清晰界定、旅游业的边界模糊不清、难以获得可靠数据、测量理论与技术不可靠、企业多样性明显、内部缺乏联系、研究环境不可控等的挑战。

　　《旅游商业研究》一书,是一次尝试。内容按逻辑关系概括为五篇,其中第一篇是旅游商业研究总论,其他四篇依次为旅游商业计划书、旅游项目可行性研究、旅游项目财务评价、旅游市场研究。这些命题包括了企业经营活动过程中可能遇到的主要研究领域。写作中注重理论与应用结合,既有理论探讨,又有工作方法、技术工具的介绍。

　　旅游商业研究的理论与方法正在不断的探索中,可借鉴的成果很少,受作者学识、实践积累所限,著作尚有诸多缺陷,请读者不吝指教,甚为感谢!

　　联系邮箱: qzgy65@tom.com

师守祥　青岛大学浮山寓所
2009 年 7 月

目　录

第一篇　旅游商业研究总论

第二篇　旅游商业计划书

第三篇　旅游项目可行性研究

第四篇　旅游项目财务评价

第一篇
旅游商业研究总论

第一章　旅游商业研究

- ■ 为什么要开展旅游商业研究
- ■ 旅游商业研究及类型
- ■ 旅游商业研究的一般方法
- ■ 旅游商业研究的作用
- ■ 旅游商业研究的目标
- ■ 旅游产业的特殊性对商业研究的影响
- ■ 旅游投资误区与陷阱
- ■ 旅游商业研究面临的挑战

■ 为什么要开展旅游商业研究

旅游商业研究属于应用研究，目的是将研究成果应用于实践，这些实践包括规划、开发、发现问题、提出解决问题的方案、改进服务、提高效益、比较价格政策等。

一、旅游业是客观存在的产业

尽管产业分类体系中没有独立的旅游业，但我们普遍把它看作是一种经济活动。旅游业这种服务型产业，在国内外都被视作经济发展的工具，对矿产资源贫乏、技术落后的国家和地区更是如此。

现代旅游是一种大规模、广范围的活动，涉及众多产业部门和企业。没有他们提供的支持与服务，旅游活动是难以开展的。产业部门和企业的介入就必然促生经济功能。旅游的经济功能主要体现在旅游企业经营收入、目的地社区居民的收入、政府税收收入增加等方面。

旅游企业包括旅行社、住宿接待、旅游车船公司、旅游商店、景区景点等。上述旅游企业共同努力，致力于满足旅游者的旅游需求，在向旅游者提供旅游资源、旅游设施和旅游服务的同时，也获得了经济效益，自身得以发展壮大。

　　旅游不仅表现为在国家和区域间收入的重新分配，同时因其劳动密集型服务业的特性，在提供大量就业机会、解决就业问题的同时，形成新的社会财富。

　　作为产业的旅游业，其开发、经营就必然需要进行商业研究。

二、旅游行业的投资环境发生了深刻的变化

　　我国旅游学界和管理部门，一直把旅游业描述为"投资少、见效快、效益高"的产业。如何看待旅游业"投资少、见效快、效益高"的产业性质？既要因地制宜，也要有历史观点。因地制宜是说不同的国家、地区旅游业投入产出比是不同的，一般来讲越是发达国家和地区，基础设施越完善，接待水平越高，旅游服务的附加值越高，相应地产出效益越高；而欠发达地区道路、宾馆、游乐设施等都需新增投资，投资规模很大。同时这类地区远离客源地，市场规模小，见效慢且效益低下。历史地看，我国改革开放之初，旅游目的地是条件较好的城市和传统风景名胜区，主要集中在北京、西安、桂林、杭州、苏州等少数几个基础条件较好的城市，在道路交通、宾馆住宿、景区景点等方面并不需要太多的新增投资就可以开展经营；而且当时旅游产品属于"卖方产品"，只要政策容许，景区景点不需大量新增投资就可开门营业搞旅游，游客又以消费能力强的外国人、港澳台同胞为主，这一时期基本称得上是投入少、见效快、效益高。

　　而现在旅游业发展的外部条件有了很大的变化，新发现的景区多数远离城镇和交通干线，开发首先需要大量投资以解决交通可进入性，解决大量游客的住宿接待。并且游客的要求也有了很大的提高，旅游交通要求快速、安全、舒适，旅游接待要求高档、豪华、个性。

　　现在，我国投资上亿、数十亿的旅游开发项目已属常态，投资过百亿的旅游项目也时有所闻。据报载，安徽2006年有统计的旅游投资高达543亿元，其中投资亿元以上项目105个，占27%（《中国旅游报》2007年2月7日第2版）。2006年河北邯郸市投资1680多万元旅游规划费，实施规划引导工程（《中国旅游报》2007年3月14日第3版）。我国旅游业已经是名副其实的资金密集性产业。

三、旅游业经营环境出现了新特点

　　我国旅游业因重复建设严重、过度竞争而效益低下。2006年全国旅游行业上缴税金139.94亿元，人均实现利税0.63万元，实现利润仅30.87亿元，人均实现利润0.11万元，利润率仅为0.84%。全国31个省级区域中15个省旅游业

利润额为负数。换句话说，全国一半的省旅游业亏损，河南亏损最严重，为 3.82 亿元；海南、云南以旅游业为主导产业，也是全行业亏损。

旅游业全员劳动生产率最高是河南（42.00 万元/人），最低是西藏（3.52 万元/人），全国有 17 个省在 10 万元/人以下。人均实现利税最高的是上海（4.28 万元/人），最低的是河南（-5.54 万元/人），西部多在 0.5 万元/人以下，云南、山西、湖南等为负值。人均实现利润项全国平均仅 0.11 万元，其中有 15 个省级区域为负值。人均实现利润最高的是上海（3.35 万元/人），最低的是河南（-5.20 万元/人），西部省区多为负值①。

对旅游行业内部组成进行经济分析，结果显示，旅游业的核心部门，如旅行社已成微利行业。根据《2006 年中国旅游统计年鉴（副本）》中的数据分析，2005 年，旅行社总体利润率为 0.11%，其中国内旅行社利润率为-0.41%；31 个省级区域中，16 个省整个旅行社行业亏损；国内旅行社亏损面更大，有 26 个省亏损，占 83.87%，亏损额达到 1.7 亿元。从以上分析可以看出，将旅游产业看作是投入少、产出高、见效快的高效益产业，是与实际情况不符的。

2006 年，星级饭店利润率为 2.23%，其中内资饭店为 0.51%。31 个省级区域中，有 24 个省整个星级饭店亏损，湖南省亏损最大，为 37545.8 万元，云南、辽宁紧随其后。

传统观点认为旅游经营是一种极为特殊的现象，因为旅游业赖以吸引客源的多数旅游对象恰恰是原已客观存在的环境，旅游业与其仅是利用（甚至是无偿使用）的关系。也就是说，旅游资源的自身价值不是旅游业的成本。旅游业通过服务来促成旅游主体与客体的结合，这种媒介作用决定着旅游业的经营成本只是旅游企业提供专项服务的总成本，它包括企业必须购置的设施、设备以及管理费用等。

我国景区多数是无偿获得资源的使用经营权，景观资源的价值消耗、环境占用没有纳入旅游区经营成本进行核算，低估了实际成本占用，高算了产业利润，这一点是长期被忽略的。但是，随着我国绿色 GDP 核算体系的建立，环境占用、资源的价值消耗等均需记入成本，那么旅游产业经营的成本将会大大提高，相应的投资效益便会受到很大的影响。

四、市场细分化明显

旅游市场已经不是最初的大众化、单一化市场。个性化的人群要求旅游企业提供特色化、差异化产品与服务。企业必须应对日益细化的市场，需要商业

---

① 河南省的该组数据相互不能逻辑审验，但《2007 中国旅游统计年鉴》（副本）原文如此。

研究提供信息服务。

■ 旅游商业研究及类型

从研究的功能及其目标来衡量，旅游研究可以简单地分为纯理论研究和应用研究两种基本类型。

纯理论的研究常常被称为基础研究，它的目的可能是提出假设，构建模型、框架；也可能是检验已存在的理论，以便实证、修正甚至推翻它们。

应用研究的目的是解决旅游实践中的问题，譬如收集市场信息、规划编制、寻找问题、改进服务的措施等。旅游商业研究就是应用研究，其研究功能是为企业、行业服务，解决旅游经营、旅游管理中的现实问题。

一、旅游商业研究

旅游商业研究（tourism business research）是指为旅游业决策提供信息服务的系统性旅游研究。

二、旅游商业研究的类型

旅游商业研究的类型，因其标准与参照不同，会有不同的类型体系，同时类型的描述与研究的方法有关。我们把它分为报告型研究、描述型研究、解释型研究和预测型研究四种类型。

1．报告型研究

报告型研究是一种基本的研究类型，它是用来解释、总结有关的数据，有时需要生成有关的数据。这类研究一般不要求推理和得出结论，而是把有关的信息资源清晰地列出。由于互联网的普及，信息获得比以往方便了，但是"海量"数据也使得获得有价值的数据更为困难了，这对研究人员"甄别"数据的知识和技能提出了更高的要求。

2．描述型研究

研究者着重描述所研究的旅游商业现象，试图找出有关时间、地点、人物、事件及过程等问题的答案，并不试图解释这些现象的原因。描述型研究对解决数量、成本、效率、效果等问题十分有效，所以成为商业研究中非常流行的方法。

3．解释型研究

解释型研究的主要目标是通过研究来解释旅游商业现象是怎样发生的、为何发生。解释型研究需要理论或者假设来解释某一特定现象发生的原因。

4. 预测型研究

预测型研究是提供有关未来事件的信息的研究。预测型研究需要理论指导，需要建立在解释型假设的基础之上，否则就成了猜测。

■ 旅游商业研究的一般方法

一、定性研究方法

在人文科学研究中，定性研究占据一个极其重要的位置。定性研究，常识性来说是相对于定量研究而言的，它是一种非数量化的、非统计化的研究。定性研究主要是对社会现象的理解、描述与解释。

定性研究的特点主要有以下几方面：

定性研究者是资料分析的一部分，没有研究者的积极参与，资料就不存在；

定性研究中的计划则随着研究的进行而不断发展，并可加以调整和修改；

定性研究在实地环境中进行，力求了解事物在常态下的发展变化，并不控制外在变数；

定性研究中，研究者本身就是测量工具，任何人都代替不了他；

对特定问题的研究具有相当的深度；

对收集主观性的信息（如偏好、要求、满意、评价、习惯等）有优势；

可以发现和界定未知或模糊的问题和现象；

定性数据包括了文字、图片和声音等，通常在性质上是无结构的；

定性数据不能简单地转化成数字模式，一般也无需采用定量数据分析技术；

利用、生成、分析和解释定性数据的研究很难进行设计；

定性研究一般不采用统计学方法进行分析。

最近十年来，定性研究的硬件设备有了很大发展。如今，众多民意测验机构都拥有了非常先进的技术设备，如视频会议设备、室内手动匿名投票装置、访谈专用电脑记录软件等。事实上，正是这些设施的广泛应用直接导致了调查业的高速发展。

录像报告或录像剪辑报告的形式在定性研究中日益流行。它们可以让那些没有参加座谈会的管理者们观看到座谈会的全过程，包括受访者对某项政策、项目的反应，他们的表情、体态语言等。大型客户或那些"大牌人物"往往不乐于参与人数不确定的座谈会，而是坐在自己舒适的办公室里面开展工作，因此视频会议这种形式对他们来说容易被接受。

现在，西方国家的研究者开始在访谈室中使用单面镜、录音录像等设施。大大的单面镜、电脑工作站、录音录像设备和其他电脑辅助设备，以及充足而富有营养的食物，再加上知识渊博、经验丰富的研究人员，这一切都为人们提供了一个轻松舒适的环境。而当研究内容涉及敏感问题、冒险行为或与"隐私"有关的问题时，室内手动匿名投票装置使得每个受访者都能够在小组中以匿名的方式，更加自然地参与讨论和投票表态。在这样的环境中，受访者可以专心致志地探讨自己的观点，而委托方或客户则可以一心一意地观测整个访谈过程，双方互不干扰。

此外，由于现代化的高效数据录入设备的应用，数据录入已经变得前所未有的简洁而高效。如今市场上已经开始出现这样的电脑软件，在访谈进行的同时，电脑可以逐字逐句地即时记录受访者原话，与此同时对话语进行分类和编码。将来，在定性研究领域，更直接、更高效的优质软件将会得到更快、更广泛的应用。

在线调查则是随着互联网的发展而兴起的一种新的定性研究方法。在网络聊天室进行的访谈或者持续一段时间的 E-mail 互动式访谈，都得到日益广泛的应用。比如要研究青年人在自助旅游中的人际交往价值观（对待异性游伴的态度），在聊天网站里建一个"聊天室"海阔天空地进行"访谈"，其效果会比面对面的访谈来得更有效。

定性研究的方法很多，常用的有实地观察、访谈、个案研究等方法。

1. 实地观察

观察法凭借对实际现象的直接观察去收集资料，又叫"田野调查法"。主要是在自然情境下对某种现象的研究。研究者既可独立观察，又可亲身参与。观察方法依赖于观察者对所发生的事件及其原因进行解释的能力。"观察"必须具有对社会结构中事件、行为以及典型产物的完整的说明和记录。根据研究者观察和参与研究对象的程度加以划分，大致有如下几种情形：

（1）公开观察　研究者仅仅以观察者的身份出现，不直接参与到人群中去，但要告知人群，他们正受到观察。

（2）隐匿观察　研究者的任务仅限于观察，不直接参与到人群中，而且被观察者不知道他们正受到观察。

（3）公开参与　观察者参与到研究事件的人群中，成为事件的直接参与者，不能隐瞒他（她）正在观察他们的事实。

（4）隐匿参与　研究者参与其所观察的事件过程，但身份不为外人所知，如"神秘游客"技术应用于旅客对服务的满意度调查。

　　具体观察方法的选择，主要基于研究课题的具体内容、被观察的团体或个人的合作程度以及道德原则上的考虑。譬如，隐匿参与可能会影响观察对象的行为，也可能会引起欺骗、侵犯他人隐私权等道德、法律上的问题。当然，从另一方面讲，在观察对象不知道自己被观察的情况下，研究者收集到的信息无疑更具真实性。

　　在使用观察法时，信息的收集要么是通过人员观察进行，要么通过机械设备进行记录进行。例如设于景区入口处的自动计数器可以记录景区接待人数，也可以通过检票员统计票数获得这一数据。设于高速公路收费站的记录仪，不仅可以提供车辆数据，还可以通过车牌号了解游客地理分布。

　　2．访谈法

　　访谈是最普遍使用的定性研究技术，它使得研究者在一个不太正式的场合就能获得丰富的和变化的数据集。访谈可以提供游客的经验、意见、愿望和感受方面的丰富的数据。

　　访谈有不同的类型，如个别访谈、集体访谈。也可以划分为封闭的定量化访谈、结构化无确定答案的访谈、采访式访谈、座谈访谈和群组讨论等。

　　采用小组座谈的形式，围绕中心议题进行讨论。作为介于大规模调查与个别人物深度访谈之间，并与其互补的研究方法，集体访谈调查最显著的特点就是受控制的集体讨论，一般用于收集有关研究计划的初步资料，为尔后的问卷设计打下基础，或找出某种特殊现象背后的原因。

　　集体访谈调查的优点如下：

　　首先是便于搜集初步资料，可以搜集到与题目或现象相关的初步资料。集体调查可以用于小规模的实验性研究，为将来运用其他研究方法进行深入研究提供基础，例如电话调查或其他的定性研究方法。

　　其次是实施时间短，伸缩性大。

　　第三是思考空间大，全面性强。集体访问调查的回答经常比个人访问更具全面性且受到较少限制。一位回答者的论述有助于鼓励其他人顺着这条思路去思考，在个人访问中这种情况可能不会出现。能够胜任的主持人，可使讨论产生"滚雪球"效应，即发言者不断地对别人的观点发表评论。当其他人发言时，熟练的主持人可通过面部表情和非语言行为，观察出语言表达能力不强的调查对象的意见和态度。

　　第四是费用低廉。集体访问调查偏重"质"，具有较为"经济高效"的特点。

　　集体访问调查的缺点主要是讨论局面的维持及效果的保证有相当难度。某些群体被自命为"领导者"的群体所控制，他们垄断他人的谈话并试图把自己的观点强加于其他成员。因此，集体访问调查在很大程度上依赖主持人的技巧，他必须知道应该在什么时候探索更深入的问题，什么时候阻止讨论的话题，怎样使所有的参与者加入讨论。这些都必须有一定的专业知识和细心才能完成，对参与者的一个嘲讽性或不恰当的评论，都可能会对群体的行为产生负面的影响。

常见的访谈错误有：

不能仔细地听；

问题重复；

帮助受访者回答问题；

问题模糊；

问题本身没有意义；

不能评判答案；

提问时有不当引导；

访谈时间太长，导致受访者烦闷；

访谈记录不完整。

3．案例研究

案例研究是对与现实生活环境有直接关系的现象的研究，不是对现象进行一般的记录，而是在一定的时间和空间内对特定的现象进行深入而具体研究的方法。有多种案例研究的方法：

个体案例研究；

一系列个体的案例研究；

社区的研究；

群体的研究；

事件、作用和关系的研究。

二、定量研究方法

定量研究则是运用数据、统计等手段来验证社会理论、推理和演绎。定量研究是把社会现象运用自然科学的方法进行规范化、数理化，从而达到所谓的"科学主义"。一直以来，人们都把定量研究看成是"最科学"的社会研究方法，因为它提供了各种有力的数据。其特点是：

定量研究者力求客观地进行资料分析；

定量研究中的设计在研究开始前就已确定；

定量研究运用实验方法，尽可能地控制变数；

定量研究中，测量工具相对独立于研究者之外，事实上研究者不一定亲自从事资料收集工作；

在定量研究中，信息都是用某种数字来表示的。在对这些数字进行处理、分析时，首先要明确这些信息资料是依据何种尺度进行测定、加工的。

三、混合研究方法

作为对传统量的研究方法和质的研究方法的补充，混合方法研究是指研究者在同一研究中综合调配或混合定量研究和定性研究的技术、方法、手段、概念或语言的研究类别，其理论基础是实用主义和系统哲学。质的研究和量的研究范式是具有共同点的，如使用经验观察来解决研究问题，通过各种方法来确保最大程度减少偏见和其他无效信息的干扰。尽管某种方法会和一种特殊的研究传统有关，但是无论哪种方法与范式，它们调查的目标、领域和本质是一致的。当今的研究越来越复杂、不断变化并具有学科交叉的特点，因此研究者需要采用相互补充的多种方法，理解其他学者使用的多种方法，从而促进交流、合作和高水平的研究。

实用主义哲学为研究方法的选择提供了哲学和方法论层次的一种直接的、有用的中间立场，提供了一种实际的、以结果为导向的探究方法，一种从多种方法论中选择能够更好解决研究问题的方法。基于实用主义哲学，混合式方法被定义为研究者在一项研究中混合或结合量与质的研究技术、方法、概念或语言的一类研究。有两种主要的混合式研究思路：一种是混合模型，即在研究过程的各个阶段混合使用量和质的方法；另一种是混合方法，即在整个研究中分别包括质的研究阶段和量的研究阶段。

混合方法研究程序设计包括确定研究问题、确定研究目的、选择研究方法、收集资料、分析资料、解释资料、使数据合法化、得出结论并撰写最终报告等步骤。其突出优势是在研究中能增加交叉性优势，压缩非重叠性弱势，提高研究的效度与信度。

旅游是一类极其复杂的现象，研究过程需要多种思路、手段相结合才能解释管理中面临的问题。

四、比较研究法

比较研究法是根据一定的标准，把相关的事物放在一起进行考察，对比其异同，以把握事物特有的质的规定性的研究方法；亦即从相互联系和差异的角度观察和认识事物，进而探索事物发展规律的研究方法。

从操作角度说，比较研究的一般程序为：确定比较研究的问题和标准，收集比较研究的资料，进行比较分析，做出比较研究的结论。

◆ 确定比较研究的问题和标准。首先根据研究的目的规定研究的内容和范围；其次选择比较的对象；再次确定比较的标准。

◆ 收集比较研究的资料。通过调查访问、查阅文献等方法，广泛收集资料，并对资料进行必要的整理和加工。

◆ 进行比较分析。列举比较对象的相同点和不同点，运用历史的、辩证的、联系的观点分析其异同的原因。

◆ 做出比较研究的结论。在对收集资料比较分析的基础上，对于所研究的问题提出比较结论。

旅游规划、市场营销中最广泛使用的 SWOT 分析就是一种典型的比较研究方法。

■ 旅游商业研究的作用

商业研究的作用，简单地讲，就是在复杂化的经济环境下降低商业决策的风险。在开发、投资之前能够获得比较可靠的商业情报，不被错误的信息所误导；在经营效益良好时能够提高企业的核心竞争力，把握未来发展的方向；储备、开发新的利润源；在经营出现危机时知道问题所在，并且提出解决问题的办法。

旅游业是个很特殊的产业，不仅其组成广泛，结构复杂，而且是典型的"眼球经济"，其商业研究的自变量难以把握，商业研究本身风险较大。

一、避免政策陷阱

旅游业是典型的"眼球产业"，所以往往成为"形象工程"、"政绩工程"的载体，容易落入政策性陷阱。

二、纠正理论误导

旅游是一个典型的公众广泛参与的时尚活动，旅游经济是典型的"注意力经济"。在旅游理论界、管理部门有关"旅游业是世界第一大产业"，"旅游业投资少、见效快、效益高"，"旅游业是朝阳产业"，"旅游业是无烟产业"等一系列不实言论的误导下，加上媒体不甚其解、断章取义的报道，旅游业被不恰当地炒作为无所不包、无所不能的"万能产业"。

在我国，旅游学界、教育界和管理部门长期以来把旅游业描述为"世界第一大产业"进行宣传，产生了严重的误导。在西方文献中，旅游业因涉及部门多、参与人数众，而被描述为世界最大的行业，但这一表述引入我国时，概念发生了变化，成了"世界最大的产业"。产业与行业虽仅一字之差，但内涵却很不一样。之所以产生这种"误用"，从客观上讲是旅游学基础理论研究薄弱，基本概念体系尚未达成共识；从主观上看有故意夸大以引起重视之嫌。国内旅游学著作称 "1992 年，国际旅游业以年流量 5 亿人次，年消费量 3000 亿美元，就业人数 1.2 亿的规模，正式宣告旅游业超过钢铁工业、石油工业、汽车工业等传统的巨大工业，成为世界上的第一大产业，至今没有易位"。这几项内容没有可比性先不说，就其数据而言，也不能证明旅游业是世界第一大产业。年流量 5 亿人次肯定小于交通运输业，就业人数 1.2 亿的规模肯定小于农业，年消费量 3000 亿美元相对于能源、制造业等更不算大，即便是第三产业内部，也还是低于餐饮、信息等行业，旅游业不可能是世界第一大产业。

我国长期以来用来描述旅游业对国民经济贡献的指标是"旅游业总收入相当于 GDP 的百分比"。略有经济学常识的人都知道，这两个概念含义不同，GDP 属于增加值，而总收入包含了中间投入的重复计算，相比是夸大了的，两者不是部分与整体的关系，不能进行百分比计算。我国旅游收入统计不仅存在组成部门之间的重复，也存在客源地与目的地之间的重复计算。事实上，由于旅游业不同于传统意义的产业，不是独立的产业部门，而是有关部门与行业的边缘组合，在国民经济核算体系（SNA）和国际标准产业分类（ISIC）中没有列表。旅游经济分析缺乏计量理论与方法，故国内旅游活动的货币信息和收支数据，从理论上讲是"不可测量"的。我国专业统计机构显然注意到了这一点，不仅国家和地方的统计年鉴中没有这方面的数据，旅游部门编制的旅游年鉴也是以游客人数和人口社会学指标为主，货币信息数据很少。由于旅游业增加值难以计算，旅游统计只是抽样调查数据，且使用"旅游业总收入相当于 GDP……"的模糊说法，但媒体、公众和管理人员并不深究其中的差异，引起了误导。

旅游业被看作是一个强关联性的产业，具有"一业旺、百业兴"的带动作用。旅游学者们借用凯恩斯的"投资乘数模型"，进行旅游业关联带动作用研究，我国通行的提法是旅游业的乘数效应是 1:5。也就是说，旅游业每增加"1 元"的直接投资或消费，可为全社会带来"5 元"的间接收入。事实上是研究者把旅游业的复杂性与关联性混淆了，复杂性是指内部组成及结构，而关联性是对外部的影响。旅游业是终极服务业，是由众多相关部门组成的"产业联合体"，具有内部结构的复杂性。因旅游业几乎不存在为哪个部门提供装备和生产资料的功能，外部影响力较弱，对其他产业的带动作用很难体现。相比之下，几乎没有哪个部门不为旅游业提供"生产资料"，换句话说，旅游业的发展总是要依赖其他产业的发展。旅游学界把两者相互影响的逻辑倒置是不对的，譬如青藏铁路的开通推动了西藏旅游业的发展，但我们不能说是旅游业推动了青藏铁路的建设。

认清旅游业复杂性的本质特征，具有重要的实践指导价值。

三、关注旅游统计数据，研究其商业价值

我国旅游业长期存在宏观数据节节攀升、经营效益不见起色的现象。

以 2007 年为例，《2007 年中国旅游业统计公报》（国家旅游局 2008 年 8 月）指出：2007 年全年共接待入境游客 13187.33 万人次,实现国际旅游外汇收入 419.19 亿美元，分别比上年增长 5.5%和 23.5%；国内旅游人数 16.10 亿人次，收入 7770.62 亿元人民币，分别比上年增长 15.5%和 24.7%；中国公民出境人数达到 4095.40 万人次，比上年增长 18.6%；旅游业总收入 10957 亿元人民币，比上年增长 22.6%。

其中国内旅游业实绩突出，2007 年，我国国内旅游继续强劲增长，全国国内旅游人数达 16.10 亿人次，比上年增长 15.5%。其中：城镇居民 6.12 亿人次，农村居民 9.98 亿人次。全国国内旅游收入 7770.62 亿元人民币，比上年增长 24.7%。其中：城镇居民旅游消费 5550.39 亿元，农村居民旅游消费 2220.23 亿元。

全国国内旅游人均花费 482.65 元，比上年增长 8.0%。其中：城镇居民国内旅游人均花费 906.93 元，农村居民国内旅游人均花费 222.47 元。

在开展商业研究时，这组数据中隐含着一定的市场风险。首先是统计风险，在我国旅游部门的统计中，游客的定义与居民理解的有区别。统计上旅游除包括传统的游览观光之外，还包括探亲访友、商务、公务会议、度假休闲、宗教朝拜、文体科技交流及其他共 8 项。一般情况下，探亲访友的人对旅游设施的利用率很低，其商业价值很难测算，而这个比例还恰恰比较高，甚至最高（表 1.1）。2006 年城镇居民旅游者中探亲访友者的比例为 23.4%，农村居民国内旅游者中高达 64.38%是探亲者，而它们中的 90%既不使用住宿设施，也不游览景区景点。其次是消费、货币信息风险。中国公民人均旅游花费在 2001 年就达到了 449.5 元，2006 年仍然不到 450 元（表 1.2），从 2001 年到 2007 年的 6 年间，我国国内旅游人均花费绝对值仅增加 33.1 元。如果考虑到 2003～2007 年间的物价上涨因素，中国旅游者的人均花费是下降的。

表 1.1 中国城镇居民主要出游目的（%）

年份	观光游览	探亲访友	度假休闲	商 务	公务会议
1993	38.85	20.46	7.06	4.56	6.64
2000	39.9	26.3	16.8	2.8	6.2
2001	39.3	25.2	17.7	3.7	6.0
2002	41.4	25.2	18.0	2.3	5.7
2003	41.7	25.5	21.2	1.9	4.7
2004	45.0	23.7	19.7	1.4	4.1
2005	44.9	23.5	18.5	2.0	3.7
2006	42.6	23.4	20.6	1.9	3.1

注：表中省略了宗教/朝拜、文体科技、其他等项，合计非 100。

20 世纪 90 年代的多数年份国内旅游抽样调查把休闲、观光、游览、度假合为一项，无法分离。

资料来源：相应年份《中国国内旅游抽样调查资料》。

表 1.2 国内旅游人均花费（元）

年份	2001	2002	2004	2005	2006	2007
花费	449.5	441.8	427.5	436.1	446.9	482.6

资料来源：《中国旅游统计年鉴》2001 年～2007 年。

四、提供市场信息，为市场营销和促销服务

市场创新，是旅游发展的归宿。关键是通过各种创造性的活动，提高景区知名度、美誉度、向往度，增加游客数量，激励消费支出。提高市场份额，必须加大宣传促销力度。制订促销战略，编制操作方案，打通销售渠道，抢占特殊市场。举办大型活动，强化宣传攻势，建立营销办事处，扩大产品范围，与周边地区加强合作，优势互补，资源共享。利用现代网络技术、通信工具进行市场拓展，制造冲击波，引发轰动效应，努力培育消费者的渴游欲。在信息不对称的情况下，旅游商业研究的开展可以为旅游业的运作提供相对可靠的市场信息，足够的市场信息的获得，有助于实现旅游业的市场创新，促进旅游业市场促销的实现。

五、为项目投资服务

旅游商业研究的开展，主要就是对旅游投资项目的经济可行性进行调查研

究，作为"经济人"的企业在商业研究的基础上，本着"利益最大化"的原则，理性投资于合适的旅游项目。

六、有利于企业识别新的利润来源

要想获得可观的利润，最重要的是进行产品创新，这是旅游发展的核心。关键是开发、设计、包装令人耳目一新的具有强吸引力的旅游项目和景点。旅游产品和商品的创新要与技术创新相联系，在深挖景区景点内涵的基础上，在"新、奇、特、怪、绝、精"上做文章，充分反映地方特色，进行准确定位，树立精品意识，防止趋同性、重复性，强调独特性和新颖性。对于旅游企业来说，应该有针对性地寻找各自新的利润来源。旅游企业可以通过创新旅游发展模式，寻找新的获利渠道。例如，可以利用跨行业的互动开发，建立生态旅游示范区、旅游文化基地、宜居城镇等，对旅游景区资源和城镇区域环境实施转化、优化，实现资源最大限度的价值发现和价值提升；可以为旅游者设计、提供更为丰富的消费产品、新鲜体验和优质服务，如主题公园、远洋邮轮、温泉度假、专项特色旅游等，充分激发旅游者的消费潜力；可以利用企业的品牌与市场影响，开发诸如旅游保险、旅游金融、旅游规划设计、旅游投资咨询等相关多元业务，占领广泛的市场。"旅游+地产"、"旅游+体验"、"旅游+金融"等多种模式，都将是大型旅游企业积极探索的路径。

七、培育商誉，为旅游业树立品牌

树立品牌意识，建设具有企业特色的旅游产品。企业在运作过程中不仅要努力地创立品牌还要能守住原来的老品牌，只有这样，才能在市场竞争的大潮中站稳脚跟。这一点，我们很多地方和企业过去都忽略了。品牌就是知名度，就是注意力经济，就是财富，旅游业要想获得长足的发展，就必须与品牌挂钩，创造"口碑效应"。

■ 旅游商业研究的目标

一、解决管理困境

旅游企业面临的管理困境因企业而异，但结果基本相同，那就是顾客在流失，企业利润在下降。具体问题有：

酒店入住率徘徊不前；

顾客满意度下降，要不要对酒店菜品进行大的调整；

酒店上菜速度总是不够快，游客总是在埋怨；

景区门票要不要涨价，风险有多大；

旅行社价格战愈演愈烈；

旅游车船公司运力的季节性闲置；

销售额没有增加；

代理机构的折扣比例；

企业员工的高流失率；

优秀员工不断跳槽，管理层薪酬节节攀升；

市场细分加剧，企业如何应对；

旅游活动的季节性如何解决；

人口社会结构的变化如何影响旅游供给；

社会观念的变化对旅游活动有哪些影响；

消费者权益的保护对旅游企业经营有什么影响；

突发事件对旅游企业的影响及应对；

新员工培训计划制定；

企业与社区如何相处；

要不要加入行业协会；

新技术投资能否带来理想的利润；

......

当旅游企业出现这些问题时，管理层必须尽快提出解决办法，而商业研究就是研究这些问题产生的原因，为管理者提供有针对性的解决建议。

二、评估商业机会

旅游企业并不总是被动解决存在的管理困境，商业机会无处不在。商业研究就是满足投资者搜索市场机会的要求。

中国经济的持续高速增长，带动了人均 GDP 和可支配收入的增长。根据第一次全国经济普查资料，1979～2004 年我国 GDP 平均每年递增 9.6%，有将近一半年份的年增长速度超过了 10%。而同一时期世界年平均增长速度在 3%～4% 之间。1979～2004 年我国人均 GDP 平均每年递增 8.3%[①]。特别是最近的 2003～2007 年，经济增长率超过 10%，成为改革开放以来，也是建国以来经济

---

① 金碚. 1978 年以来中国发展的轨迹与启示. 中国工业经济，2007（5）

社会发展最强劲、最稳健的时期。

　　经济的持续高速增长使得中国已逐步进入小康社会。经济的持续高速增长，带动了人们收入和生活水平的提高，其间伴随着恩格尔系数的下降(见表1.3)，为国人消费升级、由物质消费逐步转向服务消费提供了有利的基础，用于娱乐、影视、运动、旅游等升级消费的支出也不断增加。我们认为，随着中国民众闲暇时间增多、财富增加、交通便利程度提高、对旅游休闲期望的改变以及消费选择的增多，中国旅游将逐步进入快速发展阶段。

表 1.3　城乡居民家庭人均收入及恩格尔系数

年份	城镇居民家庭人均可支配收入		农村居民家庭人均纯收入		城镇居民家庭恩格尔系数(%)	农村居民家庭恩格尔系数(%)
	绝对数(元)	指数(1978=100)	绝对数(元)	指数(1978=100)		
1978	343.4	100.0	133.6	100.0	57.5	67.7
1980	477.6	127.0	191.3	139.0	56.9	61.8
1985	739.1	160.4	397.6	268.9	53.3	57.8
1990	1510.2	198.1	686.3	311.2	54.2	58.8
1995	4283.0	290.3	1577.7	383.6	50.1	58.6
2000	6280.0	383.7	2253.4	483.4	39.4	49.1
2005	10493.0	607.4	3254.9	624.5	36.7	45.5
2007	13786		4140		36.3	43.1

　　资料来源:《中国统计年鉴2006》，中国统计出版社，2006 年。

　　中华人民共和国国家统计局于 2008 年 2 月 28 日公布的《中华人民共和国 2007 年国民经济和社会发展统计公报》显示 2007 年，我国旅游业依旧保持了较快增长，三大市场全面增长。全年旅游业总收入 1.09 万亿元人民币，相当于国内生产总值比重的 4.42%。

■ 旅游产业的特殊性及其对商业研究的影响

一、旅游资源特征

1. 资源所有权虚置

从严格意义上来说，我国的绝大多数景区（自然风景、历史名胜古迹、自然保护区、遗址公园……）是全社会的财富，就其原始状态而言，应不属于任何个人，甚至不属于地方政府。在中国，具备独特性的自然资源与历史文化资源，已经由风景名胜区、自然保护区、国家森林公园、国家地质公园及文物保护单位等"圈占"，全部纳入了国家的法律保护领域。虽然风景名胜名为全民所有，但实质上是为地方政府所有并经营管理。地方政府及其他机构把原本属于全民的旅游资源以无偿形式获得，策划包装成项目，或投入政府资金，或招商引资进行开发。我国的多数旅游资源，从名义上讲属全民所有，但管理实践中又没有体现全民所有。

2. 资源的地区分割、部门独占

我国的旅游资源缺乏一套全国性管理机构，往往是由所在地地方政府管理的。地方政府获得旅游资源的使用、经营权无需支付任何费用。归谁管理、由谁经营完全取决于资源的原始地理分布。在一个行政区域内，归谁使用又取决于资源形态。更为重要的是，在法律上，这些资源的经营权是不可转让的。因此，旅游资源中最重要的资源（旅游吸引物）不能进入市场流通。

3. 旅游资源资产化程度低

资源在投入生产过程时应转化为资产，旅游业依赖的核心资源，不管是风景名胜，还是历史遗迹，都没有转化为资产。

4. 资源依赖程度差异大

除了景区、景点，旅游业中的大多数行业、企业并不直接依赖旅游资源，而是依赖市场。譬如航空公司，它通常被认为是旅游业的主要组成，但它提供的产品是飞行及其附加服务，其投入因素及"加工品"中不含旅游资源（吸引物）。它服务的对象是旅客，常常不是游客，它甚至不需要把游客从旅客中区分出来。铁路、公路交通亦然。

5. 资源保护与旅游开发的矛盾突出

旅游开发的原始依赖要么是自然风景、生态环境，要么是历史文化，都需要在有效保护的基础上有限度地开发。资源的保护是旅游业可持续发展的基础，因此，旅游开发不能破坏资源基础。

因为受到体制、部门利益等的制约，借用"保护"之名来排斥市场竞争，特别是由社会投资参与的开发。同时，借保护之名行开发之实甚为普遍，我国形形色色的"申遗"热、"保护区"热，真正热衷于保护者寥寥。

6. 资源边界不确定

旅游开发的不少元素，是不是资源难以确定，市场认可了就是旅游资源，市场不认可就不是旅游资源，而市场是否认可在项目开发前、开发过程中难以把握。

7. 无景点旅游兴起

时下年轻人中一种所谓"无景点旅游"在兴起，也就是不是奔某个景区、景点而去，选一处环境有"感觉"（不仅仅是指美丽或优良）之地，无需买票，没有导游，自己或几人结伴自由自在地闲逛。如果天气容许，也可能不住宿，露宿野外。这种方式对传统的旅游业是一场彻底的否定。

二、管理特征

1. 管理部门众多、协调难度大

通常把旅行社、宾馆饭店、购物商店、旅游车船公司、景区景点等行业叫做"旅游业"，而"国民经济行业分类"系统中并没有旅游业这一类别。我们把旅游业的范围定义得很广，国内旅游抽样调查包括"休闲、娱乐、度假"，"探亲访友"，"商务、专业访问"，"健康医疗"，"宗教/朝拜"，"其他"等6大类；把旅游行业定义得很宽，吃、住、行、游、购、娱等统揽。

2007年9月12日，国家旅游局发布了《关于进一步促进旅游业发展的意见》（旅发〔2007〕51号），提出要"促进旅游新业态发展，推动科考旅游、探险旅游、游轮游艇、海洋旅游、网络预订、旅游传媒、汽车俱乐部等新兴业态发展；促进与现代生活方式紧密相关的生态旅游、康体旅游、温泉度假、滑雪旅游、高尔夫旅游、自驾车旅游发展；促进旅游装备制造业的科技创新，推动旅游饭店、旅游景区、旅游娱乐等领域的设施设备及旅游房车、游船游艇、高尔夫设施、滑雪装备、野营设施、安全装备的研发和生产。跟踪了解太空旅游、深海旅游等旅游新领域的发展"；"完善旅游发展政策，积极用好发展改革、商务、财政、税务、金融、国土、文化、农业、工商、海关、质检、交通、铁道、民航等相关部门促进旅游业及服务业发展的相关政策"。

可见，旅游管理部门理解的旅游业是个非常庞大的产业聚合体，组成非常复杂。换句话说，上述14个强力部门都可以或可能参与旅游管理。但当旅游问题出现时，旅游主管部门协调能力又很有限。

从实际操作层面看，我国的旅游开发管理部门众多，利益结构错综复杂，建设部门负责风景名胜区、度假区的管理建设。林业部门负责森林公园、自然保护区管理。国土部门负责地质公园管理。水利、文化、文物等都参与旅游。

2. 经营管理难度大，顾客忠诚度低

出游过程需要媒介、旅行社、运输、宾馆、餐饮、景区、商业、娱乐多个环节系统紧密配合，形成全游程消费的服务整合，是一个多环节服务链。游客对旅游的评价，不是仅仅局限于景观本身，而是对整个服务链的评价。旅游提供的主要是服务，又有"异地预先销售"的特征。游客在客源地购买时对产品

质量不能有效预知，对服务过程企业也难以有效控制。因此，旅游消费的顾客忠诚度低，回头客少。这一特征大大降低了广告等营销手段的效果，也使得行业信誉度、美誉度降低。

三、旅游投资与市场特征

1．对社会资本的开放度低

通常认为，旅游业是中国最早对外开放的产业部门。这种认识是有局限性的，此处的对外开放是指容许外国人、我国港澳台人士来大陆旅游，而非对外资开放。在项目领域，旅游业不仅对外资开放不够，对内资的开放程度也很低。

即便是中国旅游业引以为豪、有改革开放"先头兵"之称的酒店业，国际化程度亦不高。2007年底，全国有星级酒店13583家，客房157.38万间，床位296.94万张；另外还有近30万家社会住宿机构。在这些酒店中外资参与的只有502家，仅占星级酒店总数的3.7%。

酒店业对国内资本的准入，尽管没有明文限制，但在经济调整期往往难以立项（事实上，我国每经历一次经济过热，都会整顿所谓的"楼堂馆所"）。同时，由于大量国有、集体产权酒店在营销领域的"特殊性"，对社会酒店存在"市场准入"制约，其投资的市场化程度亦不高。在我国星级饭店中，国有饭店的比例仍然高达45.7%（2006年数据）。

由于市场化程度低，旅游行业的很多资源，没有"手段"，花钱也拿不到，有"手段"的拿到却不需花钱。

2．外部风险难控制

对于旅游项目投资，对其他环节的服务多多少少有依赖，有时成为无法自主控制的重要风险。

3．市场地域分割严重

每个省市县都有自己的旅游企业，外地资本进入既存在制度性的显性障碍，也存在诸如文化、习俗等方面的隐形障碍。景区总是当地部门、企业经营，外地企业几乎没有可能插手；旅游车船公司只能在本地注册，而且注册人必须是本地户口；跨地区旅游的团队到达一地后必须交由当地旅行社，称地陪社或接地社（原旅行社则称组团社）……

4．市场预测困难

游客与非游客的区分难度大；

旅游设施的使用率问题；

旅游消费的决策机制问题尚不清晰；

市场细分明显加快，满足个性化需求。

5．受宏观规划政策影响大，不能就项目论项目

旅游项目的商业研究受宏观经济形式、旅游发展规划、其他政策调整等诸多外部因素影响，不能就旅游项目论旅游项目。举例说，我们 2004 年编制《青海省海南藏族自治州旅游发展规划》时提出："青海湖资源丰富，品位高，在国内外享有相当高的知名度和美誉度；青海湖是珍贵的、不可再造的自然和文化遗产，规划本着严格保护、合理开发、统一管理、永续利用的方针进行"。考虑到青海湖生态保护的要求，建议只进行观光产品开发，不搞参与性项目。规划认为倒淌河镇应作为青海湖未来旅游中心城镇来建设。青海湖湖滨原有的一些大型建设项目应转移到倒淌河镇来建设，如原规划的 151 基地四星级宾馆、游客服务及信息中心等①。遗憾的是，之后的一些商业研究项目对这一规划要求没有采纳，策划在青海湖边上搞建设。后来青海湖自然保护局成立，为了保护生态，青海湖湖滨在建项目大多停建，有的被要求拆除，造成很大经济损失。

四、产业特征

1．产业类型多样化、内部组成复杂

旅游业不是一个传统的产业类型，而是一个跨部门、跨行业的交叉行业，是由一系列相关行业组成的。在旅游业中，任何一个行业只构成旅游生产的一部分，实现旅游经济活动的一个侧面，而不能单独地完成旅游活动的全过程。与旅游相关的众多行业和企业组合在一起，共同构成了旅游生产的总体。

旅游业大体可划分为以下 10 类：

（1）景观业 主要指旅游区（点）。国家标准《旅游区质量等级的划分与评定（GB、T17775-2003）》指出：旅游区是指经县级以上（含县级）行政管理部门批准成立，有统一管理机构，范围明确，具有参观、游览、度假、康乐、求知等功能，并提供相应旅游服务设施的独立单位。包括旅游景区、景点、主题公园、度假区、保护区、风景区、森林公园、动物园、植物园、博物馆、美术馆等。

在商业研究中，上述景区点应按设立的性质区别对待。旅游区分为商业性旅游区、公益性旅游区和混合性质旅游区。商业性旅游区是指投资者完全出于盈利目的而建造或设立的旅游区点，属于企业性质。公益性旅游区是政府、社会团体、公众、私人出于社会公益目的而建造或设立的旅游区点，它们有的不收门票，有的象征性收取，但不以盈利为目的。有的介于两者之间，这些往往是依托自然、人文景观，由政府部门设立，委托部门、企业进行管理经营。

---

① 《青海省海南藏族自治州旅游发展规划 2004》．项目主持人：师守祥

（2）游憩业　游憩业大体可分为自然游憩，人文、人工游憩，前者以森林游憩为代表，后者以城市游憩为典型。包括游憩景观、游憩设施、游憩活动、服务设施。主要指公园、游乐区、康疗设施、旅游商业区（特产店、礼品店）等。

（3）饭店与住宿业　包括宾馆、饭店、度假村、旅游公寓、提供住宿的会议中心、提供住宿的展览中心、野营营地、招待所、家庭旅馆、分时度假物业、拖车营地等。

不同类型的住宿设施，其商业研究的差异性很大。星级饭店评审本身重视硬件建设的豪华性和服务的标准化、程式化，设施设备和培训的投入必然加大。度假村要求环境清净优美，必然会在环境景观建设上投入更多，也可能需要新建专用道路才能与公共交通连接。

（4）中介行业　包括旅行社（我国有国际社、国内社之分）、旅游媒介、广告公司、网上预定业等。

在我国，旅行社的设立门槛很低，交纳一定数额的保证金就可以设立。设施设备投资也很简单，一间房、一部电话和传真机就可以开张。产品基本不存在技术研发成本，也没有专利保护，容易模仿。经营管理规范性差，人力资本存量低，大多是没有底薪的临时性兼职导游带团。这类企业成立容易，倒闭也很快，个人认为基本上不需要做付费的商业研究。旅游媒介和广告是传统产业的新兴项目，需开展诸如广告投放效果性价比等研究。

（5）旅游交通行业　包括航空公司、铁路公司、公共交通公司、长途汽车公司等。在我国一般指经交通管理部门批准的，专门开展旅游业务的旅游车船公司。

旅游交通企业地方保护盛行，部门分割与进入壁垒普遍，商业研究政策性很强，需特别注意各地政策的差异。

（6）会展行业　各类能引起大量客流的节日、会议、展览、体育比赛、民间活动等。

会展旅游在业界很受追捧，但要在这个新领域投资则需谨慎。我国旅游节会已经相当普及甚至泛滥，县及以上行政区域都有自己的旅游节、文化节，有的一年有好几个旅游节，但商业价值普遍不大。

节会对旅游活动、旅游经营的影响，其机制尚不清楚，预测难度很大。即便是像 2008 年北京奥运会这样的体育盛会，对旅游业的促进作用也没有像专家之前预测的那样乐观。我国形形色色的旅游节，基本模式是明星赶场、官员录像、媒体喧哗，大多是赔钱赚吆喝。旅游节庆也有人财两旺、形象正面，办得很成功的。自然，成功的旅游节，必有其成功的理由。

（7）生产行业　土特产品加工，旅游工艺品、纪念品加工，饭店用品生产等。

（8）商业行业 旅游购物商业、休闲商业等。

（9）旅游咨询业 规划、策划、管理、投融资、景观设计等咨询行业。

（10）旅游资源保护业 各类自然保护区，尽管它的设立不是为了旅游资源保护，但其工作对旅游开发的资源保护作用很大。

从以上分类可以看出，旅游企业在经营内容、经营规模等方面具有多样性。有的企业，譬如星级酒店、豪华酒店、主题公园、运输企业等具有重工业特征，需要占用大量土地，建设大量基础设施，投资巨大，回收期较长，属资金密集型企业；有的需雇佣大量人员，如餐饮业、景区景点，属劳动密集型企业；有的需要有经验、有创新能力的员工，如旅游规划公司，属于技术密集型企业。旅游业的组成复杂多样，它们的商业研究各有侧重。

2．依赖性强

旅游业是涉及众多部门的复杂产业聚合体，内部联系紧密，需要协同发展。

旅游业依赖于第一、第二乃至第三产业其他行业的发展，是有赖于其他行业、独立性极低、服务于外来访问者的产业。是一个在其他行业发展的推动下才能发展的派生性产业。

旅游业的依赖性又可分为：

（1）目的地依赖

（2）社会经济发展依赖

（3）政府依赖

（4）文化依赖

······

目的地一般不可能由单一项目独立开发，项目必须依赖于整个目的地系统开展营销与经营。目的地是区域复合系统，必须由政府进行协调统筹；即使开发商进行区域旅游整体开发，仍然需要政府的直接参与和协调统筹；目的地系统中包括了多行业的要素组合，多环节的企业互动，其市场机理与整体战略构架推进，没有经济社会的发展，规模化、效益化的旅游业是实现不了的。

旅游项目投资，就形成了对区域的整体运作的深度依赖，这有时成为有利因素，但更多的时候是不利因素，因为自主运作的空间太小，企业发展受到限制。

3．产业敏感、脆弱

旅游业无法独立地发展，必须依靠社会各部门，所以天然具有敏感性、脆弱性的特征。在我国，1989 年的学潮、2003 年的"非典"、2006 年的禽流感、2008 年的冰冻、地震、金融危机等使旅游业深受影响。

■ 旅游投资误区与陷阱

一、规划误区

我国的旅游规划是为政府所做，政府规划的目标往往不在意经营效益。通过旅游规划，把项目在国际、全国、区域的定位大大提高，通过协调好的高规格评审会议予以通过，但质量问题很多。规划中市场扩大化、资源等级高估化、风险隐蔽化在旅游规划界是心知肚明的事。

二、政策误区

旅游是注意力经济、眼球经济，为政府提供了一个极好的政治操作平台。可以影响地方党委与政府的注意力与决策，形成党委与政府全力支持旅游开发的决定，但这类项目往往形成很多政绩工程，市场不认可。2009年中华第一爆——万州"三峡明珠观光塔"及此前拆除的重庆奉节县"华字塔"都是形象工程、政绩工程。建也有理，拆亦有由，私人投资当谨慎。

还有在旅游招商过程中，经常出现"建庙积极、拜佛怠慢"的情况。有的县政府许诺减税，其实他们根本就没有那个权力。

三、营销误区

旅游界长期错误地认为旅游就是"无中生有"。造势炒作是旅游营销的惯常手段。在百度中输入"旅游 造假"，就有208万条记录。2008年陕西镇坪、湖南平江"前仆后继"造假"华南虎"，云南陆良"南蛮王孟获之墓"造假引起全国关注，后两起皆为当地旅游局长亲为。尽管有如"天池水怪"等成功者，但模仿者中成功者不多，这种炒作对现代旅游业来讲风险很大。

四、土地政策误区

很多旅游项目以低价获取景区周边土地为目标，能否实现土地的大幅升值，以商业房产、旅游房产等方式，实现最大的资产收益存在很大变数。

五、产业整合误区

以泛旅游产业为依托，进行产业链延伸的整合运作，是旅游项目运作的重要理念。所谓泛旅游产业，是指超出观光、休闲、度假等传统旅游概念的更加泛化的旅游产业概念，其内容还包括会展、运动、康体、娱乐等等，产业链连接到餐饮、运输、酒店、商业、农业等。但问题是谁有那么大的能量呢？你是一个企业，而且仅仅是一个企业，你不是地方政府，即便是一级政府，也往往没有多大的产业整合能力，否则就没有落后地区了。

■ 旅游商业研究面临的挑战

一、缺乏基础理论指导

在过去的 30 年里，我国的旅游事业获得了空前的进步，旅游经济规模也是每年以两位数的增长率扩大，且在可预测的未来会继续保持发展态势。但是旅游理论的研究并没有取得与此相应的成就，使其失去指导实践的功能。同时，也使旅游学本身没有获得恰当的地位，研究成果离开旅游学界往往不受尊重、不被认可。前者如高等教育的旅游管理专业设在管理学的工商管理下面，每年10 万毕业生拿到的是管理学学位。管理学、经济学的权威期刊很少发表旅游论文。旅游学术刊物被归类在人文地理学名下，没有独立地位；后者如旅游统计，统计结果由国家旅游局自行发布，中国旅游出版社出版发行，国家统计局不具名、不出版、不发布。

以旅游经济研究而论，学界关于"大旅游、大产业"，"旅游支柱产业地位"，"旅游产业经济贡献"，"旅游就业成效"等说法，因其缺乏有说服力的理论依据及数据支持，使旅游研究的客观性、科学性、诚实性遭遇越来越多的质疑。

旅游学发展的时间短，学科成熟度低，甚至能否成为一门独立的学科尚存疑虑。事实上旅游学尚没有自己的术语体系、基础理论和独特的研究方法，有关旅游产业的构成、经济特性、产业地位、经济评价等的研究框架尚没建立起来，基础的概念也没有取得广泛共识。

二、顾客难以清晰界定

旅游业是一个极其复杂的行业，就经营企业、统计部门来说，谁是顾客都难以确认。譬如旅游业所说的"游客（旅游者）"到底是什么含义？至今没有人能够定义清楚。

旅游者概念是旅游理论的核心概念，他与旅游活动、旅游动机、旅游资源、旅游市场、旅游产品、旅游营销、旅游业等概念体系密切相关。探索旅游理论中的旅游者概念,是一个极其重要的理论课题。目前,理论界大多回避了旅游者概念的阐释,放弃了学术探讨,使用"旅游者"的统计界定,这对旅游理论研究的深入是有害的。

三、旅游业的边界模糊不清

关于旅游产业的构成,国内外有很多观点,存在着分歧。目前学术界较有代表性的观点可概括为支柱行业论、要素论、产业群体论、层次论、产业集群论等。

1. 支柱行业论

早期观点认为旅行社业、交通运输业和住宿业是旅游业的三大支柱[1]。后来又有学者认为旅游业除了包含以上三个部门之外,还包括旅游商品业,即四大支柱[2]。四大支柱的组成还有分歧,张涛(2003)在分析传统的支柱说的基础上,认为旅游业的支柱性行业构成应为四个行业,但以"旅游景区(点)"代替旅游商品业,即旅游景区(点)业、旅行社业、旅游交通业和旅游饭店业,并且重点强调了旅游景区(点)在旅游业中的核心地位[3]。而石长波(2004)则以休闲娱乐业代替旅游商品业[4]。从旅游目的地角度划分,部分学者认为旅游业由五个主要部分组成,除传统的三个部门之外,还应包括游览场所经营部门和各级旅游管理机构,即五大部门论(Victor T.C.Middleton,1988)[5]。这是旅游业构成的传统认识,也是目前的主流观点,多数教材引用、赞同这一观点。单纬东(2005)则对其进行了综合,在承认五大部门的同时,认为旅行社业、旅游饭店业、旅游景区业和旅游交通为旅游业的四大支柱,构成旅游业的主体内容[6]。

支柱行业论,由最初的三大支柱,到后来的四大支柱和五大部门,是认识趋于全面和深化的过程,譬如把景区、景点纳入支柱部门,但也存在问题:

首先,观点不统一,支柱行业组成有分歧。即便是名称相同,但所指却不一致,刘伟(2001)所指旅游商品是除旅行社、旅游交通和旅游饭店等服务产品以外,旅游者在旅游活动中所采购的有形的实物,比其他学者的要宽泛得

---

① 《旅游概论》编写组. 旅游学概论. 天津人民出版社,1982
② 刘伟,朱玉槐. 旅游学. 广东旅游出版社,1999
③ 张涛. 旅游业内部支柱性行业构成辨析. 旅游学刊,2003(4)
④ 石长波. 旅游学概论. 哈尔滨工业大学出版社,2004
⑤ 转引自李天元. 旅游学. 中国旅游出版社,2004
⑥ 邹春洋,单纬东. 旅游学教程. 华南理工大学出版社,2005

多①。

其次，这里"个数"是不稳定的，有人提出过六个支柱、七个支柱，也有人提出过八个方面说②。

再次，我们认为它不符合逻辑。交通运输业是一个独立定义和统计测算的产业，它的客运业务对象是旅客（包括游客，但在技术和操作上不可能区分游客与旅客）。交通业的发展并不依赖旅游产业，因此不宜把交通业界定为旅游产业的支柱组成③。

2．要素论

传统的"六要素论"认为旅游产业指旅游活动中的食、住、行、游、购、娱这六要素，相对应的旅游产业应包括餐饮、旅馆住宿设施、交通、旅游景区（景点）、旅游购物商店和娱乐场所等部门。

Lundberg 在 *Tourism Economics* 中认为旅游业由餐馆、住宿设施、交通设施、杂类、旅游点开发、娱乐设施、旅游研究、旅游吸引物、促进旅游者、政府办事机构这十部分组成④。《中国旅游统计年鉴》（副本）中旅游业包括了旅游管理机构、旅行社、旅游涉外饭店、旅游车船公司、旅游商贸服务公司和其他旅游企业。署名《旅游产业统计研究》课题组的文章认为，旅游产业的界定应紧紧围绕"吃、住、行、游、购、娱"这六大要素，以第三产业中的相关行业为主进行。他们界定的旅游产业包括 7 大行业门类，其中包括卫生、体育和社会福利业，教育、文化艺术及广播、电影电视业等传统上并不属于旅游的行业⑤。

旅游活动的开展是需要六大要素，但产业范围不等于产业要素。旅游需要的岂止是六要素？旅游活动的主体是人，凡是人生活中需要的，旅游过程亦然需要。若按需求要素界定（旅游）产业，从逻辑上讲所有的产业都可纳入旅游产业，那世界上就只有旅游一个产业了，产业分类本身也就失去意义了。

就拿传统观点中六要素所对应的部门来看，不仅统计上存在无法克服的困难，理论上也不能自圆其说。以餐饮业为例，如何区分游客消费与当地居民消费？

3．产业群体论

王洪滨等（2001）认为旅游业由直接旅游企业、辅助旅游企业和开发性组织构成。其中直接旅游企业包括旅行社、饭店、餐馆、旅游商店、航空公司、

① 刘伟，朱玉槐. 旅游学. 广东旅游出版社，1999
② 乔正康. 旅游学概论. 东北财经大学出版社，2000
③ 师守祥. 旅游产业范围的界定应符合经济学规范. 旅游学刊，2007（11）
④ 转引自王大悟，魏小安. 旅游经济学. 上海人民出版社，2000
⑤ 《旅游产业统计研究》课题组. 旅游产业统计研究. 浙江统计，2002（3）

车船公司、旅游景点、游乐场所等；辅助旅游企业包括饭店管理公司、旅游商品服务公司、旅游影视、广播、出版事业，也包括某些旅游地的基本供给和服务以及给排水系统、热电系统、洗衣店、食品店、通讯设施等；开发性组织指有关旅游的政府机构，如旅游局、海关、公安局、财税局、文物局、园林局、旅游院校、科研机构等[①]。谢春山（2005）认为旅游产业是旅游业和旅游关联产业的总和，而不仅仅是旅游业本身。其中旅游业包括旅游地、旅游饭店业、旅游交通运输业、旅行社业和旅游商品经营业[②]。张陆、徐刚等（2001）认为旅游产业包括旅游业和为旅游业直接提供物质、文化、信息、人力、智力、管理等服务和支持的行业。因此，旅游产业所包括的行业涉及第一产业、第二产业和第三产业的众多行业。在他们看来，旅游产业是一个由第一、第二、第三产业中的诸多行业和部门复合而成的一个综合性产业群体[③]。

"群体论"界定旅游产业时有的用企业，有的用行业，有的用产业，比较混乱。所界定的旅游产业涉及面太宽泛，而且互相重叠，难以掌握。把旅游地界定在旅游业里肯定是不对的，至于综合性产业则属于性质的描述。

4. 层次论

要素论及产业群体论者界定的旅游产业无所不包、过于庞大，看似全面，实则趋于虚无。把广播电视、热电系统、石油开采，甚至公安局等都包含在内的旅游业显然是难以描述的，产业地位的衡量指标难以确定。为了方便讨论，有的学者（宋子千、廉月娟，2007）认为应对旅游业进行层次划分[④]。张立生（2005）按照马斯洛的需求层次理论，将旅游业分为三个层次：第一个层次包括旅游餐饮业、旅游住宿业、旅游交通业，称为基础层次产业；第二个层次包括旅游购物业，并称为中间层次产业；第三个层次包括游览业和娱乐业，称为核心层次产业[⑤]。

罗明义（2007）将旅游产业划分为旅游核心部门、旅游依托部门和旅游相关部门三个层次[⑥]。WTO 的旅游卫星账户（TSA）就是层次论，把各种产业按照与旅游活动的关联程度划分为旅游特征产业、旅游相关产业和其他产业。传统的五大部门是旅游特征产业，零售业等是旅游相关产业，饮用水、汽油是旅

---

① 国家旅游局人事劳动教育司. 旅游学概论. 中国旅游出版社，2001
② 谢春山，傅吉新，李飞. 旅游业的产业地位辨析. 北京第二外国语学院学报，2005（3）
③ 张陆，徐刚，夏文汇，杜晏. 旅游产业内部的行业层次结构问题研究——兼论旅游产业和旅游业的内涵及外延. 重庆工学院学报，2001（6）
④ 宋子千，廉月娟. 旅游业及其产业地位再认识. 旅游学刊，2007（6）
⑤ 张立生. 旅游业部门结构演进规律及演进模式. 经济经纬，2005（2）
⑥ 罗明义. 旅游产业范围和地位之我见. 旅游学刊，2007（10）

游者需要购买的，所以列为其他产业。

层次论虽然注意到不同行业与旅游业的关系是有区别的，不能一概而论。但也存在两个问题：一是辨别其他产业与旅游业关系是亲是疏有困难。二是衡量旅游业的产业地位与贡献更为复杂了，譬如旅游经济在国民经济中的份额，就有一组数据，须分别测算、说明。

5. 产业集群论

自从 1990 年美国经济学家迈克尔·波特（Michael E.Porter）正式提出产业集群（Industrial Cluster）的概念以来，在区域经济研究领域受到高度重视。2001 年我国学者首次发表以"产业集群"为篇名的理论文章，2002 年华夏出版社出版了迈克尔·波特的《国家竞争优势》一书。由于它论述的是区域竞争力、知识与技术的创新等热点问题，其影响在我国社科界迅速扩展。产业集群理论是区别于传统的梯度推移论、增长极理论、古典区位论的新型的区域经济发展理论，主要着力于外部规模经济和区位理论等，对我国区域经济研究促进很大。《光明日报》理论部、《学术月刊》编辑部评选的 2006 年度中国十大学术热点中就有"城市空间与区位理论研究之拓展"。

2003 年出现了我国第一篇"旅游产业集群"的文章[1]，2006 年显著增多。宋振春等（2004）认为旅游业的"支柱说"不适合"大旅游"发展趋势。认为旅游业是依托旅游吸引物，为旅游者提供综合旅游产品与服务的产业集群。旅游产业集群构成包括核心层、直接支撑层和间接支撑层三个层面，其中核心层指的是旅游吸引物，直接支撑层包括旅行社业、餐饮和住宿业、交通业，间接支撑层包括基础设施和公共服务[2]。

庄军（2005）认为旅游产业是一个涵盖了第一、第二和第三产业，由众多行业构成的产业群体。旅游产业集群以区域内的旅游资源为核心，在其外部形成多层次的产业集群，并与其他产业集群相联系[3]。相阵迎、徐红罡（2007）认为对旅游产业集群的研究必须站在旅游目的地发展的角度，跳出单一旅游产业链的束缚，深入探讨旅游业的自身特征，才能更好地把握旅游产业集群形成和发展的途径[4]。

产业集群是指在某一特定领域内互相联系、在地理位置上相对集中的公司和机构的集合。产业集群作为一种为创造竞争优势而形成的产业空间组织形式

① 李锋．实施旅游产业集群战略，做大做强阿尔山旅游产业．宏观经济研究.，2003（10）
② 宋振春，陈方英，李瑞芬．对旅游业的再认识——兼与张涛先生商榷．旅游学刊，2004（2）
③ 庄军．论旅游产业集群的系统架构．桂林旅游高等专科学校学报，2005（4）
④ 相阵迎，徐红罡．国内旅游产业集群研究的争议评述．旅游科学，2007（06）

与产业的性质并无直接的联系。用旅游产业集群界定旅游产业的行业组成，是对经济学"产业集群"概念字面含义的朴素理解，是对区域经济研究中的产业组织理论的机械引用。产业集群研究的是产业的空间布局、小企业的外部经济问题，不是产业自身的构成问题，因此用"旅游产业集群"界定旅游产业是不恰当的。

四、难以获得可靠数据

统计信息作为决策的重要依据，随着我国社会经济的快速发展，社会各界对统计越来越关注，对统计产品的需求越来越多、要求越来越高。旅游业在我国已发展成为重要的经济部门，涉及企业类型广泛，数量十分庞大。高质量的旅游统计数据是旅游企业投融资、运行状况评价、经济活动效应核算的重要依据。

数据要成为政府决策、企业投资的参考依据，要求统计工作提高其准确性、科学性和权威性。准确是统计数据质量的同义词，但随着统计事业的发展和统计资料与社会经济的密切程度的提高，人们对数据质量概念的认识也在发生转变，从过去的只重视提高数据准确性和及时性，向提高数据的科学性、权威性等多维的质量内涵方面转变。

旅游统计数据来源很多，从其权威性、使用的广泛性和公众可获得性考虑，本书主要讨论旅游统计公报、统计出版物、新闻发布会等旅游行政主管部门发布的旅游数据。

1. 旅游统计数据质量评估
（1）旅游统计数据质量评估标准
为了实施全面数据质量管理，一些国家政府和有关国际组织的统计机构编制数据质量管理手册，建立质量评估标准。如加拿大统计局确定了衡量数据质量的6个方面标准，即适用性、准确性、及时性、可取得性、衔接性、可解释性；英国政府统计数据质量标准是准确性、及时性、有效性、客观性；荷兰统计局的质量标准包括5个方面：适用性、准确性、及时性、有效性、减轻调查负担；美国分析局国民核算数据质量要求满足可比性、准确性、适用性的质量标准；国际货币基金统计局的质量标准是准确性、适应性、可取得性、方法专业性或完全性等。这些标准是各统计机构对数据进行质量检测、监管的重要内容和依据[1]。

综合上述观点，我们认为对旅游统计数据的基本要求主要体现在准确性、

① 余方东. 国外统计数据质量评价和管理方法及经验. 北京统计，2007（7）

现势性（及时发布、数据新颖）、完备适用性（内容的详细程度及是否满足使用要求）、可靠性（是否有错误、要素分类分级是否科学合理、发布单位性质及其权威性）、方法专业性、可取得性等方面。

（2）旅游统计数据质量评估的方法

资料的评价主要从支持交叉核对、逻辑审核、数据的完整性、公众对数据的可得性、确保可信度等方面进行。

由于各国政府统计体制的不同，质量评价标准也有所差异，数据质量评估的方法也不同。有的侧重于统计数据的编制过程，有的侧重于统计机构环境，有的侧重于数据来源和数据本身的管理和评价。

◆ 历史数据对比法

通过历史数据观察数据变化规律，从而验证数据质量。从变动趋势、加速或减速、周期、拐点等方面论证数据的可靠程度。

通常以同比发展速度进行判断。评估时应根据各种指标发展特点，重点对同比发展速度增幅（或降幅）较大的数据进行审核。历史数据对比法包括同比和环比两种方式①。

一般地，数据同比或环比增减变动幅度大于30%时，应要求调查单位说明变动原因；总量数据同比或环比变动幅度超过15%，应在审核确定的基础上做出变动说明；对于重大的数据或综合数据发生变动，也应做出变动说明。

◆ 极值与众数判断法

按照类型、行业、规模等特点确定指标数据的最小值、最大值及众数，划定指标数据合理的变动区间，对区间外的数据进行重点审核。

◆ 结构审核法

通过总表分组当中的"按类型分"、"按行业分"、"按区县分"、"按功能区分"等分组情况，分析数据的变化。可从比重、增减幅度上观察、审核数据质量。

◆ 经验审核法

针对报表中指标间逻辑关系仅靠计算机程序审核无法确认、量化，或有审核虽设定数量界限，但界限较宽不好判定的情况，需要增加人工经验审核。

◆ 匹配判断法

与相关部门提供或发布的有关数据进行对比验证。

2. 旅游统计数据存在的主要质量问题

旅游统计是一个世界性难题，其理论、技术及方法都在探索中，存在统计

---

① 同比即将报告期数据与历史同期数据进行对比，观察数据的增减变动幅度；环比即将本报告期数据与前一时期数据进行对比，观察数据逐期变动的程度。

质量问题是必然的，无需回避。但作为数据的使用者，在开发这些数据时，必须了解这些错误的性质，是理论上尚不能解决的，还是工作疏漏造成的；它们对你所开展的应用研究有多大的影响，用什么方法可以消除影响，或者降低使用中的误差。

（1）统计方法影响数据质量

数据的质量首先取决于统计方法，如果方法不当，其使用就受限制，一般来讲不能作为基础资料使用。

例如，据上海假日办最新统计，2008 年"十一"黄金周，上海共接待观光游客达 495 万人次，同比增长 7.12%；黄金周七天实现旅游收入 38.02 亿元，同比增长 15.06%。

据统计，上海六条高速公路道口 9 月 28 日上午 8 时至 10 月 5 日上午 8 时，进、出沪客车分别为 49.91 万辆次、53.32 万辆次，分别同比增长 17.60%、39.92%。上海旅游集散中心七天累计接待游客 11.82 万人次，发送车次 3196 班次。

据中国移动上海公司统计，9 月 28 日零时至 10 月 4 日 24 时，外埠手机漫游进入上海 433.63 万部次，沪籍手机漫游出上海 996.21 万部次，分别同比增长 26.68%、27.51%；中国联通上海公司统计显示，外埠手机漫游进入上海 247.67 万部次[1]。

以上是人民网上公布的"2008 年上海十一黄金周旅游统计数据"。从文章中可以看出，发布单位是权威的，但数据来源是粗略的，通过高速路道口、手机漫游等手段统计的是旅客，而非游客。这样的数据用来做媒体宣传是可以的，但若用来进行旅游商业研究就会产生误导。

（2）存在数据造假问题

以《中国国内旅游抽样调查资料 2006》为例，其中的 "城镇居民国内旅游抽样调查人数及构成"部分存在技术造假现象。这部分共有按"城市、性别和年龄分组"、"按城市和文化程度分组"、"按城市和职业分组"等 8 个表，其中表 3-1-3 错误（见表 1.4）。

表 1.4　城镇居民国内旅游抽样调查人数及构成（样本总数，单位：人）

分　　组	按城市和文化程度分组	按城市和职业分组	按城市和家庭月平均收入分组
原表编码	3-1-2	3-1-3	3-1-4
合计	14449	14449	14449
北京	1456	1102	1456
天津	1102	234	1102

---

[1] 资料来源：http://gov.people.com. 2008 年 10 月 06 日 13:35，记者王薇，节选。

分　　　组	按城市和文化程度分组	按城市和职业分组	按城市和家庭月平均收入分组
石家庄	234	155	234
太原	155	123	155
呼和浩特	123	908	123
沈阳	908	507	908
……	……	……	……
银川	273	197	273
乌鲁木齐	197	116	197

资料来源：《中国国内旅游抽样调查资料 2006》，中国旅游出版社 p22～27，作者整理。

　　对比原表 3-1-2、3-1-3、3-1-4，结构显示：原表 3-1-3（按城市和职业分组）中漏了北京（1456），其他（该表只显示了局部）皆往上提了 1 行，最后一行乌鲁木齐出现空缺，补了一个数字 116，这一数字在其他相关的 7 个表中都没有出现。计算原表 3-1-3，各城市相加值小于总数，差额正好是 1456 与 116 的差，这就进一步说明原表 3-1-3（按城市和职业分组）进行了 "技术处理"。本来只是一个小小的输入错误，简单核对即可改正，结果进行了遗憾的技术造假。

　　数据使用中，这类问题只要细心就可以发现。

　　（3）项目分类不合理，降低了可比性

　　以《中国国内旅游抽样调查资料 2006》为例，其中的 "出游目的" 部分统计项存在变化不一、比较研究困难的问题（表 1.5）。

表 1.5　居民国内旅游人均花费情况（旅游目的分组）

农村居民一日游人均花费	农村居民国内旅游者(过夜游客)人均花费	城镇居民国内旅游人均花费
游览休闲 探亲访友 宗教／朝拜 会议商务 保健医疗 其他	观光游览 休闲／度假 探亲访友 商务 会议 文化／教育／科技 宗教／朝拜 健康医疗 其他	观光游览 探亲访友 商务 公务会议 度假休闲 宗教／朝拜 文化／教育／科技 其他

资料来源：《中国国内旅游抽样调查资料 2006》，中国旅游出版社 p41、p102～103、p110～111，作者整理。

可以看出，尽管都是按旅游目的划分的旅游人均花费情况，但 3 个表的项目数量、内容各不相同。城市居民旅游目的中不含"健康医疗"项；农村一日游中"游览"和"休闲"合并为一项，"会议"和"商务"合并为一项，也没有"文化／教育／科技"项；"会议商务"在 3 处各不相同，农村居民一日游为"会议商务"，农村居民过夜游分为"商务"、"会议"两项，在城镇居民中也分两项，但名称有变化，会议变为"公务会议"。这些分类项与居民对国内旅游服务质量评价表的项目又不对应。

旅游抽样调查的职业分类包括公务员、企事业管理人员、专业文教技术人员、服务销售商贸人员、工人、农民、军人、离退休人员、学生、其他等 10 类，与我国人力资源和社会保障部的职业统计分类结构不一致①。

主题相同、项目划分不同的问题在旅游统计中带有普遍性，由于项目数量、含义各不相同，就无法进行比较研究。

要素分类中还有一个比较突出的问题是"其他"项的使用问题。如在按旅游目的进行的分组中，"其他"所占的比例高于商务、公务会议、宗教／朝拜、文化／教育／科技交流等项，说明"其他"项过于笼统，而且不明其义。

（4）要素分级欠科学

要素分级要考虑多种因素，首先自身要科学，其次还要考虑与其他要素的配套。例如旅游调查中，按年龄分组分为 65 岁以上、45～64 岁、25～44 岁、15～24 岁和 14 岁以下等 5 个组别。60 岁是人口年龄结构分组标志值，65 岁是劳动人口统计时使用的分组标志值。

旅游统计中，按职业划分中有"离退休人员"一项，我国职工退休年龄大体是 60 岁。如果按年龄分组时以 60 岁以上为一组，就与离退休人员协调一致了。这种一致性对"因果研究"来说是十分有用的。

（5）数据难于逻辑审核

科学的调查，其误差不可避免，但可以描述。在统计实践中，个别特殊数据应该解释或注明。以《中国国内旅游抽样调查资料 2006》为例，城镇居民国内旅游出游人均花费情况系列表中，长沙市的数据就需要解释。2005 年全国城镇居民国内出游人均花费 737.12 元，长沙最高，为 3119.69 元，是全国平均值的 4.23 倍。比较上一年，全国平均增长率为 0.72%，长沙为 188.80%，是全国平均增长水平的 262.22 倍。在分组数值中也存在大量难以逻辑审核的数据，譬如人均花费按文化程度分组，全国及各城市都是文化程度越高花费越多，长沙

---

① 《中华人民共和国职业分类大典》将我国社会职业归为 8 个大类，66 个中类，413 个小类，1838 个职业。

是中专及高中文化程度人均花费最高，达到 4532.6 元，是长沙大专及以上文化程度组（1658.8 元）的 2.73 倍，是全国同组平均数的 6.2 倍。按家庭月平均收入分组，长沙也非常特别，全国及其他城市收入越高旅游花费越高，长沙不是，它的最高花费是家庭月平均收入介于 1000～1999 元的家庭组，高达 7005.2 元。与全国平均水平相比，是全国同组平均数（648.9 元）的 10.8 倍。与自身收入比，是其家庭月均收入的 3.5～7 倍。这一数字相当于当年全国城镇居民家庭平均每人全年消费性支出。长沙的低收入者会把全家 3～7 个月的收入用于国内旅游吗？按停留夜数、游览省数分组，长沙的数据也不合逻辑。国内旅游花费统计中，全部项目中唯一一个超过 10000 元的数字也出现在长沙，即按职业分组中的其他职业人员，是全国平均的 14.42 倍。

平均数已经是经过处理的间接数据，其原始误差应被消除。长沙与列表中的其他 38 个城市比较，是一个突兀的、没有可比性的类型。只能说明这组数据存在明显的系统性错误，没有说明就失去了统计（学）价值，在使用中要么进行预处理，要么直接剔除。

（6）抽样问题突出

一是问卷数量太少，没有代表性。"中国 2006 年农村居民国内旅游者抽样调查"，全国调查人数仅 6302 人。二是调查时间难把握。我国的旅游季节性很强，加之假日安排的影响，淡旺季差异明显。实地调研往往时间短而集中，不能准确反映年内变化信息。三是问卷设计、调查方法的科学性以及可信度无法保证的问题也比较突出。以"中国 2006 年农村居民国内旅游者抽样调查"为例，样本的省级分布欠妥，与人口数、经济发展水平、旅游发展水平（出游率）等无关。湖南样本数最大，为 666 人，远高于人口大省河南、山东以及经济大省江苏、浙江。海南的样本数大于河北、浙江、东北三省及西北五省。

（7）发布形式不合理

首先是时效性差。国家旅游局网站的数据落后 3 年，统计出版物落后 2 年多，地方旅游局数据很少，更新不及时，难以满足研究需要。

其次是成果表现形式落后。有限的数据多以图片格式发表，使用时需重新录入，很不方便。

五、测量理论与技术不可靠

旅游业在通俗的社会生活中确实存在，但要描述它的确十分困难。旅游业并不是一个单独的产业，而是一个相关产业的集合。加之地域空间的移动，使它的分散程度很高，导致其测量理论与技术不可靠，结果不可信。

六、企业多样性明显，内部缺乏联系

旅游企业具有类型多样、地域分布广泛、经营档次差异大等特点，使得商业研究的准确度难以把握。基于同样的原因，旅游企业之间联系不紧密，协调困难。旅游行业的各个企业、产品之间没有明确的上下游关系。譬如航空公司并不认为它们的工作与酒店业有多大关系；航空公司的雇员也很少把自己看作是旅游从业人员。

七、研究环境不可控

旅游研究往往涉及人的态度、行为、绩效，环境不可控，数据准确性难以保证。

本章参考及进一步阅读的文献

1. 金碚. 1978 年以来中国发展的轨迹与启示. 中国工业经济，2007（5）
2. 师守祥. 青岛国际啤酒节成功的启示. 旅游学刊，2009（3）
3. 刘伟，朱玉槐. 旅游学. 广东旅游出版社，1999
4. 张涛. 旅游业内部支柱性行业构成辨析. 旅游学刊，2003（4）
5. 石长波. 旅游学概论. 哈尔滨工业大学出版社，2004
6. 邹春洋，单纬东. 旅游学教程. 华南理工大学出版社，2005
7. 乔正康. 旅游学概论. 东北财经大学出版社，2000
8. 师守祥. 旅游产业范围的界定应符合经济学规范. 旅游学刊，2007（11）
9. 王大悟，魏小安. 旅游经济学. 上海人民出版社，2000
10. 《旅游产业统计研究》课题组. 旅游产业统计研究. 浙江统计，2002（3）
11. 国家旅游局人事劳动教育司. 旅游学概论. 中国旅游出版社，2001
12. 谢春山，傅吉新，李飞. 旅游业的产业地位辨析. 北京第二外国语学院学报，2005（3）
13. 宋子千，廉月娟. 旅游业及其产业地位再认识. 旅游学刊，2007（6）
14. 张立生. 旅游业部门结构演进规律及演进模式. 经济经纬，2005（2）
15. 罗明义. 旅游产业范围和地位之我见. 旅游学刊，2007（10）
16. 李锋. 实施旅游产业集群战略，做大做强阿尔山旅游产业. 宏观经济

研究，2003（10）

17．宋振春，陈方英，李瑞芬．对旅游业的再认识——兼与张涛先生商榷．旅游学刊，2004（2）

18．庄军．论旅游产业集群的系统架构．桂林旅游高等专科学校学报，2005（4）

19．相阵迎，徐红罡．国内旅游产业集群研究的争议评述．旅游科学，2007（06）

20．余方东．国外统计数据质量评价和管理方法及经验．北京统计，2007（7）

21．《旅游概论》编写组．旅游概论．天津人民出版社，1983

22．孙文昌．旅游学导论．青岛出版社，1992

23．马勇．旅游学概论．高等教育出版社，1998

24．蔡敏华．旅游学概论．人民邮电出版社，2006

25．申葆嘉．旅游学原理．学林出版社，1999

26．宋振春．当代中国旅游发展研究．经济管理出版社，2006

27．曾博伟．从统计定义出发，深化对旅游的认识．旅游调研，2006（12）

28．国家旅游局人事劳动教育司．旅游学概论．中国旅游出版社，1997

29．田里．旅游学概论．南开大学出版社，1998

30．王洪滨．旅游学概论．中国旅游出版社，2004

31．谢彦君，陈才，谢中田．旅游学概论．东北财经大学出版社，1999

32．谢彦君．基础旅游学．中国旅游出版社，2001

第二章 旅游商业研究常用的方法与工具

- ■ 层次分析法
- ■ 方案比较法
- ■ 资金时间价值
- ■ SWOT 分析法
- ■ 有无比较法
- ■ 时间序列分析法
- ■ 因果分析法
- ■ 不确定性分析
- ■ 区位分析
- ■ 国民经济评价
- ■ 社会评价

■ 层次分析法

一、层次分析法的基本思路

层次分析法是一种综合定性和定量的分析方法，在项目可行性研究中比较常用。层次分析法由美国运筹学家、匹兹堡大学 T.L.Satty 教授于 20 世纪 70 年代中期提出，可以用主观判断标准处理一些多因素、多目标、多层次的复杂问题。

旅游项目选择涉及众多影响因素，而且结构复杂。此时层次分析法就可以将这些复杂的要素按照某种要求进行分层整理，理出思路，化繁杂为简单。

层次分析法通过分析具体元素之间的关系，构造一个递阶层次结构模型，根据每一具体元素的权重，解决多目标决策的系统优化方法。采用层次分析法进行项目目标的分割，关键问题是找到影响项目目标的各种因素及其对项目目标的贡献份额。

二、层次分析法基本原理

确定各种因素对项目目标的贡献权重作为分层法的总目标；

将影响项目目标的具体要素作为方案层的组成要素；

将产生项目目标的直接原因作为准则层的组成元素。

在分清了分层法的层次后，就可以在相邻层次的各要素间建立联系，完成递阶层次结构模型的构造。

三、层次分析法的步骤

运用层次分析法解决问题，大体可以分为以下几个步骤：

1．分析各因素之间的关系，确定目标层、准则层、方案层，构造系统的递阶层次结构；

2．同一层次的各元素关于上一层某一准则的重要性进行两两比较，构造比较判断矩阵；

3．通过两两比较判断矩阵计算单一准则下元素相对权重和一致性检验；

4．计算各层元素对目标层的合成权重，进行方案的排序和优选。

先确定一个总目标；要实现总目标需要一些支持条件，即准则层，进一步将基本准则分解为多个子准则，最后以可采取的措施为方案层。

分清了层次分析法中的几个层次(问题复杂还可将准则层分为若干子层次)，就可以在相邻层次各要素间建立联系。下层次对上一层次某一因素，即有作用的用连线连接起来，无作用的不画连线。这样，完成了层次分析法的层次结构模型的构造（如图 2.1）。

5．做出分层矩阵，构造两两比较判断矩阵

（1）分层建立判断矩阵

判断矩阵是以矩阵形式表示的每层次中因素间的相对重要程度，建立判断矩阵一般自上而下地进行。根据模型表示的层次和元素间的联系，构造由某一元素与相邻下一层次有联系的所有元素的比较判断矩阵。图 1 中 A 层与 B 层间可建立如表 2.1 的比较判断矩阵，判断矩阵元素按一定比例标度，两两比较得到（表 2.2）。以上判断是一种经验和对问题的认识程度的主观反映，其中 B_{ij} 表示 B_i 与 B_j 相比较，对 A 而言是 B_i 的相对重要性数值，B_{ij} 的取值采用等差数列记分法。

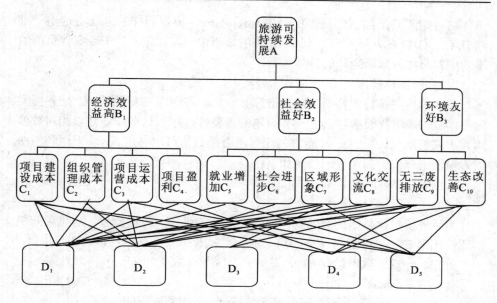

图 2.1　旅游景区项目层次结构模型

A 层：目标层　B 层：准则层　C 层：子准则　D 层：方案层

表 2.1　A-B 比较判断矩阵计算表

A	B_1	B_2	B_3
B_1	B_{11}	B_{12}	B_{13}
B_2	B_{21}	B_{22}	B_{23}
B_3	B_{31}	B_{32}	B_{33}

表 2.2　层次分析比较标度和涵义

标　度	B_{ij}	涵义理解
1	B_i 与 B_j 的影响相同	对于同一问题两个要素贡献相同
3	B_i 比 B_j 的影响稍强	一个要素比另一要素贡献稍大一些
5	B_i 比 B_j 的影响强	一个要素比另一要素贡献大一些
7	B_i 比 B_j 的影响明显地强	一个要素比另一要素贡献明显地大
9	B_i 比 B_j 的影响绝对地强	一个要素比另一要素贡献绝对地大
2、4、6、8	B_i 与 B_j 的影响之比在上述两个相邻等级之间	作为上述相邻判断的插值
1、1/2、…、1/9	B_i 与 B_j 的影响之比	为上面 B_{ij} 的互反数

判断矩阵满足如下性质：$B_{ij}=1/B_{ji}>0$，$B_{ii}=1$。根据同样的方法可造出子准则 B_i-C_j、C_i-D_j 的判断矩阵，其中 B_{ij} 等的数值由专家评定，若干专家评价值的平均值即为相应判断矩阵的具体数据。

（2）层次单排序

层次单排序是根据判断矩阵去推算 $k+1$ 层各因素对 k 层(即 C 层各因素对 B 层及 B 层各因素对 A 层等) 问题的重要性排序。这种排序是以相对数值的大小来表示的。就 B_i 对 A 而言的相对重要性数值可用向量表示，采用和积法或方根法来算出。向量表示公式如下：

$$W= \{W_1, W_2, W_3\}^T \qquad (2.1)$$

（3）一致性检验

为了评价层次排序的有效性，要对判断矩阵进行一致性检验。这里用随机一致性比率 CR 来评定， CR < 0.1 则符合要求。

首先，计算一致性指标 CI ，其计算公式如公式 2.2 所示。

$$CI = (\lambda max - n)P(n-1) \qquad (2.2)$$

上式中：λmax 为判断矩阵的最大特征根；n 为判断矩阵的阶数。

其次，根据判断矩阵的阶数 n ，查出平均随机一致性指标 RI 值，如表 2.3 所示。

表 2.3　平均随机一致性指标值表（N 为矩阵阶数）

N	1	2	3	4	5	6	7	8	9	10	11	12	13	14	15
RI	0	0	0.58	0.9	0.12	1.24	1.32	1.41	1.46	1.49	1.52	1.54	1.56	1.58	1.59

其中 W_{ci} 是子准则层相对于目标层的权重。主要是结合 A-B 层、B-C 层判断矩阵计算出。计算其一致性比例 CR，其计算公式为：

$$CR=CI/RI=\sum W_{ci}(CI)_i/\sum W_{ci}(RI)_i \qquad (2.3)$$

当 CR < 0.1 时，可以认为比较判断矩阵具有满意的一致性，排序权重可以接受。

（4）层次总排序

层次总排序是 D 层次的元素对 A 层次目标的重要性排序，其计算方法如表 2.4 所示。

表 2.4　层次总排序表

D	C_1	C_2	C_3	C_4	C_5	C_6	C_7	C_8	C_9	C_{10}	层次总排序
	W_{C1}	W_{C2}	W_{C3}	W_{C4}	W_{C5}	W_{C6}	W_{C7}	W_{C8}	W_{C9}	W_{C10}	$\sum W_{ci}W_{dj}$

D_1	W_{D10}	W_{D11}	W_{D12}	W_{D13}	W_{D14}	W_{D15}	W_{D16}	W_{D17}	W_{D18}	W_{D19}	$\sum W_{ci}W_{d1j}$
D_2	W_{D20}	W_{D21}	W_{D22}	W_{D23}	W_{D24}	W_{D25}	W_{D26}	W_{D27}	W_{D28}	W_{D29}	$\sum W_{ci}W_{d2j}$
D_3	W_{D30}	W_{D31}	W_{D32}	W_{D33}	W_{D34}	W_{D35}	W_{D36}	W_{D37}	W_{D38}	W_{D39}	$\sum W_{ci}W_{d3j}$
D_4	W_{D40}	W_{D41}	W_{D42}	W_{D43}	W_{D44}	W_{D45}	W_{D46}	W_{D47}	W_{D48}	W_{D49}	$\sum W_{ci}W_{d4j}$
D_5	W_{D50}	W_{D51}	W_{D52}	W_{D53}	W_{D54}	W_{D55}	W_{D56}	W_{D57}	W_{D58}	W_{D59}	$\sum W_{ci}W_{d5j}$
$\sum$	1	1	1	1	1	1	1	1	1	1

6. 要素评分，由判断矩阵计算被比较元素相对权重。

7. 评分修正，优劣势转化问题讨论，用来修改参数。

8. 决策。

【例 2-1】　某旅行社现欲购一辆旅游车，共有 A、B、C 三种车型可供选择，考虑因素主要包括性能、价格、品牌、售后服务，试运用层次分析法分析应选购哪种车型。

1. 构造递阶层次结构，将问题具体化，见图 2.2。

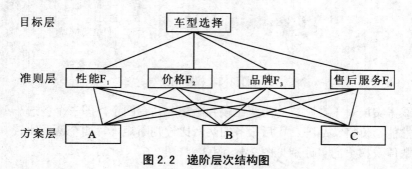

图 2.2　递阶层次结构图

2. 构造两两比较判断矩阵

①准则层对于车型选择的判断矩阵的数值见表 2.5。

表 2.5　判断矩阵

	F_1	F_2	F_3	F_4
F_1	1	3	5	7
F_2	1 / 3	1	5	7
F_3	1 / 5	1 / 5	1	3
F_4	1 / 7	1 / 7	1 / 3	1

　　例中采用的是一种简便算法,来计算单准则下元素的相对权重。即将两两比较判断矩阵按行求和,然后进行算术平均,最后归一化,即求得权重向量,具体做法则采用 Excel 的形式。

　　在单元格 G4 中键入"=SUM（C4:F4）",求得第一行的和,利用鼠标的拖曳,求得其他各行的和;在单元格 H4 中键入"=G4/$A$1",并利用鼠标的拖曳功能,求得各行的算术平均;在单元格 H1 中键入"=SUM（H4:H7）",在单元格 I4 中键入"=H4/$H$1",进行归一化,利用鼠标的拖曳功能求得两两比较判断矩阵的权重向量,见图 2.3。

	A	B	C	D	E	F	G	H	I
1	4							8.84	
2			F_1	F_2	F_3	F_4	按行求和	算术平均	归一化
3		F_1	1	3	5	7	16.00	4.00	0.453
4		F_2	1/3	1	5	7	13.33	3.33	0.377
5		F_3	1/5	1/5	1	3	4.40	1.10	0.124
6		F_4	1/7	1/7	1/3	1	1.62	0.40	0.046

图 2.3　权重向量

　　②方案层对于准则层的两两比较判断矩阵共有四个,即三个备选车型分别关于性能、价格、品牌、售后服务的两两比较判断矩阵,四个两两比较判断矩阵的数值及权重向量分别见图 2.4、图 2.5、图 2.6、图 2.7。

	B	C	D	E	F	G	H	I
9							3.78	
10	F_1	A	B		C	按行求和	算术平均	归一化
11	A		1.00	2.00	3.00	6.00	2.00	0.529
12	B		0.50	1.00	2.00	3.50	1.17	0.309
13	C		0.33	0.50	1.00	1.83	0.61	0.162
14								

图 2.4　各方案对于 F_1 的权重向量

	A	B	C	D	E	F	G	H	I
14									
15									
16			F_2	A	B	C	按行求和	算术平均	归一化
17			A	1	5	3	9.00	3.00	0.641
18			B	1/5	1	2	3.20	1.07	0.228
19			C	1/3	1/2	1	1.83	0.61	0.131
20									
21									

图 2.5　各方案对于 F_2 的权重向量

	A	B	C	D	E	F	G	H	I
21									
22			F_3	A	B	C	按行求和	算术平均	归一化
23			A	1	2	5	8.00	2.67	0.570
24			B	1/2	1	3	4.50	1.50	0.321
25			C	1/5	1/3	1	1.53	0.51	0.109
26									

图 2.6　各方案对于 F_3 的权重向量

	A	B	C	D	E	F	G	H	I
26									
27									
28			F_4	A	B	C	按行求和	算术平均	归一化
29			A	1	2	1/2	3.50	1.17	0.309
30			B	1/2	1	1/3	1.83	0.61	0.162
31			C	2	3	1	6.00	2.00	0.529

图 2.7　各方案对于 F_4 的权重向量

③一致性检验。由于上述的两两比较判断矩阵属于严格的一致性矩阵，因此 CR=0<0.1，故均符合一致性检验。

④计算方案层对目标层的合成权重。在该例中，W_2=（0.453，0.377，0.124，0.046）T，

$$W_3=\begin{bmatrix} 0.529 & 0.309 & 0.162 \\ 0.641 & 0.228 & 0.131 \\ 0.570 & 0.321 & 0.109 \\ 0.309 & 0.162 & 0.529 \end{bmatrix}^T$$

合成权重为：

$W=W_3×W_2$=(0.529×0.453+0.641×0.377+0.570×0.124+0.3.9×0.046,

0.309×0.453+0.228×0.377+0.321×0.124+0.162×0.046,

0.162×0.453+0.131×0.377+0.109×0.124+0.529×0.046)

合成权重在 Excel 中的计算如下：在单元格 B6 中输入如下公式，然后同时敲击"Ctrl+Shift+Enter"，C6、D6 利用 Excel 的自动填充功能，用鼠标的拖曳完成，见图 2.8。

B6:=SUM(B2:B5×$F2:$F5)

计算结果为 W=（0.566，0.273，0.161），所以选购 A 车为最优。

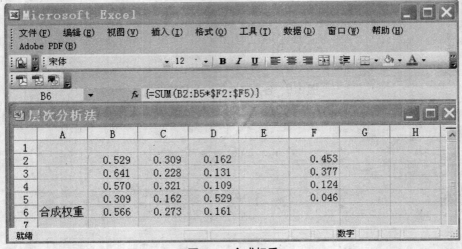

图 2.8　合成权重

■ 方案比较法

方案比较法是对已经确定的多个项目方案的投资费用和经营费用进行比较，比选优化，从而确定项目的一种方法。其具体步骤是：首先，在所有的项目方案中，选择几个比较合适的方案，作为分析、比较的对象。其次，计算每一种方案的投资费用和经营费用。一般情况下，应选择基本的投资、经营费用项目并列表。最后，利用计算的数字，分析和确定最优项目方案。

一、方案经济比较的作用

方案经济比较是在对各种技术上可行的方案进行技术经济对比分析计算，并结合其他因素详细论证、比较的基础上作出抉择。方案经济比较是项目评价的一项核心内容。

二、方案经济比较的原则

1. 口径一致对比

方案比较可按各方案所含全部要素计算的效益与费用进行全面对比，也可以就选定的因子计算相应的效益和费用进行局部比较，但原则是计算口径对应一致。

2. 方案比较应注意各个方案间的可比性

（1）服务年限可比，所比较方案的服务年限相同。如有不同，应设法在相同期间内进行对比。

（2）计算基础资料可比，包括设备价格、材料价格及工资单价等价格指标要相同。各种消耗指标应采用同一资料，投资估算应采用同一指标等。

（3）设计深度相同，即各设计方案的详细程度相同，效益与费用的计算范围一致。

（4）经济计算方法相同。

（5）在项目不受资金约束的情况下，一般采取差额内部收益法、净现值法和年值法。当有明显资金限制时，一般常用净现值率法。

（6）对计算期不同的方案进行比较时，可采用年值法和年费用法。

（7）对效益基本相同但难以具体计算的方案进行比较时，可采用最小费用法，费用现值比较和年费用比较均可。

三、多方案经济比选方法

常用的多方案经济比较方法有以下几种[①]：

1. 效益比选方法

（1）净现值比较法

比较各方案的净现值，以净现值大的方案为优。

（2）净年值比较法

分别计算各方案的净效益等额年值（简称净年值 AW）并进行比较，以净年值大的方案为优。净年值的计算公式为：

$$AW= \left[\sum_{t=1}^{n} (S-I-C'+S_V+W)t(P/F,i_c,t) \right] (A/P,i_c,n) \qquad (2.4)$$

或 $AW=NPV(A/P,i_c,n)$ （2.5）

式中：S ——年销售收入；

I ——年全部投资；

C' ——年运营费用；

S_V ——计算期末回收的固定资产余值；

W ——计算期末回收的流动资金余值；

（$P/F,i_c,t$）——现值系数；

（$A/P,i_c,n$）——资金回收系数；

i_c ——设定的折现率；

n ——计算期。

（3）净现值率比较法

净现值率（NPVR）是净现值与投资现值之比，净现值率较大的方案为优。计算公式为：

$$NPVR=NPV/I_P \qquad (2.6)$$

$$I_P= \sum_{i=1}^{m} I_t(P/F, i_c,t) \qquad (2.7)$$

式中：I_P——投资现值；

I_t——t 年投资额；

M——建设期年数。

（4）差额投资财务内部收益率法

差额投资财务内部收益率（△FIRR）是两方案各年净现金流量差额的现值

① 投资项目可行性研究指南编写组. 投资项目可行性研究指南. 中国电力出版社，2002

之和等于零时的折现率，其表达式为：

$$\sum_{t=1}^{n}\left[(CI-CO)_2-(CI-CO)_1\right]_t(1+\triangle FIRR)^{-t}=0 \qquad (2.8)$$

式中　$\triangle FIRR$——差额投资财务内部收益率；

　　　$(CI-CO)_2$——投资大的方案年净现金流量；

　　　$(CI-CO)_1$——投资小的方案年净现金流量。

差额投资内部收益率也可以认为是两方案净现值相等时的折现率，或进一步可以认为是两方案等值年金（或等额年成本）相等的折现率。

当寿命期不同的方案采用差额投资内部收益率法进行方案比较时，采用两方案年值相等时的折现率计算差额投资内部收益率更为方便。

按上述公式计算差额投资财务内部收益率并与设定的财务基准收益率（i_c）进行方案比较时，当$\triangle FIRR \geqslant i_c$（财务基准收益率）时，投资大的方案所耗费的增量投资的内部收益率大于要求的基准值，以投资大的方案为优。反之，则以投资小的方案为优。在进行多方案比较时，要先按投资大小，由小到大排序，再依次就相邻方案两两比较，从中选出最优方案。

2．费用比选方法

（1）费用现值比较法

现值比较法就是把方案经济寿命期内的收益和费用按行业基准收益率或社会折现率折算成单一的现值来比较方案的优劣。

计算各方案的总费用现值并进行比较，以费用现值（PC）较低的方案为优。计算公式为：

$$PC=\sum_{t=1}^{n}(I+C^{'}-S_V-W)t(P/F,i_c,t) \qquad (2.9)$$

（2）等额年费用比较法

计算各方案的等额年费用（AC）并对比，以年费用较低的方案为优。计算公式为：

$$AC=\left[\sum_{t=1}^{n}(I+C^{'}-S_V-W)t(P/F,i_c,t)\right](A/P,i_c,n) \qquad (2.10)$$

或 $AC=PC(A/P,i_c,n)$ \qquad (2.11)

式中：$(A/P,i_c,n)$——资金回收系数。

■ 资金时间价值

一、资金时间价值

资金数额在特定利率条件下，对时间指数的变化关系，称为资金时间价值。资金时间价值是资金在周转使用中产生的，是资金所有者让渡资金使用权而参与社会财富分配的一种形式。比如，将今天的 100 元钱存入银行，在假设年利率为 2% 的情况下，一年后就会成为 102 元，可见经过一年时间，这 100 元钱发生了 2 元的增值。人们将资金在使用过程中随时间的推移而发生增值的现象，称为资金具有时间价值的属性。资金时间价值是一个客观存在的经济范畴，如果把一笔资金成功地投入到生产活动中去，它也可以因获得利润而增值。如资金和其他生产要素相结合，投入项目的建设和运营，经过一段时间发生增值，价值大于原始投入的价值。当然投资活动是具有一定风险的，同时通货膨胀对资金的时间价值的影响是非常大的，这可用通货膨胀率来计算。这里所讨论的是假定不存在通货膨胀，忽略风险价值的情况下，货币资金存在增值的时间价值。

资金时间价值可从两个方面加以衡量：理论上，资金时间价值相当于没有风险、没有通货膨胀条件下的社会平均利润率。而比较容易与其混淆的是利率，利率既包括时间价值，还包括风险价值和通货膨胀因素。实际操作中，在通货膨胀很低的情况下，可以用政府债券利率来表示资金时间价值。

二、资金时间价值计算

为了计算货币时间价值量，一般是用"现值"和"终值"两个概念表示不同时期的货币时间价值。

现值，又称本金，是指资金现在的价值。

终值，又称本利和，是指资金经过若干时期后包括本金和时间价值在内的未来价值。通常有单利终值与现值、复利终值与现值、年金终值与现值。

资金时间价值的计算方法和有关利息的计算方法相类似，因此资金时间价值的计算涉及到利息计算方式的选择。目前有两种利息计算方式：单利计息和复利计息。

1. 单利终值与现值

　　单利计息方式下，只对借贷的原始金额或本金支付（收取）的利息。每期都按初始本金计算利息，当期利息即使不取出也不计入下期的计息基础，每期的计息基础不变。现行的银行存款计息方法采用的就是单利计息法。

　　单利终值计算公式为：

$$F=P+I=P+\times i\times n=P（1+i\times n）\tag{2.12}$$

　　单利现值计算公式为：

$$P=F-I=F-F\times i\times n=F（1-i\times n）\tag{2.13}$$

　　上面两式中：

　　　　P——本金（现值）；

　　　　F——本利和（终值）；

　　　　I——利息；

　　　　i——利率（折现率）；

　　　　n——时间（期数）。

　　2．复利终值与现值

　　复利计息方式下，每期都按上期期末的本利和作为当期的计息基础，即通常说的"利滚利"，不仅要对初始本金计息还要对上期已经产生的利息再计息，每期的计息基础都在变化。目前保险公司的理财产品多采用复利计息方式。

　　复利终值的计算公式为：

$$F=P\times（1+i）^{n}\tag{2.14}$$

　　复利现值的计算公式为：

$$P=F/（1+i）^{n}\tag{2.15}$$

　　不同的计息方法使资金时间价值的计算结果截然不同。影响资金时间价值的因素很多，其中主要有：

　　◆　资金的使用时间

　　在单位时间的资金增值率一定的条件下，资金使用时间越长，则资金的时间价值就越大；使用时间越短，则资金的时间价值就越小。

　　◆　资金数量的大小

　　在其他条件不变的情况下，资金数量越大，资金的时间价值就越大；反之，资金的时间价值则越小。

　　◆　资金投入和回收的特点

　　在总投资一定的情况下，前期投入的资金越多，资金的负效益越大；反之，后期投入的资金越多，资金的负效益越小。而在资金回收额一定的情况下，离现在越近的时间回收的资金越多，资金的时间价值就越大；反之，离现在越远的时间回收的资金越多，资金的时间价值就越小。

◆ 资金周转的速度

资金周转越快，在一定的时间内等量资金的时间价值越大；反之，资金的时间价值越小。

◆ 资金投入的方式

资金投入的方式可以分为 5 种：

一次性全额投入；

等额分期有序投入；

不等额分期有序投入；

等额分期无序投入；

不等额分期无序投入。

3．Excel 软件计算[①]

终值计算函数、现值计算函数用 Excel 函数计算过程如下：

（1）启动 Excel 软件。在工具栏上点击 "粘贴函数" 按钮（fx），出现 "插入函数" 对话框（如图 2.9）。

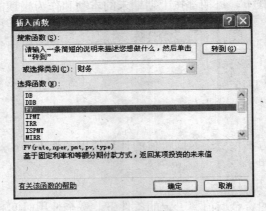

图 2.9　函数选择

在 "选择类别（C）" 栏中选择 "财务"，然后在下边的 "选择函数（N）" 栏中选择 "FV"。最后点击对话框下端的 "确定" 按钮，出现 "函数参数" 对话框，如图 2.10。

---

① Microsoft　Excel 提供了几百种预定义函数，具有强大的数据计算和数据分析功能。本书涉及的财务计算都可以在其中找到，此后不再提供示例。除了 Excel 软件的使用指南外，专门讲述 Excel 在技术经济学中使用的著作也很多，读者可以找到理想的读本。

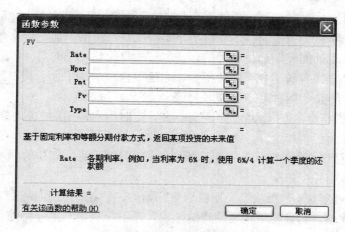

图 2.10 财务参数赋值

　　(2) 在 Rate (利率)、Nper (付款期数)、Pmt (各期支出金额，在整个投资期内不变；若该参数为 0 或省略，则函数值为复利终值)、Pv (现值，也称本金。若该参数为 0 或省略，则函数值为年金终值)、Type (只有 0 或 1，0 表示收付款时间是期末，1 表示收付款时间是起初) 中分别填入数据，点 "确定" 即计算出答案。

三、资金的基本类型

　　资金时间价值的计算是财务管理的基础，要想掌握资金时间价值的计算方法和计算技巧，首先要学会区分资金的两种基本类型——一次性收付款项和年金，这是掌握资金时间价值计算的关键所在。实际上由于资金的两种基本类型在款项收付的方式、时间及数额上有一定的特点和规律，所以我们可以归纳出不同类型资金的时间价值计算公式，并且配有相应的系数表，这些系数表的运用大大简化了资金时间价值的实际计算过程，因此在资金时间价值的计算中关键是正确判断资金的类型，资金类型判断准确就可以快速、无误地计算出相应的时间价值。

　　资金的几种基本类型。

　　(1) 一次性收付款项

　　在某一特定时点上一次性支付 (或收取)，经过一段时间后再相应地一次性收取 (或支付) 的款项。一次性收付款项的特点是资金的收入或付出都是一次性发生的。

　　(2) 年金

一定时期内每次等额收付的系列款项。

年金的特点是资金的收入或付出不是一次性发生的，而是分次等额发生，而且每次发生的间隔期都是相等的。按照每次收付款发生的具体时点不同，又可以把年金分为普通年金、即付年金、递延年金和永续年金。其中普通年金和即付年金是年金的两种基本类型。

◆ 普通年金：是指从第一期开始，在一定时期内每期期末等额收付的系列款项，又称为后付年金。

◆ 即付年金：是指从第一期开始，在一定时期内每期期初等额收付的系列款项，又称为先付年金。

◆ 递延年金：是指从第一期以后才开始的，在一定时期内每期期末等额收付的系列款项。它是普通年金的特殊形式。凡不是从第一期开始的普通年金都是递延年金。

◆ 永续年金：是指从第一期开始，无限期每期期末等额收付的系列款项。它也是普通年金的特殊形式。

■ SWOT 分析法

在现在的战略规划报告里，SWOT 分析法（自我诊断方法）应该算是一个众所周知的工具。来自于麦肯锡咨询公司的 SWOT 分析法，是将企业（地区）内外部条件各方面内容进行综合和概括，进而分析组织的优劣势、面临的机会和威胁的一种方法。

一、SWOT 分析法的概念

SWOT 四个英文字母代表 Strength，Weakness，Qpportunity，Threat。意思分别为：优势（Strength）、劣势（Weakness）、机会（Opportunity）和威胁（Threat）。从整体上看，SWOT 可以分为两部分：第一部分为 SW，主要用来分析内部条件；第二部分为 OT，主要用来分析外部条件。

优劣势分析主要是着眼于企业自身的实力及其与竞争对手的比较，而机会和威胁分析将注意力放在外部环境的变化及对企业的可能影响上。在分析时，应把所有的内部因素（即优劣势）集中在一起，然后用外部的力量来对这些因素进行评估。

1. 机会与威胁分析（OT）

随着经济、社会、科技等诸多方面的迅速发展，特别是世界经济全球化、一体化过程的加快，全球信息网络的建立和消费需求的多样化，企业所处的环境更为开放和动荡。这种变化几乎对所有企业都产生了深刻的影响。正因为如此，环境分析成为一种日益重要的企业职能。

环境发展趋势分为两大类：一类表示环境威胁，另一类表示环境机会。环境威胁指的是环境中一种不利的发展趋势所形成的挑战，如果不采取果断的战略行为，这种不利趋势将导致公司的竞争地位受到削弱。环境机会就是对公司行为富有吸引力的领域，在这一领域中，该公司将拥有竞争优势。

对环境的分析也可以有不同的角度。比如，一种简明扼要的方法就是 PEST 分析，另外一种比较常见的方法就是波特的五力分析。

2．优势与劣势分析（SW）

识别环境中有吸引力的机会是一回事，拥有在机会中成功所必需的竞争能力是另一回事。每个企业都要定期检查自己的优势与劣势，这可通过"企业经营管理检核表"的方式进行。企业或企业外的咨询机构都可利用这一格式检查企业的营销、财务、制造和组织能力。每一要素都要按照特强、稍强、中等、稍弱或特弱划分等级，制作量表进行评价。

3．高级 SWOT 分析

在运用 SWOT 分析法的过程中，要考虑它的适应性。基础 SWOT 分析法所产生的问题可以由高级 SWOT 分析法得到解决。POWER 是个人经验（Personal experience）、规则（Order）、比重（Weighting）、重视细节（Emphasize detail）、权重排列（Rank and.prioritize）的首字母缩写，这就是所谓的高级 SWOT 分析法。

必须注意的是 SWOT 分析法具有很强的主观性，因此不要过多地依赖它。不同的人会得出不同的 SWOT 结论。可以以 SWOT 分析法作为参考，但不能作为唯一的方法。

二、SWOT 分析的匹配矩阵

SWOT 分析法的关键是建立 SWOT 匹配矩阵，如表 2.6 所示。

表 2.6　SWOT 匹配矩阵

内部条件	优势（S）	劣势（W）
外部环境	机会（O）	威胁（T）
机会选择	SO 匹配分析与选择	ST 匹配分析与选择
	WO 匹配分析与选择	WT 匹配分析与选择

三、SWOT 分析的应用步骤

1．对投资者企业的内部条件做出分析，区别其优势和劣势。

2．对投资者企业面临的外部环境做出分析，区别其可能的机会与威胁。

3．优势、劣势与机会、威胁相组合，形成 SO、ST、WO、WT 的匹配，分析利用优势化解威胁，利用机会弥补劣势的可能性。

4．对项目和投资机会做出判断。

■ 有无比较法

将有项目时的成本（效益）与无项目时的成本（效益）进行比较，求得两者差额，即为增量成本（效益），这种方法称为有无比较法（又称增量净效益法）。

旅游投资项目往往是在原有基础上进行建设的，因而也应采用"有无比较"的原则进行效益和费用的识别与计算。但是由于种种原因，"有无比较法"在旅游投资项目财务评价中的应用并不广泛。如何做好旅游项目效益与费用的"有无比较"分析工作，还需要不断探索和完善。

一、增量数据计算

投资项目的财务评价包含投资决策和融资决策两个互相联系的方面。投资决策是对项目盈利能力的分析和判断，旅游企业进行长期投资的目的是为了创造更多的公司价值。投资决策本质上是在分析判断投资项目为公司所带来的净现金流量现值是否大于项目投资，其基本原则是"增量决策"。采用"有无比较法"进行增量现金流量的分析。

"有无比较"是计算旅游投资项目增量数据的方法。将旅游企业"有项目"状态下的相关数据与"无项目"状态下的数据相减，得到增量数据。这个增量数据序列，反映的是项目投资为企业产生的效果。根据增量数据进行有关财务指标的分析和计算，据以作出投资决策。

"无项目"状态是指不对该项目进行投资时，在计算期内，与项目有关的资产、费用与收益的预计发展情况；"有项目"状态是指对该项目进行投资后，在计算期内，资产、费用与收益的预计情况。"有无比较"的差额部分，即增量现金流量，才是由于项目的建设增加的效益和费用。"有无比较"求出项目的增量效益，排除了项目实施以前各种条件的影响，突出了项目活动的效果。

采用"有无比较"方法，是为了识别那些真正应该算作项目效益的部分，即增量效益，排除那些由于其他原因产生的效益，同时找出与增量效益相对应的增量费用，只有这样才能真正体现项目投资的净效益。

反映投资项目现金流量的数据有以下五种，它们的作用不同，不可混淆。

1."现状"数据

是指项目实施前企业的现金流量状况数据，又称为"原有"数据。

2."无项目"数据

是指在不实施项目的情况下，计算期内各年企业的现金流量可能的变化趋势，经过预测得到的现金流量的有关数据。

3."有项目"数据

是指在实施项目的情况下，计算期内各年企业的现金流量可能的变化趋势，经过预测得到的现金流量的有关数据。

4.新增数据

指计算期内各年"有项目"数据减去"现状"数据得到的差额。一般只估算新增投资。

5.增量数据

是指"有项目"数据与"无项目"数据的差额，即通过"有无对比"得到的数据。

对旅游投资项目的决策来说，如果旅游项目是直接扩大业务规模而进行的建设，在这种情况下可以直接估算增量数据，而不再单独估算无项目数据。也就是说，对现有成熟业务进行投资建设的项目，往往可以直接估算增量数据。但是，当新项目与公司现有业务间存在关联影响（如相互替代、竞争等）时，就需要分别分析"有项目"数据及"无项目"数据，进而计算增量数据。

二、项目分析范围的界定

旅游项目财务评价的"有无比较"分析，应充分考虑旅游项目建设与发展的特点，明确项目与企业的关系，按照项目的财务主体、市场目标和建设项目在区域中的作用，合理界定项目现金流量分析的范围，正确识别项目的现金流量，避免误算、漏算或重复计算。

"无项目"与"有项目"现金流量的计算范围、计算期应保持一致，以具有可比性。为使计算期保持一致，应以"有项目"的计算期为基准，对"无项目"的计算期进行调整。

一般应通过设想追加投资来维持"无项目"时的生产经营，延长其寿命期到与"有项目"的计算期相同，并在计算期末将固定资产余值回收。

三、"有无比较"备选方案对比

在"有无比较"分析中，"有项目"状态是比较易于理解和把握的。而"无项目"状态是指不对该项目进行投资时，在计算期内与项目有关的资产、费用与收益的预计发展情况。"无项目"数据应该是体现企业不实施项目情况下，未来发展趋势的数据序列。正确理解"无项目"的概念，要注意以下两个方面：

1．注意区分"有无比较"不是"前后比较"

"有无比较"不同于"建项目前"与"建项目后"两种情况的比较。建项目前（即现状）只能说明建设前一时点企业的效益与费用，而无项目反映的是企业不进行项目建设的情况下，现金流量可能发生的变化的序列数值。与建设前相比，"无项目"的效益与费用可能增加，可能减少，也可能保持不变。"前后比较"与"有无比较"的结果完全不同，"前后比较"是将建设前的一时点的数值与建设后的数值序列进行对比，可能导致错误的结论。

2．"有无比较"不是不同备选方案之间的对比

当企业进行投资决策时，往往对建设项目提出两个或两个以上的方案进行比较，其本质是对各个方案建设以后的现金流量进行对比，选择一个现金流量较为理想的方案作为拟建方案。而"有无比较"法是将优选的拟建方案与企业不进行建设来比较。因此不应将备选方案之间的比选与拟建项目的"有无比较"混为一谈。

另外，在"有无比较"分析时，"无项目"的情况下，项目所利用的企业原有资产和资源可能会有不同的用途，不能按照某种特例去考虑"无项目"收益。因为这个特例无形中是企业的另一种决策方案，这样就把"有无比较"变成方案对比了。

■ 时间序列分析法

时间序列分析法，是把客观事物发展自身的内在动力或惯性趋势，转换成一种数学语言，用不同时期或时点上的变量间变化关系表示出来，考察变量随时间的发展变化规律，用变量以往的纵向统计资料建立数学模型（时序模型）进行外推预测的方法。时间序列预测法使用于客观事物发展内在趋势明确，又具有纵向统计资料的情况。时间序列预测法主要有指数平滑预测法、趋势线预测法、博克斯—詹尼斯法等。旅游研究中多使用指数平滑预测法。

指数平滑法，也叫指数修正法，是一种简便易行的时间序列预测方法。由布朗（Robert G.Brown）提出，布朗认为时间序列的态势具有稳定性或规则性，所以时间序列可被合理地顺势推延。在旅游商业研究领域，指数平滑法是对过去的资料（游客数量、销售数量）按时间顺序排列，通过运用数理统计原理来预测、推断计划时期内的游客数量、销售量的方法。

指数平滑法是生产预测中常用的一种方法，也用于中短期经济发展趋势预测。在所有预测方法中，指数平滑法是用得最多的一种。指数平滑法是在移动平均法基础上发展起来的一种预测方法，是移动平均法的改进形式。使用移动平均法有两个明显的缺点：一是它需要有大量的历史观察值的储备；二是要用时间序列中近期观察值的加权方法来解决，因为最近的观察中包含着最多的未来情况的信息，所以必须相对地比前期观察值赋予更大的权数。即对最近期的观察值应给予最大的权数，而对较远的观察值就给予递减的权数。指数平滑法就是既可以满足这样一种加权法，又不需要大量历史观察值的一种新的移动平均预测法。

指数平滑法又分为：一次指数平滑法、二次指数平滑法和三次指数平滑法。

一、指数平滑法的基本原理

指数平滑法是预测中广泛使用的一种方法，它是在移动平均法的基础上改造而成。其改造过程如下：

简单移动平均法，是从一个时间数列中任意取连续 n 项资料，求其平均数，再逐项向前移动平均，从而得到一新数列。这一新数列可以用来进行外推预测，即以最后一个移动平均数作为下期的预测值。简单移动平均法公式如下：

t 期简单移动平均数：

$$M_t = \frac{y_{t-1} + y_{t-2} + \ldots + y_{t-n}}{n} \tag{2.16}$$

式中 n 为移动平均项数，为简单移动平均数，y 为观察值。

t+1 期简单移动平均数：

$$M_{t+1} = \frac{y_t + y_{t-1} + y_{t-2} + \ldots + y_{t-n+2} + y_{t-n+1}}{n} \tag{2.17}$$

将（2.16）式代入（2.17）式

$$M_{t+1} = \frac{y_t + (y_{t-1} + y_{t-2} + \ldots + y_{t-n}) - y_{t-n}}{n} = \frac{y_t}{n} - \frac{y_{t-n}}{n} + M_t \tag{2.18}$$

从上可以看出简单移动平均法有两个特点：一是需要一系列历史资料，以供平均；二是在进行平均时，对远近各期数值均给予同等的权数〔1/n〕。但实际远近各期数值对预测值的影响是不相同的，近期影响大，远期影响小，因此应给予近期数值以更大权数，远期数值以更小权数。将简单移动平均法公式首先变形为（2.18）式。但（2.18）式中，在没有历史资料储存的条件下，远期的 y_{t-1} 并不知道，可用 M_T 作为最佳估计值，如用 $\hat{y}_t$ 代替 M_t 则（2.18）式可以写为：

$$M_{t+1}=\frac{1}{n}y_t+(1-\frac{1}{n})\hat{y}_t \qquad (2.19)$$

若用 α 代替 1/n 则得：

$$M_{t+1}=\alpha y_t+(1-\alpha)\hat{y}_t \qquad (2.20)$$

或 $M_{t+1}=\hat{y}_t+\alpha(y_t-\hat{y}_t)$ \qquad (2.21)

（2.20）、（2.21）两式是指数平滑预测常用的两个基本公式，式中 α 称为平滑系数，其数值小于 1。

以上（2.20）式的新预测值是新观察值和旧预测值加权平均数，权数为 α 和 $1-\alpha$。

（2.21）式的新预测值是误差校正式：

预测误差=$y_t-\hat{y}_t$

从（2.20）、（2.21）式可以看出指数平滑法的递推性质。这种预测可以不断地循环往复进行下去，方法极为简便。

指数平滑法的加权性质是采取远小近大权数，可以按下面展开式，加以验证。

$$\hat{y}_{t+1}=\alpha y_t+\alpha(\alpha-1)y_{t-1}+(1-\alpha)^2\hat{y}_{t-1}$$

$$=\alpha y_t+\alpha(\alpha-1)y_{t-1}+(1-\alpha)^2 y_{t-2}+\alpha(\alpha-1)^3 y_{t-3}$$

$$+...+\alpha(1-\alpha)^{t-1}y_1+(1-\alpha)^t\hat{x}_1 \qquad (2.22)$$

上式各项加重了近期权数，而远期则随着项数的逐步增加，其权数迅速减小。

二、指数平滑法的优缺点

1. 指数平滑法的主要优点

（1）需要储存的数据压缩到最小限度，即储存上期对本期的预测值就行了。

（2）对不断延伸的固定平均数中，进行了合理加权。即对近期值给予比远期值更大的权数，符合外推预测的要求。

（3）通过对平滑系数的控制和正确确定初始值，可以适当控制预测结果的准确性。

2. 指数平滑法的主要缺点

（1）只局限于一个时间数列本身的外推预测，而没有考虑其他因素的影响。

（2）只适宜于近期预测，不能作远期预测。

（3）未充分考虑数列中的长期趋势和变动。

三、一次指数平滑法

预测步骤如下：

第一步确定加权系数 α。

α 由预测者选定。α 值的大小体现不同时期的指标在预测值中所起的不同作用。α 值越大则对该项指标在预测值中所占比重越大，该项所起作用就越大。

第二步确定初始值。

初始值也是由预测者估计和选定的。如果数列的数据在 50 或 100 以上，初始值对以后的预测值影响很小，可以忽略不计。但如在 10 个以下则应慎重考虑确定。一般采用初始期的实际值或最初若干期的实际值的平均数作为初始值。

第三步，具体计算指数平滑值。

最后，进行预测。

以上计算的是一次平滑值，每一期的平滑值都是下期预测值。

四、二次指数平滑法

上面是一次指数平滑法计算数值，可直接用来作下期的预测值，但我们要求预测今后若干期预测值，就必须用二次指数平滑法。

二次指数平滑法是在一次指数平滑法的基础上再一次指数平滑。

二次指数平滑值的计算步骤如下：

第一步，确定加权系数的值；

第二步，确定初始值，并计算一次指数平滑值；

第三步，确定初始值，并计算二次指数平滑值；

第四步，建立指数平滑预测公式，求出公式中的各个参数并进行预测。

五、三次指数平滑法

三次指数平滑预测是二次平滑基础上的再平滑。

基本思想是预测值是以前观测值的加权和，且对不同的数据给予不同的权重，新数据给较大的权重，旧数据给较小的权重。

指数平滑法，只限于时间序列本身向外的延伸，没有考虑到影响该时间数列变动的其他因素。

■ 因果预测法

预测就是对尚未发生、目前还不明确的事物进行预先估计，并推测事物未来的发展趋势，从而协助管理者掌握情况，选择对策。

按照工作进度、预测性质可以分为基础研究预测、应用研究预测、开发研究预测、生产需求预测等。按照预测方法的不同，预测可分为定性预测法、因果关系预测法、时间预测法三类。按照预测时期长短的不同，预测可分为长期预测、中期预测和短期预测。旅游规划按要求进行全面预测，其他旅游商业研究重点进行短期预测，适当进行中期预测。

定性预测法是以已有的主观认识经验和逻辑判断与推理方法为主，对事物未来发展状况与趋势进行的推测和判断。定性预测法一般用于对缺乏历史统计资料的时间，或者历史统计资料不全，而更多地需要专家经验的情况进行预测，如新产品销售情况的预测、新技术发展趋势的预测等。常用的定性预测法有：德尔菲法，主观概率法，领先指示法等。

因果关系预测法是把客观事物之间内在的因果关系，转换成一种数学语言，找出自变量和因变量，用一种近似的函数关系表示出来，并依靠历史统计数据，建立相应的数学模型（因果模型），然后根据自变量的数量变化预测因变量变化的预测方法。因果关系预测比较适用于事物之间的因果关系清晰，而且又具备比较全面的横向统计数据资料的情况。根据反映因果关系的方程多少不同，因果关系预测主要有单方程的因果回归模型、联立方程的经济计量模型等。

一、因果预测分析法的原理

因果预测分析法是利用事物发展的因果关系来推测事物发展趋势的方法。它一般是根据所掌握的历史资料，找出所要预测的变量与其相关变量之间的依存关系，来建立相应的因果预测的数学模型。最后通过数学模型确定预测对象在计划期的销售量或销售额。

在现实的市场条件下，游客的数量往往与某些变量因素（如国民生产总值、个人可支配收入、城市化水平、需求的价格弹性或收入弹性等）之间存在一定的函数关系。因此采用这种方法，若能选择最恰当的相关因素建立起预测游客量或旅游收入额的数学模型，与采用趋势预测分析法相比，往往能获得更为理想的预测结果。

二、因果关系类型

在旅游经济现象之间，因果关系大致可分为函数关系、相关关系、因子推演关系等几种不同的类型。

1. 函数关系

指几种旅游经济现象之间存在着确定的数量关系。在预测具有此种函数关系的经济事物中，常用的方法有直线回归模型、二次曲线模型、指数曲线模型等预测方法。

2. 相关关系

指两种或两种以上的旅游经济现象间存在着相互依存关系，但在数量上没有确定的对应关系。在这种关系中，对于自变量的每一个值，因变量可以有几个数值与之相对应，表现出一定的波动性、随机性，但又总是围绕着它们的平均数并遵循着一定规律而变动。相关关系与函数关系是性质不同的两类变量间的关系。变量之间存在着确定性数量对应规律的称为函数关系，可以用数学函数式表达。变量间不存在确定性数量对应规律的要用统计学的方法来研究。统计学上研究有关社会经济现象之间相互依存关系的密切程度叫做相关系数。相关分析可以得到相关系数。

社会经济现象之间的相互关系是非常复杂的，表现出不同的类型和形态。从变量之间相互关系的方向来看。分为正相关和负相关。在某些经济现象之间，当自变量 x 的值增加时，因变量 y 的值也随之相应地增加，这样的相关关系就是正相关。当自变量 x 的值增加时，因变量 y 的值随之而呈减少的趋势，这种关系就是负相关。

从变量之间相互关系的表现形式来看，可分为直线相关与非直线相关。当 x 值发生变动时，y 值随之发生大致均等的变动（增加或减少），表现在图形上，其观察点分布于狭长的带形区域之内，并近似地表现为直线形式，这样的关系通称为直线关系。当 x 值变动时，y 值随之呈不均等变动（增加或减少），表现在图形上，其观察点的分布近似地表现为各种不同的曲线形式，这种相关关系通称为非直线相关。相关关系法重要的是确定判断变量相关系数。

3. 因子推演法

即根据引起某种社会经济现象变化的因子，来推测某种现象变化趋势。

三、因果预测最常用的分析法

因果预测最常用的分析法有简单线性回归分析法、多元线性回归分析法和非线性回归分析法。

1. 一元线性回归

◆ 回归直线的求法

在取得两个变量的实验数据（历史记录数据）之后，在普通直角坐标纸上标出各个数据点，如果各点的分布近似于一条直线，则可考虑采用线性回归法，求其表达式。

设给定 n 个实验点（x_1,y_1），（x_2,y_2），…，（x_n,y_n），作直线拟合，就可以利用一条直线来代表它们之间的关系

$$\hat{y}=a+bx \tag{2.23}$$

式中 $\hat{y}$——由回归式算出的值，称回归值；

a 和 b——回归系数。

对每一测量值 x_i 均可由式（2.23）求出一回归值 $\hat{y}_t$。回归值 $\hat{y}_t$ 与实测值 y_i 之差的绝对值 $\partial_i = |y_i-\hat{y}_i| = |y_i-(a+bx_i)|$ 表明 y_i 与回归直线的偏离程度。两者偏离程度愈小，说明直线与实验数据点拟合愈好。

2. 多元线性回归

在大多数实际问题中，自变量的个数往往不止一个，而因变量是一个。这类问题称为多元回归问题。多元线性回归分析在原理上与一元线性回归分析相同，仍用最小二乘法建立正规方程，确定回归方程的常数项和回归系数。

多元线性回归模型：

假定被解释变量 Y 与多个解释变量 $X_1,X_2,…$，X_k 之间具有线性关系，是解释变量的多元线性函数，称为多元线性回归模型。即

$$Y=\beta_0+\beta_1X_1+\beta_2X_2+...+\beta_kX_k+\mu \tag{2.24}$$

其中 Y 为被解释变量，$X_j(j=1,2,...,k)$ 为 k 个解释变量，$\beta_j(j=0,1,2,...,k)$ 为 k+1 个未知参数，μ 为随机误差项。

被解释变量 Y 的期望值与解释变量 $X_1,X_2,…$，X_k 的线性方程为：

$$E(Y)=\beta_0+\beta_1X_1+\beta_2X_2+...+\beta_kX_k \tag{2.25}$$

称为多元总体线性回归方程，简称总体回归方程。

对于 n 组观测值 $Y_i,X_{1i},X_{2i},...,X_{ki}(i=1,2,...,n)$，其方程组形式为：

$$Y_i=\beta_0+\beta_1X_{1i}+\beta_2X_{2i}+...+\beta_kX_{ki}+\mu_i,(i=1,2,...,n) \tag{2.26}$$

即：

$$\begin{cases} Y_1=\beta_0+\beta_1X_{11}+\beta_2X_{21}+...+\beta_kX_{k1}+\mu_1 \\ Y_2=\beta_0+\beta_1X_{12}+\beta_2X_{22}+...+\beta_kX_{k2}+\mu_2 \\ ... \\ Y_n=\beta_0+\beta_1X_{1n}+\beta_2X_{2n}+...+\beta_kX_{kn}+\mu_n \end{cases}$$

其矩阵形式为：

$$\begin{pmatrix} Y_1 \\ Y_2 \\ \vdots \\ Y_n \end{pmatrix} = \begin{pmatrix} 1 & X_{11} & X_{21} & \cdots & X_{k1} \\ 1 & X_{12} & X_{22} & \cdots & X_{k2} \\ \vdots & \vdots & \vdots & \vdots & \vdots \\ 1 & X_{1n} & X_{2n} & \cdots & X_{kn} \end{pmatrix} \begin{pmatrix} \beta_0 \\ \beta_1 \\ \beta_2 \\ \vdots \\ \beta_k \end{pmatrix} + \begin{pmatrix} \mu_1 \\ \mu_2 \\ \vdots \\ \mu_n \end{pmatrix}$$

即：

$$Y = X\beta + \mu \qquad (2.27)$$

其中，

$$Y_{n \times 1} = \begin{pmatrix} Y_1 \\ Y_2 \\ \vdots \\ Y_n \end{pmatrix}$$

为被解释变量的观测值向量；

$$X_{n \times (k+1)} = \begin{pmatrix} 1 & X_{11} & X_{21} & \cdots & X_{k1} \\ 1 & X_{12} & X_{22} & \cdots & X_{k2} \\ \vdots & \vdots & \vdots & \vdots & \vdots \\ 1 & X_{1n} & X_{2n} & \cdots & X_{kn} \end{pmatrix}$$

为解释变量的观测值矩阵；

$$\beta_{(k+1) \times 1} = \begin{pmatrix} \beta_0 \\ \beta_1 \\ \beta_2 \\ \vdots \\ \beta_k \end{pmatrix}$$

为总体回归参数向量；

$$\mu_{n \times 1} = \begin{pmatrix} \mu_1 \\ \mu_2 \\ \vdots \\ \mu_n \end{pmatrix}$$

为随机误差项向量。

总体回归方程表示为：

$$E(Y)=X\beta \qquad\qquad (2.28)$$

多元线性回归模型包含多个解释变量，多个解释变量同时对被解释变量 Y 发生作用，若要考察其中一个解释变量对 Y 的影响，就必须假设其他解释变量保持不变来进行分析。因此多元线性回归模型中的回归系数为偏回归系数，即反映了当模型中的其他变量不变时，其中一个解释变量对因变量 Y 的均值的影响。

在实际旅游商业研究中，影响因变量 Y 的因素（自变量）很多，人们希望从中挑选出影响显著的自变量来建立回归关系式，这就涉及自变量选择的问题。

在回归方程中若漏掉对 Y 影响显著的自变量，那么建立的回归式用于预测时将会产生较大的偏差。回归式若包含的变量太多，其中有些又对 Y 影响不大。

显然这样的回归式不仅使用不方便，而且反而会影响预测的精度。因而选择合适的变量用于建立一个"最优"的回归方程是十分重要的问题。

选择"最优"子集的变量筛选法包括逐步回归法（Stepwise）、向前引入法（Forward）和向后剔除法（Backward）。

多元线性回归的基本原理和基本计算过程与一元线性回归相同，但由于自变量个数多，计算相当麻烦，一般在实际中应用时都要借助统计软件。

3. 利用最小二乘法进行多元线性回归的软件（SPSS）

SPSS（Statistical Package for the Social Science）——社会科学统计软件包是世界最著名的统计分析软件之一。20 世纪 60 年代末，美国斯坦福大学的三位研究生研制开发了最早的统计分析软件 SPSS，同时成立了 SPSS 公司，并于 1975 年在芝加哥组建了 SPSS 总部。20 世纪 80 年代以前，SPSS 统计软件主要应用于企事业单位。1984 年 SPSS 总部首先推出了世界第一个统计分析软件微机版本 SPSS/PC+，开创了 SPSS 微机系列产品的开发方向，从而确立了个人用户市场第一的地位。同时 SPSS 公司推行本土化策略，目前已推出 9 个语种版本。SPSS/PC＋的推出，极大地扩充了它的应用范围，使其能很快地应用于自然科学、技术科学、社会科学的各个领域，世界上许多有影响的报刊杂志纷纷就 SPSS 的自动统计绘图、数据的深入分析、使用方便、功能齐全等方面给予了高度的评价与称赞。目前已经在国内逐渐流行起来。它使用 Windows 的窗口方式展示各种管理和分析数据方法的功能，使用对话框展示出各种功能选择项，只要掌握一定的 Windows 操作技能，粗通统计分析原理，就可以使用该软件为特定的研究工作服务。

SPSS 的基本功能包括数据管理、统计分析、图表分析、输出管理等。SPSS 统计分析过程包括描述性统计、均值比较、一般线性模型、相关分析、回归分析、对数线性模型、聚类分析、数据简化、生存分析、时间序列分析、多重响应等几大类，每类中又分好几个统计过程，比如回归分析中又分线性回归分析、曲线估计、Logistic 回归、Probit 回归、加权估计、两阶段最小二乘法、非线性回归等多个统计过程，而且每个过程中又允许用户选择不同的方法及参数。SPSS 也有专门的绘图系统，可以根据数据绘制各种图形。

SPSS for Windows 的分析结果清晰、直观、易学易用，而且可以直接读取 EXCEL 及 DBF 数据文件，现已推广到多种各种操作系统的计算机上，它和 SAS、BMDP 并称为国际上最有影响的三大统计软件。

4．非线性回归法

在回归分析中，当自变量和因变量间的关系不能简单地表示为线性方程，或者不能表示为可化为线性方程的时侯，可采用非线性估计来建立回归模型。

处理非线性回归的基本方法是，通过变量变换，将非线性回归化为线性回归，然后用线性回归方法处理。假定根据理论或经验，已获得输出变量与输入变量之间的非线性表达式，但表达式的系数是未知的，要根据输入输出的 n 次观察结果来确定系数的值。按最小二乘法原理来求出系数值，所得到的模型为非线性回归模型。

■ 不确定性分析

在对项目进行经济评价时，所研究的问题都属于"未来的"问题。经济评价所用的各种基础数据，大都来自预测和估计，总会有误差而不可能完全准确。为了分析不确定因素对经济评价指标的影响，需要进行不确定性分析，估计项目可能存在的风险，考察项目的财务可靠性。

不确定性分析是指对决策方案受到各种事前无法控制的外部因素变化与影响所进行的研究和估计,它是决策分析中常用的一种方法。通过该分析可以尽量弄清和减少不确定性因素对经济效益的影响，预测项目投资对某些不可预见的政治与经济风险的抗冲击能力，从而证明项目投资的可靠性和稳定性，避免投产后不能获得预期的利润和收益而使企业亏损。

通常不确定性分析可分为盈亏平衡分析、敏感性分析和概率分析。其中盈亏平衡分析用于财务评价，敏感性分析和概率分析可同时用于财务评价和国民经济评价。

一、不确定性分析的方法

进行不确定性分析，需要依靠决策人的知识、经验、信息和对未来发展的判断能力，要采用科学的分析方法。

通常采用的方法有：

1. 计算方案的损益值

即把各因素引起的不同收益计算出来，收益最大的方案为最优方案。

2. 计算方案的后悔值

即计算出由于对不肯定因素判断失误而采纳的方案的收益值与最大收益值之差，后悔值最小的方案为最佳方案。

3. 运用概率求出期望值

即方案比较的标准值，期望值最好的方案为最佳方案。

4. 综合考虑决策的准则要求，不偏离规则

概括起来就是不确定性分析可分为盈亏平衡分析、敏感性分析、概率分析和准则分析。

二、线性盈亏平衡分析

盈亏平衡分析实际上是一种特殊形式的临界点分析。进行这种分析时，将产量（接待量）或者销售量作为不确定因素，求取盈亏平衡时临界点所对应的产量或者销售量。盈亏平衡点越低，表示项目适应市场变化的能力越强，抗风险能力也越强。盈亏平衡点常用生产能力利用率或者产量表示。

盈亏平衡点应按项目投产后的正常年份计算，而不能按计算期内的平均值计算。项目评价中常使用盈亏平衡分析图表示分析结果，如图 2.11 所示。

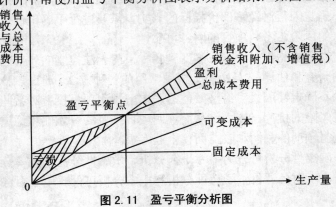

图 2.11　盈亏平衡分析图

图 2.11 中纵坐标表示销售收入与成本费用（即金额），横坐标表示产品产量（接待量）。销售收入线与总成本费用线的交点称为盈亏平衡点，也就是项目盈利与亏损的临界点。在平衡点的左边，总成本大于销售收入，为亏损区；在平衡点右边，销售收入大于总成本，为盈利区；在平衡点上，企业不盈不亏。与盈亏平衡点对应的产量和销售额称为保本点产量和保本点销售额。在线性关系下，很容易用解析法求出以产量、销售额、生产能力利用率、产品销售价格和单位产品变动成本表示的盈亏平衡点。

在盈亏平衡点，销售收入等于总成本费用，设对应于盈亏平衡点的产量为 Q_0，则有：

$$M \times Q_0 = CF + CV \times Q_0 \tag{2.29}$$

盈亏平衡时的产量为：

$$Q_0 = CF/M - C \tag{2.30}$$

若项目方案为生产多种产品方案时，就不能按产量直接计算保本点，应该采用货币统一计量，即按销售额来计算保本点。其计算公式为：

$$B_0 = CF/(1 - CV/B) \tag{2.31}$$

$$或 B_0 = CF/M_2 \tag{2.32}$$

式中：$M_2 = M_1/B$，$M_1 = B - CV$；

　　　M_1——边际收益；

　　　M_2——边际收益率。

盈亏平衡点除了用产量、销售额表示外，还可以用销售价格、单位产品变动成本和生产能力利用率来表示。若设计生产能力为 Q，则盈亏平衡销售价格为：

$$M_0 = B/Q_0 = TC/Q_0 = CF/Q_0 + C \tag{2.33}$$

盈亏平衡时的单位产品变动成本为：

$$C_{v0} = M - CF/Q_0 \tag{2.34}$$

盈亏平衡时的生产能力利用率为：

$$U_0 = Q_0/Q \times 100\% = CF/Q(M - C_v) \times 100\% \tag{2.35}$$

从以上式子中可以看到，当实际产量等于设计生产能力时，如果发生固定成本上升，单位可变成本上升或单位产品价格下降等情况，就会引起盈亏平衡点的右移而可能发生亏损。

盈亏平衡分析主要可以应用于以下几方面：

1. 进行单方案经济分析；

2．进行多方案的对比决策；

3．判断企业经营状况的好坏。

三、非线性盈亏平衡分析

在某些实际情况下，销售收入和总成本与产品产量并不呈线性关系。当项目的产品占有一定的市场份额时，产量的增加会使市场供应量明显增加，从而导致单位产品价格下降，销售收入线成为一条凹口向下的曲线。当项目的产量超过某一限度后，可能会出现单位产品原材料、燃料消耗的增加，使总成本线成为一条凹口向上的曲线。这样，就得出非线性"量—本—利"分析图，如图2.12所示。

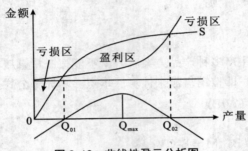

图 2.12　非线性盈亏分析图

由图 2.12 可以看出，当产量、成本和盈利三者的关系呈非线性关系时，可能出现多于一个的盈亏平衡点。显然，在 Q_{01}～Q_{02} 区间才能获利，并可找到最大利润所对应的产量 Q_{max}。而且还可看到，在保本点 Q_{02} 以后，当销售收入降低到等于可变费用时，就达到关门点。这时的销售收入只能补偿可变费用，亏损额正好等于固定成本。关门点对应的产量叫关门点产量，意指当产量达到关门点时，企业应关门歇业，因为此时继续营业所造成的亏损比关门歇业造成的亏损更大。

如果销售收入、成本和利润三者之间的关系均能用非线性函数表示时，则可定量地决定方案可盈利的范围，并求出相应的盈亏平衡点、最大利润和关门点的产量等。

1．求盈亏平衡时的产量

设销售收入和总成本均为产量的函数，在盈亏平衡处，则有：

$$B（Q）=TC（Q） \tag{2.36}$$

当求出满足上式的 Q 值，即为盈亏平衡时的产量。

2．求利润最大时的产量

设利润函数为：P（Q）=B（Q）－TC（Q）　　　　　　　　（2.37）

令 P′（Q）=0，则有：B′（Q）=TC′（Q）　　　　　　　　　（2.38）

满足上式的产量 Q 可使 P（Q）获得极值，但此时的产量是否使利润最大，还要看二阶导数。如果 $P''(Q) = B''(Q) - TC''(Q) < 0$，则所求的产量 Q，就是利润最大时的产量 Q_{max}。

3．求成本最小时的产量

成本曲线是一条凹口向上的曲线，曲线最低点所对应的产量，就是成本最小时的产量。先计算平均单位成本 W，得：

$$W=TC/Q=(CF+CV)/Q=CF/Q+C_v$$（2.39）

对 2.39 式求一次导数，并令 $\dfrac{dW}{dQ}=0$，得出：

$$\frac{dC_v}{dQ}=CF/Q^2$$

满足上式的产量 Q，就是成本最小时的产量 Q_{min}。

4．求关门点的产量

当 B（Q）=CV（Q）时，对应的产量 Q，即为关门点产量。

四、敏感性分析

敏感性分析也称敏感度分析，它是一种常用的评价工程项目经济效果的不确定性分析方法，是通过计算一个或多个不确定因素的变化所导致的经济评价指标的变化幅度，分析各个因素的变化对现实预期目标的影响程度，为项目决策提供重要的依据。如果某个影响因素发生较小的变化时，导致经济效果指标发生较大变化，则称经济效果指标对此因素敏感；反之，如果某一影响因素发生较大变化时，而经济效果指标变化较小，则称经济效果指标对此因素不敏感。如果有几个方案相比较，当影响因素发生同样变化时，经济效果指标变化大的方案为敏感性强的方案，经济效果指标变化小的方案为敏感性弱方案。

敏感性分析有单因素和多因素敏感性分析两种。单因素敏感性分析是对单一不确定因素变化的影响进行分析；多因素敏感性分析是对两个或两个以上互相独立的不确定因素同时变化的影响进行分析。通常只要求进行单因素敏感性分析。

1．敏感性分析的步骤和内容

一般情况下，不确定因素的存在是不可避免的，而敏感性分析的目的，就是通过分析、预测项目主要不确定因素的变化对项目评价指标的影响，找出敏感因素，分析评价指标对该因素的敏感程度，并分析该因素达到临界值时项目的承受能力。通过敏感性分析使决策者正视风险，采取正确的策略、方针，因势利导，力求把风险减小到最低限度，也就是在最理想和最不理想的情况下，分析项目的投资经济效益，减少风险误差，提高分析的可靠性。敏感性分析的基本步骤可归纳如下：

◆ 选定不确定性因素，设定它们的变动范围

对于一般的投资项目来说，影响方案经济效果的不确定因素包括投资额、项目的寿命周期及固定资产残值、经营成本、产品价格、产品质量及销售量、项目的建设周期、标准收益率等。事实上不可能也没有必要对所有的不确定性因素都进行敏感性分析，应选择可能发生变化的因素进行分析。不确定因素的选择可根据下面的原则进行：

第一，预计在可能的变动范围内，某因素的变动会较强烈地影响方案的经济效益指标；

第二，在评价中，对某因素自身数据准确程度的把握性不大。

◆ 确定敏感性分析的指标

所谓敏感性分析指标就是敏感性分析的对象。敏感性分析的对象应是技术方案的经济效益，而技术方案的经济效益是由一系列经济效益评价指标加以反映的。评价方案的经济效益指标有很多，如净现值、净年值、内部收益率、投资回收期等等。由于敏感性分析是在确定性经济评价的基础上进行的，所以，进行敏感性分析所用的指标应与确定项目方案经济效益评价指标是一致的。敏感性分析可以围绕一个或几个重要的指标进行分析。

◆ 计算不确定因素变动对分析指标的影响程度

就是计算各不确定性因素不同幅度的变动，所导致的经济效果评价指标的变动结果。若在其他因素不变的条件下，变动其中某一个不确定因素，逐个计算不确定因素的影响程度，并找出它们一一对应的关系，则称为单因素敏感性分析；若同时计算的变动因素有多个，即计算多个不确定因素同时变动对敏感性分析指标的影响程度时，就称为多因素敏感性分析。

◆ 确定敏感性因素，对方案的风险情况作出分析

敏感性因素是指某因素的较小变化就会严重影响方案的经济效益评价值指标，这样的因素就称为敏感性因素。判别敏感性因素的标准有"绝对标准"和"相对标准"。

"绝对标准"是设各因素均往对方案不利的方向变动，分别取其可能出现的"最坏值"，据此计算方案的经济效益指标，看是否可达到使方案无法接受的程度，如果其因素的"最坏值"使方案变得不可接受，则表明该因素为敏感性因素。方案不被接受的判断依据，是各经济效益指标能否达到临界值以下，例

如净现值 NPV 是否小于零等。

"相对标准"是假定将要分析的各个因素均从其基本数据开始变动，比较在同一变率下，各因素的变动对经济效益评价指标影响的大小，其影响越小越好，这就是相对评价标准。

◆计算敏感度系数和临界点

（1）敏感度系数　单因素敏感性分析可用敏感度系数表示项目评价指标对不确定因素的敏感程度。计算公式为：

$$E = \Delta A / \Delta F$$

式中，ΔF——不确定因素 F 的变化率；

　　　　ΔA——不确定因素 F 发生 ΔF 变化率时，评价指标 A 的相应变化率；

　　　　E——评价指标 A 对于确定因素 F 的敏感度系数。

（2）临界点　临界点是指项目允许不确定因素向不利方向变化的极限值。超过极限，项目的效益指标将不可行。例如当产品价格下降到某值时，财务内部收益率将刚好等于基准收益率，此点称为产品价格下降的临界点。临界点可用临界点百分比或者临界值分别表示某一变量的变化达到一定的百分比或者一定数值时，项目的效益指标将从可行转变为不可行。临界点可用专用软件的财务函数计算，也可由敏感性分析图直接求得近似值。

◆ 编制敏感性分析表和绘制敏感性分析图

敏感性分析如图 2.13 所示，图中每一条斜线的斜率反映内部收益率对该不确定因素的敏感程度，斜率越大敏感度越高。一张图可以同时反映多个因素的敏感性分析结果。每条斜线与基准收益率线的相交点所对应的不确定因素变化率，图中 C_1、C_2、C_3、C_4 等即为该因素的临界点。

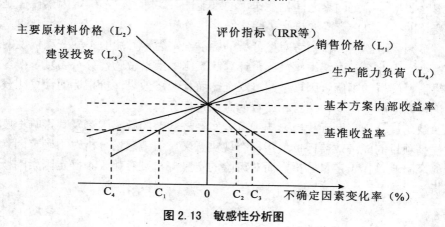

图 2.13　敏感性分析图

敏感性分析表如表 2.7 所示。表中所列的不确定因素是可能对评价指标产生影响的因素，分析时可选用一个或多个因素。不确定因素的变化范围可自行设定。可根据需要选定项目评价指标，其中最主要的评价指标是财务内部收益率。

表 2.7   敏感性分析

序号	不确定因素	变化率（%）	内部收益率	敏感系数	临界点（%）	临界值
	基本方案					
1	产品产量					
2	产品价格					
3	主要原材料价格					
4	建设投资					
5	汇率					

2．单因素敏感性分析

单因素敏感性分析是就某一个不确定因素的变动对方案的经济效益的影响所作的分析。

3．多因素敏感性分析

计算一次改变一个不确定因素的敏感性分析，只适用于分析最敏感的因素，它忽略了各不确定因素之间相互作用的可能性。实际上，不确定因素往往是同时变化的，所以，有必要进行多因素敏感性分析。

多因素敏感性分析要考虑被分析的各不确定因素可能的不同变动幅度的多种组合，因此，多因素敏感性分析计算起来比单因素敏感性分析要复杂得多。如果需要分析的不确定因素不超过三个，而且经济效果评价指标的计算比较简单，可以用解析法与作图法相结合的方法进行分析。

敏感性分析有助于找出影响项目方案经济效益的敏感因素及其影响程度，对提高项目的经济效益评价值指标有现实意义。但敏感性分析对不确定因素造成的风险难以作出定量分析，而对风险的定量分析则有赖于不确定因素的概率分析。

五、概率分析

敏感性分析可以指出项目评价指标对各不确定因素的敏感程度，但无法使投资者知道某因素某一幅度变化的可能性大小，因而不能使投资者最终了解项目风险的大小。可能会出现这种情况：找出的某一敏感因素，在未来可能发生某一幅度变化的概率很小，以致可以不考虑它的影响；另一个因素虽然不太敏感，但其可能发生某一幅度变化的概率却很大，以致必须考虑它对经济效益指标的影响。这个问题是敏感性分析本身所无法解决的，常需借助于概率分析。

1．概率的确定

概率分析是通过研究各种不确定因素发生不同幅度变动的概率分布及其对方案经济效益的影响，对方案的净现金流量及经济效益指标作出某种概率描述，从而对方案的风险情况作出比较准确的判断。在进行概率分析时，我们把不确定性因素看作是随机变量，而经济效益是这些不确定性因素随机变量共同作用的结果，因而经济效益也是一个随机变量。概率分析的关键是确定这些不确定性因素的取值范围以及取这些值的概率，即确定随机变量的分布函数。确定概率有多种方法，但主要有主观概率法、离散型概率分析法和连续型概率分析法三种。

◆ 主观概率法

主观概率法又称德尔菲法，它主要是请专家发表意见，依靠专家的综合分析能力和判断能力，对定性问题得出定量的概率估计值，是以人为预测和估计为基础的概率。例如在新景区开发中，由于没有历史记录，也不能确定游客的反应，一般都采用主观概率。根据过去的经验或类似地区的资料，运用专家的判断力做出估计。旅游研究对态度、喜好等一些难以用数学函数关系表示的复杂问题，常采用这种分析方法。

◆ 离散型概率分析法

离散型概率分析又称三级风险估计，就是只取三点值进行分析，是将不确定性因素都看作是离散型随机变量的一种概率分析方法。例如对于影响景区项目经济效益的各因素如游客人次、门票收入、餐饮收入、客房收入、售出物品收入等都只取三个值，即最大值、最小值、最可能值来进行分析。这样，不确定性因素是用一个离散型随机变量来描述的，当然经济效益指标也是一个离散型随机变量，但由于可能形成多种不同组合运算，因此经济效益指标值可以是许多可能结果，从而可以进行分析和比较。如果按照各个随机变量的实际分布函数，采用连续型概率分析，将会使经济评价的风险分析向更精确方向发展。

◆ 连续型概率分析法

连续型概率分析是一种以数理统计理论为指导的模拟技术，实质是利用一种按各个不确定性因素——随机变量的概率分布来产生随机数以模拟可能出现的随机现象。当然每次模拟只能描述被模拟系统可能出现的一次情况，然而经过多次模拟则可以得到很有参考价值的结果。这种方法可用于研究和处理有限的多个随机变量综合结果。模拟过程需要对自变量（随机变量）进行足够多次随机抽样，保证每个自变量都以其各自概率分布的实际形态参与运算过程，从而获得包含各随机变量全部信息的综合结果。而满足这种要求的对自变量随机抽样正是通过它们各自的累计概率曲线而实现的。

当这些不确定性因素的概率分布确定之后，就可以用概率分析方法寻求经济效益这个随机变量的取值范围和取这些值的概率，从而得到了对经济效益的全面认识。但在实际问题中，求经济效益这个随机变量的分布函数不是一件容易的事，在一些情况下也不需要全面地考究经济效益的所有变化情况，因而并不需要求出它的函数，而只需知道经济效益随机变量的某些特征，这些特征就是随机变量的期望值和方差。这是概率分析采用的最基本的指标，也就是说，概率分析的核心问题是求出经济效益指标值的期望值和方差，然后利用这两个指标进行各种风险分析。

2．方案净现值的期望值和标准差

期望值表明在各种风险条件下期望可能得到的经济效益。而方差的均方根（标准差），则反映了经济效益各种可能值与期望值之间的差距。它们之间的差距越大，说明随机变量的可变性越大，意味着各种可能情况与期望值的差别越大，风险就越大；如果它们之间的差距越小，说明经济效益指标可能取的值就越接近于期望值，这就意味着风险越小，所以标准差的大小可以看作是其所含风险大小的具体标志。因此，利用期望值和标准差可以对项目的经济效益风险情况进行分析和比较。一般说来，简单的概率分析也可以只计算项目方案净现值的期望值以及净现值大于或等于零时的累计概率。

在不确定情况下，一个项目的现金流量特征可以通过其随机现金流量来说明。我们假设某项目的现金流量序列为 CF_t（t=0，1，2，…，n），对一个特定周期的项目来说，各个周期的净现金流量 CF_t 是随机的，所以每个周期折现的净现金流量加总得到项目方案的净现值，也必定是一个随机变量，随机净现值的计算公式为：

$$NPV = \sum_{t=0}^{n} CF_t (1+i)^{-t} \qquad (2.40)$$

当方案的寿命周期数 n 为一个常数时，根据各周期随机净现金流量的期望值 E（CF_t），可以求出方案净现值的期望值。

假设净现金流量这一随机变量对应发生的概率为 P_j（j=1，2，…，m），则净现金流量的期望值为：

$$E(CF_t) = \sum_{j=1}^{m} CF_t \times p_j \qquad (2.41)$$

方案净现值的期望值为：

$$E(NPV) = \sum_{t=0}^{n} E(CFt) \times (1+i)^{-i} \qquad (2.42)$$

标准差表示随机变量的离散程度，也表示与实际值的偏差程度，故它可反映各对比方案所得到的期望值的可靠程度，即所承担风险的大小。其表达式为：

$$\sigma = \sqrt{D(NPV)} \qquad (2.43)$$

其中净现值方差为：

$$D(CF_t) = \sum_{t=1}^{n} \left[CF_t - E(CF_t)\right]^2 p_j \qquad (2.44)$$

第 t 期现金流量方差为：

$$D(CFt) = \sum_{j=1}^{m} \left[CFt - E(CFt)\right]^2 p_j \qquad (2.45)$$

有时也用下面的公式计算方差：

$$D(NPV) = E(NPV^2) - \left[E(NPV)\right]^2 \qquad (2.46)$$

根据以上两个指标，还可以得出另外一个指标——离差系数（γ）。离差系数是净现值的标准差和净现值的期望值之比，是一个反映风险程度的相对指标。其计算公式为：

$$\gamma = \frac{\sigma}{E(NPV)} \qquad (2.47)$$

离差系数越小，说明方案的风险越小。在多方案的比较中，为了综合考虑各方案的效益和风险情况，需要同时考察各方案经济效益指标的期望值和离差系数这两个指标。例如，当采用净现值这个经济指标对比各方案时，显然，净现值的期望值较大，而离差系数又较小的方案为最优方案。这样，决策人员可以根据社会环境、工程项目条件等方面情况，依据各方案的净现值的期望值和离差系数，有倾向性地选择收益较高或者风险较小的方案。

任何项目都会有风险。在综合评价时，应将风险与项目经济评价指标结合起来考虑，风险大的项目应当有较大的潜在获利能力。风险越大，所要求的项目内部收益率也越大。

■ 区位分析

因不同地理事物有不同的空间位置，同时区域间自然和社会经济条件（区位因素）的不同导致各种人类活动的地域空间形态有着显著差异。因此有效地对不同类型的人类活动进行区位分析与评价，需要构建认识复杂人文现象的统一"秩序"，即区位分析与评价模型。

一、区位与区位理论

"区位"源于德文的"standort"，是 1882 年由 W.高次首次提出的。区位在 1886 年被译为英文"location"。区位是人类活动（人类行为）所占有的场所。区位同位置不同，既有位，也有区，还有被设计的内涵。区位的主要含义是某事物占有的场所，但也含有"位置、布局、分布、位置关系"等方面的意义。

二、区位条件与区位因子

1. 区位条件

区位条件是区位（场所）所特有的属性或资质。区位条件是相对于区位主体而言的。区位主体不同，区位条件随之不同。区位条件随时间而变化。就某一区位主体而言，对其局部场所（区位）的要求随时间而变，因而要求的区位条件也随之变化。

2. 区位因子

区位因子（或称区位因素）是指影响区位主体分布的原因。最早提出区位因子的韦伯，将区位因子定义为经济活动在某特定地点进行时所得到的利益，即费用的节约。

3. 区位因子与区位条件的区别

相对于区位条件是由于场所不同而生产条件不同,区位因子则是对于生产者而言,由于场所不同表现出其生产费用或利益的差异。

三、经济活动区位及其理论基础

1. 经济活动的空间有限性
2. 经济活动对有限空间的竞争
3. 经济活动空间移动的限制

四、要素投入对经济活动区位的一般影响

1．土地因子对经济区位的影响

土地作为经济活动的一个影响因素主要是由其自然特性及所处的经济区位决定的。土地的自然特性决定了土地利用的可能性,但并不决定土地利用的可行性。土地利用可行性更多地取决于土地所处的经济区位。

土地一般以两种基本方式参与经济活动:一种是作为劳动对象;第二种是作为作业的空间或活动场所,土地所处的经济区位起着决定性的作用,土地利用的空间竞争显得格外显著。

2．资本因子对经济区位的影响

资本不仅仅指金融资本,也包括厂地、设备等固定资本。

资本是生产要素中流动性最大的要素,资本在不断流向最具创利机会的地区。因此,就局部地区而言,储蓄并不一定转化为本地区的投资,本地区的投资也可以大大高于本地区的积累。关键在于是否具有使资本有充分获利机会的区域条件。

3．人力资源因子对经济区位的影响

人力资源是人口中有劳动能力的一部分人口。一般而言,人口密集地区或都市也是人力资源最密集的地方,特别是大城市地区,有着多种多样的熟练人力资源,对于需要大量人力资源供应的经济活动主体（企业）而言,大城市将比人力资源质、量都受到制约的小城市或农村地带的区位更为有利。

人力资源的素质越来越多地不是取决于人力资源的数量,而是取决于人力资源的质量。普通人力资源的获取越来越容易,对经济活动区位选择的影响越来越小。相反,经济活动对高素质的科技人力资源的需求却越来越大,高素质人力资源是不可多得的稀缺资源。

因此,能够获取高素质科技人力资源的区域,成为最适宜现代经济活动发展与布局的区域。

人力资源在空间上分布不均,移动也受到一定程度上空间摩擦的制约,因此,事实上即使在一国之内也存在着较大差异。这种差异对人力资源成本占总成本比重较大的人力资源密集型企业的区位产生较大影响。

人力资源的空间移动也对经济活动的区位选择及其变化产生重要的影响。

五、市场对经济活动区位的一般影响

1．市场规模对经济活动区位的影响

市场规模直接影响到经济活动的持续性和合理性。经济活动无论是生产活

动还是服务活动都要求达到一定规模，这一规模也就是所谓的需求门槛。需求门槛因经济活动的性质和类型不同而不同。

对经济活动合理性的影响有内部规模经济、外部规模经济。

2．市场地域范围大小影响经济活动的类型与规模

市场地域范围的大小决定市场规模和机构，进而影响经济活动的类型与规模。

3．价格竞争与经济区位

价格竞争——以比其他企业低的价格增加销售额而获取超额利润的做法。低成本化的实现与企业区位选择行为相关联，是便宜的生产要素的获取和生产要素的有效利用。通过扩大市场占有率来增强竞争力的经济活动，低成本至关重要，往往趋向于接近生产要素的获取较低廉的地区。

4．非价格竞争与经济区位

非价格竞争变得越来越重要。企业不仅仅注重成本节约，也特别注重收入增加。通过适应各地域市场的不同需求，通过垄断与控制市场，增加市场占有率，来达到其获取超额利润的目的。

企业在区位选择中，更注重高级生产要素的占有。所以，那些智力资源与高科技人力资源资源丰富、信息通达的区域成为经济活动的理想场所。

5．市场特性对经济活动区位的影响

市场不仅有规模之差，更有内容之差，不同的市场特性对经济活动的影响是完全不同的。市场特性往往是由消费者的消费需求偏好的特点而引起的。在不同的区域，由于不同的消费习惯和其他不同因素，占首要地位的需求层次往往并不相同。

◆ 市场竞争环境

竞争能促进生产力的发展，提高劳动生产力。市场竞争对从事经济活动的企业产生激励，主要表现在如下方面：

第一，从产品方面，促使企业精心设计和制作开发新产品，加快实现产品的更新换代，保证供应质量高、价格合理的上乘产品。

第二，迫使企业不断采用最先进的科学技术，实现高速度、高效率，提高劳动生产率。

第三，企业必须对客户服务周到，秉承"顾客至上"的理念，才能保住竞争优势。

第四，企业要不断创新，密切注意技术、环境、消费者的观念、爱好、思想和时尚的变化，保持技术领先。

第五，企业必须注重市场研究，开拓市场，发展和培养消费者，利用各种

手段介绍产品的新功能和新产品。

从社会生活的整体利益判断，如果一个企业依靠这五个方面而竞争取胜，那就等于维护了社会和广大消费者的利益，这个企业会获得更多的物质和精神鼓励，它可赚取较多的利润，扩大规模，反之则会倒闭。

◆ 市场秩序和管理

市场需要竞争，但也需要秩序，良好的市场秩序是经济活动的激励机制得以发挥的前提。众多的企业在选择投资区位时，都非常关注投资地点的市场秩序。

◆ 市场意识

不同地区的消费者对市场的认识是大不相同的。在市场意识强的地区，经济活动被崇尚，因此观念上的创业门槛比较低，有利于培育创业者与企业家阶层，从而有利于经济活动的发展。加之，在消费者市场意识强的地区，容易形成挑剔性需求，从而有利于经济活动不仅在量上扩充，更注重从质量上求精，有利于其综合竞争能力的形成。同时，由于受挑剔性市场环境的熏陶，在此成长起来的劳动者一般具有较好的劳动素质，有利于从事经济活动的企业选择适合自身需要的人力资本。

六、产业环境对经济活动区位的一般影响

构成产业环境的要素很多，包括产业集聚、基础设施、生产服务以及其他自然与人文环境等。具体地说，相关行业的发展水平对经济活动区位的影响主要体现在如下四个方面：

1. 产业间紧密合作的可能；
2. "互补产品"的"需求拉动"作用；
3. 有利于专门化服务设施和机构的发展；
4. 相关行业企业密集可以改善信息环境。

七、政府行为与政策环境对经济活动区位的影响

1. 政府首先作为一个消费者，政府购买本身就形成了一个庞大的市场。
2. 政府通过规划和对特定地区的基础设施的投入，引导经济活动在空间上向某一特定区域发展，或者向某一特定产业发展，我国"黄金周"制度就是政府促动旅游业的一个典型。
3. 政府通过制定相应的政策、法规规范经济活动行为，保证自由竞争环境的形成。良好的政策环境是经济活动的重要保证。
4. 政府通过税收优惠以及财政补贴等经济政策的实施促进产业发展。

八、环境因素对经济活动区位的影响

环境因素是影响经济活动的最重要的因素之一。为了维持与改善人类生活的环境质量，必须限制或禁止某些生产活动的进行或者规定生产活动对环境给予不良影响的程度。

公众对环境质量的要求和政府对环境的保护政策日益成为经济活动区位选择、区位变迁的重要因素。现代经济活动也越来越多地寻求环境质量良好的区位，旅游业中的生态旅游就是利用优良环境进行开发经营。

九、可进入性对经济活动区位的影响

可进入性包括地理可进入性、经济可进入性、制度可进入性和社会可进入性。地理可进入性，系场所对外交往的地理方便程度，它主要决定于地理位置和距离；经济可进入性，系场所的对外交往成本高低，它取决于运费、通信费。费用越低，对外通达性越好，反之则相反；制度可进入性，即由制度因素决定的场所对外生产要素和商品交往的方便程度；社会可进入性是由社会因素（包括语言、文化等）所决定的场所对外交往的便利程度。

十、交通及其对经济活动区位的一般影响

1．运费与经济活动区位

运费主要由线路运行费和站场费两大部分组成。

线路运行费同运输距离相关，一般可以认为是运输距离的线性函数。

站场费则一般同运输距离无关，仅同装卸、站场设施以及管理维护费有关。

2．交通方式与运费的关系

供给地与消费地的空间距离一般很难改变，除非改变供给地或消费地。但连接供给地与消费地的交通方式可以不同。运输方式不同，运费也随之不同。

■　国民经济评价

国民经济评价是按合理配置资源的原则，采用影子价格等国民经济评价参数，从国民经济的角度考察投资项目所耗费的社会资源和对社会的贡献，评价投资项目的经济合理性。

一、国民经济评价范围和内容

财务评价是从项目角度考察项目的盈利能力和偿债能力，在市场经济条件下，大部分项目财务评价结论可以满足投资决策要求。但有些项目需要进行国民经济评价，从国民经济角度评价项目是否可行。

国民经济评价的研究内容主要是识别国民经济效益与费用，计算和选取影子价格，编制国民经济评价报表，计算国民经济评价指标并进行方案比选。

二、国民经济效益与费用识别

项目的国民经济效益是指项目对国民经济所做的贡献，分为直接效益和间接效益。项目的国民经济费用是指国民经济为项目付出的代价，分为直接费用和间接费用。

1. 直接效益与直接费用

直接效益是指由项目产出物直接生成，并在项目范围内计算的经济效益。一般表现为增加项目产出物或者服务的数量以满足国内需求的效益；替代效益较低的相同或类似企业的产出物或者服务，使被替代企业停产，从而减少国家有用资源耗费或者损失的效益；增加出口或者减少进口从而增加或者节支的外汇等。

直接费用是指项目使用投入物所形成的，并在项目范围内计算的费用。一般表现为其他部门为本项目提供投入物，需要扩大生产规模所耗用的资源费用；减少对其他项目或者最终消费投入物的供应而放弃的效益；增加进口或者减少出口从而耗用或者减少的外汇等。

2. 间接效益与间接费用

间接效益与间接费用是指项目对国民经济做出的贡献与国民经济为项目付出的代价中，在直接效益与直接费用中未得到反映的那部分效益与费用。通常把与项目相关的间接效益（外部效益）和间接费用（外部费用）统称为外部效果。

外部效果的计算范围应考虑环境及生态影响效果、技术扩散效果和产业关联效果。为防止外部效果计算扩大化，项目的外部效果一般只计算一次相关效果，不应连续计算。

3. 转移支付

项目的某些财务收益和支出，从国民经济角度看，并没有造成资源的实际增加或者减少，而是国民经济内部的"转移支付"，不记作项目的国民经济效益与费用。转移支付的主要内容包括：

（1）国家和地方政府的税收；

（2）国内银行借款利息；

（3）国际和地方政府给予项目的补贴。

以项目的财务评价为基础进行国民经济评价时，应从财务效益与费用中剔除在国民经济评价中记作转移支付的部分。

三、影子价格的选取与计算

影子价格是进行项目国民经济评价、计算国民经济效益与费用时专用的价格，是指依据一定原则确定的，能够反映投入物和产出物真实经济价值、反映市场供求关系、反映资源稀缺程度，使资源得到合理配置的价格。进行国民经济评价时，项目的主要投入物和产出物价格，原则上都采用影子价格。

1．市场定价货物的影子价格

随着我国市场经济发展和贸易范围的扩大，大部分货物的价格由市场形成，价格可以近似反映其真实价值。进行国民经济评价可将这些货物的市场价格加上或者减去国内运杂费等，作为投入物或者产出物的影子价格。

（1）外贸货物影子价格，是以口岸价为基础，乘以影子汇率加上或者减去国内运杂费和贸易费用。

投入物影子价格（项目投入物的到厂价格）=到岸价（CIF）×影子汇率+国内运杂费+贸易费用

产出物影子价格（项目产出物的出厂价格）=离岸价（FOB）×影子汇率-国内运杂费-贸易费用

贸易费用是指外经贸机构为进出口货物所耗用的，用影子价格计算的流通费用，包括货物的储运、再包装、短途运输、装卸、保险、检验等环节的费用支出，以及资金占用的机会成本，但不包括长途运输费用。贸易费用，一般用货物的口岸价乘以贸易费率计算。

贸易费率由项目评价人员根据项目所在地区流通领域的特点和项目的实际情况测定。

（2）非外贸货物影子价格，是以市场价格加上或者减去国内运杂费作为影子价格。

2．政府调控价格货物的影子价格

有些货物或者服务不完全由市场机制形成价格，而是由政府调控价格，例如由政府发布指导价、最高限价和最低限价等。这些货物或者服务的价格不能完全反映其真实价值。在进行国民经济评价时，应对这些货物或者服务的影子价格采用特殊方法确定。确定影子价格的原则，投入物按机会成本分解定价，产出物按消费者支付意愿定价。

3．特殊投入物的影子价格

项目的特殊投入物是指项目在建设、生产运营中使用的人力资源、土地和自然资源等。项目使用这些特殊投入物所发生的国民经济费用，应分别采用下列方法确定其影子价格。

（1）影子工资。影子工资反映国民经济为项目使用人力资源所付出的真实代价，由人力资源机会成本和人力资源转移而引起的新增资源耗费两部分构成。人力资源机会成本是指人力资源如果不就业而从事于其他生产经营活动所创造的最大效益。它与人力资源的技术熟练程度和供求状况有关，技术越熟练，稀缺程度越高，其机会成本越高，反之越低。新增资源耗费是指项目使用人力资源，由于劳动者就业或者迁移而增加的城市管理费用和城市交通等基础设施投资费用。

（2）土地影子价格。土地影子价格反映土地用于该拟建项目后，不能再用于其他目的所放弃的国民经济效益，以及国民经济为其增加的资源消耗。土地影子价格按农用土地和城镇土地分别计算。

①农用土地影子价格是指项目占用农用土地后国家放弃的收益，由土地的机会成本和占用该土地而引起的新增资源消耗两部分构成。土地机会成本按项目占用土地后国家放弃的该土地最佳可替代用途的净效益计算。土地影子价格中新增资源消耗一般包括拆迁费用和人力资源安置费用。

农用土地影子价格可从机会成本和新增资源消耗两方面计算，也可在财务评价中土地费用的基础上调整计算。后一种具体做法是，属于机会成本性质的费用，如土地补偿费、青苗补偿费等，按机会成本的计算方法调整计算；属于新增资源消耗费用，如拆迁费用、剩余人力资源安置费用、养老保险费用等，按影子价格调整计算；属于转移支付的，如粮食开发基金、耕地占用税等，应予以剔除。

②城镇土地影子价格通常按市场价格计算，主要包括土地出让金、征地费、拆迁安置补偿费等。

（3）自然资源影子价格，各种自然资源是一种特殊的投入物，项目使用的景观资源、水资源、森林资源等都是对国家资源的占用和消耗。不可再生自然资源的影子价格按资源的机会成本计算，水和森林资源等可再生自然资源的影子价格按资源再生费用计算。

四、国民经济评价报表编制

编制国民经济评价报表是进行国民经济评价的基础工作之一。国民经济效益费用流量表有两种：一是项目国民经济效益费用流量表；二是国内投资国民经济效益费用流量表。项目国民经济效益费用流量表，以全部投资（包括国内投资和国外投资）作为分析对象，考察项目全部投资的盈利能力；国内投资国民经济效益费用流量表以国内投资作为分析对象，考察项目国内投资部分的盈利能力。

国民经济效益费用流量表一般在项目财务评价的基础上进行调整编制，有些项目也可以直接编制。

1．在财务评价基础上编制国民经济效益费用流量表

以项目财务评价为基础编制国民经济效益费用流量表，应注意合理调整效益与费用的范围与内容。

（1）剔除转移支付，将财务现金流量表中列支的销售税金及附加、增值税、国内借款利息作为转移支付剔除。

（2）计算外部效益与外部费用，根据项目的具体情况，确定可以量化的项目外部效益与外部费用。分析确定哪些是项目重要的外部效果，需要采用什么方法估算，并保持效益费用的计算口径一致。

（3）调整建设投资，用影子价格、影子汇率逐项调整构成投资的各项费用，剔除涨价预备费、税金、国内借款建设期利息等转移支付项目。

进口设备价格调整通常要剔除进口关税、增值税等转移支付。建筑工程费和安装工程费按材料费、人力资源的影子价格进行调整；土地费用按土地影子价格进行调整。

（4）调整流动资金，财务账目中的应收、应付款项及现金并没有实际耗用国民经济资源，在国民经济评价中应将其从流动资金中剔除。如果财务评价中的流动资金是采用扩大指标法估算的，国民经济评价仍应按扩大指标法，以调整后的销售收入、经营费用等乘以相应的流动资金指标系数进行估算；如果财务评价中的流动资金是采用分项详细估算法进行估算的，则应用影子价格重新分项估算。

根据建设投资和流动资金调整结果，编制国民经济评价投资调整表，见表2.8。

（5）调整经营费用，用影子价格调整各项经营费用，对主要原材料、燃料及动力费用用影子价格进行调整；对劳动工资及福利费，用影子工资进行调整。编制国民经济评价经营费用调整表，见表2.9。

表2.8　国民经济评价投资调整表（单位：万元、万美元）

序号	项　目	财务评价			国民经济评价			国民经济评价比财务评价增减（%）
		外币	人民币	合计	外币	人民币	合计	
1	建设投资							
1.1	建筑工程费							
1.2	设备购置费							
1.3	安装工程费							
1.4	工具购置费							
1.5	工程建设其他费用							
1.5.1	其中：土地费用							
1.5.2	专利及专有技术费							
1.6	基本预备费							
1.7	涨价预备费							
1.8	建设期利息							
2	流动资金							
	项目投入总资金（1+2）							

表2.9　国民经济评价经营费用调整表（单位：元、万元）

序号	项　目	单位	年耗量	财务评价		国民经济评价	
				单价	年费用	单价	年费用
1	外购原材料						
1.1	原材料A						
1.2	原材料B						
1.3	原材料C						
1.4	……						
2	外购燃料及动力						
2.1	煤						
2.2	水						
2.3	电						
2.4	新能源						
2.5	……						
3	工资及福利费						
4	修理费						
5	其他费用						
	合计						

（6）调整销售收入，用影子价格调整计算项目产出物的销售收入。编制国民经济评价销售收入调整表，见表 2.10。

表 2.10　国民经济评价销售收入调整表

（单价单位：元、美元；销售收入单位：万元、万美元）

序号	产品名称	年销售量				财务评价				国民经济评价				合计（万元）
		计算单位	内销	外销	合计	内销		外销		内销		外销		
						单价	销售收入	单价	销售收入	单价	销售收入	单价	销售收入	
1	投产第一年负荷（%）A 产品 B 产品 小计													
2	投产第二年负荷（%）A 产品 B 产品 小计													
3	正常生产年份（%）A 产品 B 产品 小计													

（7）调整外汇价值，国民经济评价各项销售收入和费用支出中的外汇部分，应用影子汇率进行调整，计算外汇价值。从国外引入的资金和向国外支付的投资收益、贷款本息，也应用影子汇率进行调整。

编制项目国民经济效益费用流量表（表 2.11）和国内投资国民经济效益费用流量表（表 2.12）。

表 2.11　项目国民经济效益费用流量表（单位：万元）

序号	项目	合计	计　算　期					
			1	2	3	4	…	n
1	效益流量							
1.1	产品销售（营业）收入							
1.2	回收固定资产余值							
1.3	回收流动资金							
1.4	项目间接效益							
2	费用流量							
2.1	建设投资（不含建设期利息）							
2.2	流动资金							
2.3	经营费用							
2.4	项目间接费用							
3	净效益流量（1-2）							

表 2.12　　　国内投资国民经济效益费用流量表（单位：万元）

序号	项目	合计	计　　算　　期					
			1	2	3	4	…	n
1	效益流量							
1.1	产品销售（营业）收入							
1.2	回收固定资产余值							
1.3	回收流动资金							
1.4	项目间接效益							
2	费用流量							
2.1	建设投资中的国内资金							
2.2	流动资金中的国内资金							
2.3	经营费用							
2.4	流到国外的资金							
2.4.1	国外借款本金偿还							
2.4.2	国外借款利息支付							
2.4.3	其他							
2.5	项目间接费用							
3	项目投资净效益流量（1-2）							

2. 直接编制国民经济效益费用流量表

有些行业的项目可能需要直接进行国民经济评价，判断项目的经济合理性。可按以下步骤直接编制国民经济效益费用流量表。

（1）确定国民经济效益、费用的计算范围，包括直接效益、直接费用和间接效益、间接费用；

（2）测算各种主要投入物的影子价格和产出物的影子价格，并在此基础上对各项国民经济效益和费用进行估算；

（3）编制国民经济效益费用流量表。

五、国民经济评价指标计算

根据国民经济效益费用流量表计算经济内部收益率和经济净现值等评价指标。

1. 经济内部收益率（EIRR）

经济内部收益率是反映项目对国民经济净贡献的相对指标，它表示项目占用资金获得的动态收益率，也是项目在计算期内各年经济净效益流量的现值累计等于零时的折现率。其表达式为：

$$\sum_{t=1}^{n}(B-C)_t(1+EIRR)^{-t}=0 \qquad\qquad (2.48)$$

式中 B——国民经济效益流量；

C——国民经济费用流量；

$(B-C)_t$——第 t 年的国民经济净效益流量；

n——计算期。

经济内部收益率等于或者大于社会折现率，表示项目对国民经济的净贡献达到或者超过要求的水平，应认为项目可以接受。

2．经济净现值（ENPV）

经济净现值是反映项目对国民经济净贡献的绝对指标，是用社会折现率将项目计算期内各年的净效益流量折算到建设期初的现值之和。计算公式为：

$$ENPV=\sum_{t=1}^{n}(B-C)_t(1+i_s)^{-t} \qquad\qquad (2.49)$$

式中 i_s——社会折现率。

项目经济净现值等于或者大于零，表示国家为拟建项目付出的代价可以得到符合社会折现率要求的社会盈余，或者除得到符合社会折现率要求的社会盈余外，还可以得到以现值计算的超额社会盈余。经济净现值越大，表示项目所带来的经济效益的绝对值越大。

按分析效益费用的口径不同，可分为整个项目的经济内部收益率和经济净现值，国内投资经济内部收益率和经济净现值。如果项目没有国外投资和国外借款，全投资指标与国内投资指标相同；如果项目有国外资金流入和流出，应以国内投资的经济内部收益率和经济净现值作为项目国民经济评价的评价指标。

六、国民经济评价参数

国民经济评价参数是国民经济评价的基础。正确理解和使用评价参数，对正确计算费用、效益和评价指标，以及比选优化方案具有重要作用。国民经济评价参数体系有两类：一类是通用参数，如社会折现率、影子汇率和影子工资等，这些通用参数由有关专门机构组织测算和发布；另一类是货物影子价格等一般参数，由行业或者项目评价人员测定。

1．社会折现率（i_s）

社会折现率是用以衡量资金时间价值的重要参数，代表社会资金被占用应获得的最低收益率，并用作不同年份资金价值换算的折现率。社会折现率可根据国民经济发展多种因素综合测定。各类投资项目的国民经济评价都应采用有关专门机构统一发布的社会折现率作为计算经济净现值的折现率。社会折现率可作为经济内部收益率的判别标准。根据对我国国民经济运行的实际情况、投资收益水平、资金供求状况、资金机会成本以及国家宏观调控等因素综合分析，目前社会折现率取值为 10%。

2．影子汇率

影子汇率是指能正确反映外汇真实价值的汇率。在国民经济评价中，影子汇率通过影子汇率换算系数计算，影子汇率换算系数是影子汇率与国家外汇牌价的比值。投资项目投入物和产出物涉及进出口的，应采用影子汇率换算系数调整计算影子汇率。

3．影子工资

影子工资是项目使用人力资源，社会为此付出的代价。影子工资由人力资源的边际产出和劳动就业或者转移而引起的社会资源耗费两部分构成。在国民经济评价中影子工资作为国民经济费用计入经营费用。

影子工资一般是通过影子工资换算系数计算。影子工资换算系数是影子工资与项目财务评价中人力资源的工资和福利费的比值。

■ 社会评价

社会评价是分析拟建项目对当地社会的影响和当地社会条件对项目的适应性和可接受程度，评价项目的社会可行性。

一、社会评价作用与范围

社会评价旨在系统调查和预测拟建项目的建设、运营产生的社会影响与社会效益，分析项目所在地区的社会环境对项目的适应性和可接受程度。通过分析项目涉及的各种社会因素，评价项目的社会可行性，提出与当地社会环境相协调，规避社会风险，促进项目顺利实施，保持社会稳定的方案。

进行社会评价有利于国民经济发展目标与社会发展目标协调一致，防止单纯追求项目的财务效益；有利于项目与所在地区利益协调一致，减少社会矛盾和纠纷，防止可能产生不利的社会影响和后果，促进社会稳定；有利于减少或避免项目建设和运营的社会风险，提高投资效益。

社会评价适用于那些社会因素较为复杂、社会影响较为久远、社会效益较为显著、社会矛盾较为突出、社会风险较大的投资项目。其中主要包括需要大量移民搬迁或者占用农田较多的项目、旅游扶贫项目、农村旅游开发项目、民族地区旅游开发项目等。

二、社会评价主要内容

社会评价从以人为本的原则出发，研究内容包括项目的社会影响分析、项目与所在地区的互适性分析和社会风险分析。

1．社会影响分析

项目的社会影响分析旨在分析预测项目可能产生的正面影响（通常称为社会效益）和负面影响。

（1）项目对所在地区居民收入的影响，主要分析预测由于项目实施可能造成当地居民收入增加或者减少的范围、程度及其原因；收入分配是否公平，是否会扩大贫富收入差距，并提出促进收入公平分配的措施建议。扶贫项目，应着重分析项目实施后，能在多大程度上减轻当地居民的贫困和帮助多少贫困人口脱贫。

（2）项目对所在地区居民生活水平和生活质量的影响，分析预测项目实施后居民居住水平、消费水平、消费结构、人均寿命的变化及其原因。

（3）项目对所在地区居民就业的影响，分析预测项目的建设、运营对当地居民就业结构和就业机会的正面影响与负面影响。其中正面影响是指可能增加就业机会和就业人数，负面影响是指可能减少原有就业机会及就业人数，以及由此引发的社会矛盾。

（4）项目对所在地区不同利益群体的影响，分析预测项目的建设和运营使哪些人受益或受损，以及对受损群体的补偿措施和途径。

（5）项目对所在地区弱势群体利益的影响，分析预测项目的建设和运营对当地妇女、儿童、残疾人员利益的正面影响或负面影响。

（6）项目对所在地区文化、教育、卫生的影响，分析预测项目建设和运营期间是否可能引起当地文化教育水平、卫生健康程度的变化以及对当地人文环境的影响，提出减小不利影响的措施建议。

（7）项目对当地基础设施、社会服务容量和城市化进程等的影响，分析预测项目建设和运营期间，是否可能增加或者占用当地的基础设施，包括道路、桥梁、供电、给排水、供汽、服务网点以及产生的影响。

（8）项目对所在地区少数民族风俗习惯和宗教的影响，分析预测项目建设和运营是否符合国家的民族和宗教政策，是否充分考虑了当地民族的风俗习惯、生活方式或者当地居民的宗教信仰，是否会引发民族矛盾、宗教纠纷，影响当地社会安定。

通过以上分析，对项目的社会影响作出评价。编制项目社会影响分析表，如表 2.13 所示。

表 2.13　项目社会影响分析表

序号	社会因素	影响的范围、程度	可能出现的后果	措施建议
1	对居民收入的影响			
2	对居民生活水平与生活质量的影响			
3	对居民就业的影响			
4	对不同利益群体的影响			
5	对弱势群体的影响			
6	对地区文化、教育、卫生的影响			
7	对地区基础设施、社会服务容量和城市化进程的影响			
8	对少数民族风俗习惯和宗教的影响			

2. 互适性分析

互适性分析主要是分析预测项目能否为当地的社会环境、人文条件所接纳，以及当地政府、居民支持项目存在与发展的程度，考察项目与当地社会环境的相互适应分析。

（1）分析预测与项目直接相关的不同利益群体对项目建设和运营的态度及参与程度，选择可以促使项目成功的各利益群体的参与方式，对可能阻碍项目存在与发展的因素提出防范措施。

（2）分析预测项目所在地区的各类组织对项目建设和运营的态度，可能在哪些方面、在多大程度上对项目给予支持和配合。对需要由当地提供交通、电力、通信、供水等基础设施条件，生活供应条件的分析。

（3）分析预测项目所在地区现有技术、文化状况能否适应项目建设和发展。

通过项目与所在地的互适性分析，就当地社会对项目适应性和可接受程度作出评价，编制社会对项目的适应性和可接受程度分析表，如表 2.14 所示。

表 2.14　社会对项目的适应性和可接受程度分析表

序号	社会因素	适应程度	可能出现的问题	措施建议
1	不同利益群体			
2	当地组织结构			
3	当地技术文化条件			

3．社会风险分析

项目的社会风险分析是对可能影响项目的各种社会因素进行识别和排序，选择影响面大、持续时间长，并容易导致较大矛盾的社会因素进行预测，分析可能出现这种风险的社会环境和条件。那些可能诱发民族矛盾、宗教矛盾的项目要注重这方面的分析，并提出防范措施。编制项目社会风险分析表，如表 2.15 所示。

表 2.15　社会风险分析表

序号	风险因素	持续时间	可能导致的后果	措施建议
1				
2				
3				
4				
5				

三、社会评价步骤与方法

1．社会评价步骤

社会评价一般分为调查社会资料、识别社会因素、论证比选方案三个步骤。

（1）调查社会资料

调查了解项目所在地区的社会环境等方面的资料。调查的内容包括项目所在地区的人口统计资料、基础设施与服务设施状况；当地的风俗习惯、人际关系；各利益群体对项目的反应、要求与接受程度；各利益群体参与项目活动的可能性，如项目所在地区干部、群众对参与项目活动的态度和积极性，可能参与的形式、时间，妇女在参与项目活动方面有无特殊情况等。社会调查可采用多种调查方法，如查阅历史文献、统计资料，问卷调查，现场访问、观察，开座谈会等。

（2）识别社会因素

分析社会调查获得的资料，对项目涉及的各种社会因素进行分类。一般可分成三类，即影响人类生活和行为的因素、影响社会环境变迁的因素、影响社会稳定与发展的因素。从中识别与选择影响项目实施和项目成功的主要社会因素，作为社会评价的重点和论证比选方案的内容之一。

（3）论证比选方案

对项目可行性研究拟定的建设地点、技术方案和工程方案中涉及的主要社会因素进行定性、定量分析,比选推荐社会正面影响大、社会负面影响小的方案。

2. 社会评价方法

项目涉及的社会因素、社会影响和社会风险不可能用统一的指标、量纲和判据进行评价,因此社会评价应根据项目的具体情况采用灵活的评价方法。在项目前期准备阶段,采用的社会评价方法主要有快速社会评价法和详细社会评价法。

(1)快速社会评价法

快速社会评价法是在项目前期阶段进行社会评价常用的一种简捷方法,通过这一方法可大致了解拟建项目所在地区社会环境的基本状况,识别主要社会影响因素,粗略地预测可能出现的情况及其对项目的影响程度。快速社会评价主要是分析现有资料和现有状况,着眼于负面社会因素的分析判断,一般以定性描述为主。快速社会评价的方法步骤如下:

①识别主要社会因素,对影响项目的社会因素分组,可按其与项目之间关系和预期影响程度划分为影响一般、影响较大和影响严重三级。应侧重分析评价那些影响严重的社会因素。

②确定利益群体,对项目所在地区的受益、受损利益群体进行划分,着重对受损利益群体的情况进行分析。按受损程度,划分为受损一般、受损较大、受损严重三级,重点分析受损严重群体的人数、结构,以及他们对项目的态度和可能产生的矛盾。

③估计接受程度,大体分析当地现有经济条件、社会条件对项目存在与发展的接受程度,一般分为高、中、低三级。应侧重对接受程度低的因素进行分析,并提出项目与当地社会环境相互适应的措施建议。

(2)详细社会评价法

详细社会评价法是在可行性研究阶段广泛应用的一种评价方法。其功能是在快速社会评价的基础上,进一步研究与项目相关的社会因素和社会影响,进行详细论证,并预测风险度。结合项目备选的技术方案、工程方案等,从社会分析角度进行优化。详细社会评价采用定量与定性分析相结合的方法,进行过程分析。主要步骤如下:

①识别社会因素并排序,对社会因素按其正面影响与负面影响、持续时间长短、风险度大小、风险变化趋势(减弱或者强化)分组。应着重对那些持续时间长、风险度大、可能激化的负面影响进行论证。

②识别利益群体并排序,对利益群体按其直接受益或者受损、间接受益或者受损、减轻或者补偿受损措施的代价分组。在此基础上详细论证各受益群体与受损群体之间、利益群体与项目之间的利害关系,以及可能出现的社会矛盾。

③论证当地社会环境对项目的适应程度，详细分析项目建设与运营过程中可以从地方获得支持与配合的程度，按好、中、差分组。应着重研究地方利益群体、当地政府和非政府机构的参与方式及参与意愿，并提出协调矛盾的措施。

④比选优化方案，将上述各项分析的结果进行归纳，比选、推荐合理方案。

在进行项目详细社会评价时一般采用参与式评价，即吸收公众参与评价项目的技术方案、工程方案等。这种方式有利于提高项目方案的透明度；有助于取得项目所在地各有关利益群体的理解、支持与合作；有利于提高项目的成功率，预防不良社会后果。一般来说，公众参与程度越高，项目的社会风险越小。参与式评价可采用下列形式：

咨询式参与，由社会评价人员将项目方案中涉及当地居民生产、生活的有关内容，直接交给居民讨论，征询意见。通常采用问卷调查法。

邀请式参与，由社会评价人员邀请不同利益群体中有代表性的人员座谈，注意听取反对意见，并进行分析。

委托式参与，由社会评价人员将项目方案中特别需要当地居民支持、配合的问题，委托给当地政府或机构，组织有关利益群体讨论，并收集反馈意见。

本章参考及进一步阅读的文献

1. 投资项目可行性研究指南编写组. 投资项目可行性研究指南. 中国电力出版社，2002

2. 中国（双法）项目管理研究委员会. 中国项目管理知识体系. 电子工业出版社，2008

3. 白思俊. 现代项目管理. 机械工业出版社，2003

4. R. 基钦，N. J. 泰特. 人文地理学研究方法. 商务印书馆，2006

5. 王克强，王洪卫，刘红梅. Excel 在过程技术经济学中的应用. 上海财经大学出版社，2005

6. 王俊鸿，季哲文. 旅游企业投资与管理. 四川大学出版社，2003

7. 张文忠. 经济区位论. 科学出版社，2000

8. 高檀，史建梁. 管理会计. 科学出版社，2005

第三章　旅游商业研究信息收集

■ 资料收集的渠道

旅游商业研究中需要大量的数据[①]，数据的收集是高质量商业研究的开始，数据质量决定着结论的科学性、可靠性。

旅游商业研究的资料无处不在，政府部门、管理机构、行业协会、研究单位、商业企业、媒体、公共图书馆、研究爱好者都可能拥有旅游商业研究所需要的资料。

研究类型与目的不同，资料收集的方向、手段就不同，资料收集的渠道主要有：

一、从研究委托方获取资料

向客户提供资料清单，要求客户按照资料清单提供资料。商业研究往往是

---

① 数据本来是一个专业术语，随着计算机技术的普及，其使用大众化了。这里是一个笼统的概念，包含了传统的数据、资料及情报等。本书并不严格区分它们，但有时在表述上确实承认其差异。

从客户提供的基本资料开始的，数据的收集也是以这些资料为基础展开的。

二、利用互联网络查询收集资料

尽量从国家、地方或者行业协会专业网站收集，如国家和地方统计局网站、旅游局网站。旅游网的资料要以政务网为主、信息网为辅，以保证资料的可靠性。

三、查询国家行业出版物

如国家年度报告、行业年度报告、统计年鉴等。我国国家统计局每年编辑大量统计数据，并由专业的中国统计出版社出版发行。它们既有综合性的，也有专题性的；既有行业数据，又有地区数据。与旅游商业研究密切相关的除《中国统计年鉴》外，外贸、出入境、经济等专业年鉴也有大量数据。

四、查阅专业杂志和期刊

旅游业涉及面十分广泛，发表旅游研究成果的杂志、报纸甚多，从专业性和现实性来看，主要集中在"旅游类"和地理类刊物。国内旅游刊物主要有《旅游学刊》、《旅游科学》、《旅游论坛》、《旅游时代》等。我国的地理学刊物长期以来是旅游研究成果发表的主要阵地（事实上，《旅游学刊》一直被学术评价机构看作人文地理学刊物），《地理学报》、《地理研究》、《地理科学》、《经济地理》、《人文地理》、《地域研究与开发》等都发表了大量旅游学研究文章。另外一些高等院校的学报也发表旅游研究文献。

五、拜访行业内的专家

利用他们的专业背景，探寻信息。

六、购买调查公司的调查报告

七、自己调查，获得第一手资料

■ 数据的类型与水平

在旅游商业研究过程中，研究者会考虑用不同类型的信息数据，有的作为主要资料对待，有的仅仅是一种参考性资料，也就是说它们的价值水平是有区别的。

研究者能够获得的数据资料通常被分为两种类型，同时也对应两个价值水平。

一、原始数据

原始数据是指那些为了研究项目的目的而由研究者自己通过调查、访谈、观察等获得的一手数据。原始数据主要包括会议记录、完整的访谈记录、讲话录音、法律法规、国家标准、行业标准、地方标准、政府法定数据等。

旅游业国家标准、行业标准编制目录[①]

◆ 已发布实施的国家标准

《内河旅游船星级的划分及评定》（GB/T 15731-1995）

《导游服务质量》（GB/T 15971-1995）

《旅游服务基础术语》（GB/T 16766-1997）

《游乐园（场）安全和服务质量》（GB/T 16767-1997）

《标志用公共信息图形符号 第 1 部分：通用符号》（GB/T 10001.1-2001）

《标志用公共信息图形符号第 2 部分：旅游设施与服务符号》（GB/T 10001.2-2002）

《旅游区（点）质量等级的划分与评定》（GB/T 17775-2003）

《旅游规划通则》（GB/T 18971-2003）

《旅游资源分类、调查与评价》（GB/T 18972-2003）

《旅游厕所质量等级的划分与评定》（GB/T 18973-2003）

《旅游饭店星级的划分与评定》（GB/T 14308-2003）

◆ 已发布实施的行业标准

《旅游饭店用公共信息图形符号》（LB/T 001-1995）（已并入国标 GB/T 10001.2-2002）

[①] http://www.cnta.com/ 2009-5-26。

《旅游汽车服务质量》（LB/T 002-1995）

《星级饭店客房客用品质量与配备要求》（LB/T 003-1996）

《旅行社国内旅游服务质量要求》（LB/T 004-1997）

《旅行社出境旅游服务质量》（LB/T 005－2002）

◆ 即将发布的行业标准

《导游 IC 卡技术规范》

《旅行社计算机管理系统技术规范》

◆ 已立项的国家标准

《旅游公寓（别墅）星级的划分与评定》

《旅行社资质等级的划分与评定》

《旅游餐馆设施与服务规范》

《旅游购物场所设施与服务规范》

《旅游娱乐场所设施与服务规范》

《旅游滑雪场设施与服务规范》

《旅游咨询中心设施与服务规范》

《游览船设施与服务规范》

《旅游电子商务技术规范》

《旅游饭店计算机管理系统技术规范》

《旅行社入境旅游服务质量》

《旅游汽车公司资质等级的划分与评定》

《旅游汽车设施与服务规范》

《国家旅游度假区》

《国家生态旅游区》

《饭店服务指南》

《旅游区（点）服务指南》

原始数据有定性数据与定量数据之分，它们获得的方法有区别。如果是定量数据，在旅游研究中使用最为广泛的是问卷调查法，当然理论上讲实验、模型分析也能获得一些数据，但旅游研究实验数据不多。定性数据的获得主要有观察法、座谈会、深度访谈、德尔菲法、案例研究法等。

1. 原始资料的优点

（1）相关性强。原始资料本身就是研究者为问题研究项目的特定目的和要求而开展的资料收集，资料收集者直接面向研究所需的具体目标。因此，在遵照科学、规范原则的前提下，所获得的资料与研究主体相关性强，解决问题的针对性也强。

（2）时效性。原始资料是为当前正在开展的项目研究进行的资料收集，因此数据的时间针对性强，一般不会"过时"。

（3）误差基本可控。原始资料收集工作由研究者自己进行，可以避免错误方法的"传递累加"；可以尽可能地消除资料收集者的偏见，避免其他研究者的偏见；可以减少未知条件和活动对资料收集过程的影响，减少误差。

（4）权威性。原始数据因其未经第二者过滤、解释，信息失真少，权威性强。

2．原始资料的缺点

（1）原始资料的收集往往需要付出大量的时间、金钱和精力，所以不能大规模、频繁进行。我国旅游行业从来没有开展过旅游业普查，年度统计资料也是逐级上报汇总而得的。

（2）不能保证资料收集工作得到有效配合。旅游业调查往往涉及个人的态度、收入、知识等问题，被调查者不配合的情况很普遍。在景区拦人调查可能因时间、地点制约，游客配合困难或者回答质量不能保证。

二、二手资料

二手数据是指那些因他人的初始使用而产生，后来被另外的研究者用于其他项目研究的数据。二手数据是对原始数据的解释、编辑、加工。获得二手资料的手段包括查阅统计资料、政府文件、著作、论文、研究报告、会议记录等。二手资料是因其他目的已经被收集好了的资料，这些资料的获得既省时又省钱，自然使用时首先要研究资料本身的质量，评估其使用价值。

1．二手数据的优点

（1）二手数据有助于迅速解决调研人员面临的问题，可以节省时间、降低成本。

（2）二手数据有助于规范问题的表达形式，指明调查的方法，提供解决问题所需的其他数据。如通过著作、文章中所列的参考文献，可以追溯到大量的甚至更有价值的数据。

（3）旅游商业研究中有些资料只能获得二手资料，例如由国家旅游局、国家统计局抽样调查结果提供的数据，是不可能由任何一个调查公司、研究机构、个人按原始资料去收集的。

（4）在一项研究开始之前，一般先进行二手资料收集，然后制定数据收集计划、方法。

2．二手数据的缺点

二手资料的缺点主要有对资料的质量没有把握，使用时需要对其进行质量评价和使用价值评估。

3. 评价二手资料的准则

研究者在使用二手资料前，首先要对资料的可靠性进行评估。资料评估一般从五个方面着手[①]。

（1）目的；

（2）范围；

（3）权威性；

（4）读者；

（5）格式。

具体地讲，主要有以下几方面：

◆ 目的性（收集资料的目的）

资料总是按一定的目标或用途来收集的，因此首先要问的基本问题就是"为什么要收集这些资料"。了解了资料收集的目的，就可以知道在什么情况下这些资料可能相关或有用。按一定具体目标而收集的资料不一定适用于另外一种场合。为了某个团体某些特定的利益而收集的资料，在更广泛的领域使用是令人怀疑的。譬如，由旅游局收集的当地游客满意度调查、市场环境调查数据，对旅游企业经营者而言往往不适应。

◆ 范围

数据包含的时间跨度、地理范围、主题领域等非常关键。现有数据的范围与你的研究目标是否一致？譬如旅游接待企业往往看重一个城市的数据，但旅游统计常常提供省域数据，其使用的针对性就大打折扣了。

◆ 权威性

这个二手资料是从哪来的？收集者是谁？谁发布的？尤其是对收集数据的机构的信誉以及委托单位的特点要有所了解，因为这些都有可能影响资料的质量。全国性的旅游统计资料只能来自国家统计局、国家旅游局提供的出版物、网站和各类公报。还有一个相关的问题就是，委托单位是否有足够的财力来委托这样的资料收集工作？发布的媒体是大众媒体还是专业媒体也应考虑在内，大众媒体的权威性不如专业媒体。

◆ 读者

读者往往与数据的目的有关，没有明确读者的资料针对性差，质量也不可靠。现在大量的咨询机构、管理公司在其网站上出售各类旅游投资报告、预测报告、分析报告，而且价格不菲。这些资料大量引用过时资讯，大段引用教科

---

① 唐纳德·R. 库珀. 商业研究方法. 郭毅等译. 中国人民大学出版社，2006

书材料，质量比较差。

◆　技术要求

收集资料时的技术要求或所用的技术方法（比如抽样方法、样本性质和大小、回收率和回答质量、问卷设计和执行、现场调查实施的程序、资料处理和报告的方法过程等），是考察资料偏差大小的重要准则。它们可以提供有关资料的可靠性和有效性方面的信息，也有利于帮助研究者确定是否可以将这些资料用于解决手中现有的管理问题。

在二手资料收集方法的评估中，需要了解问卷、访问方式、样本的性质、样本量、回收率、拒访率、实施的组织管理情况以及其他任何有可能影响调查结果的方法。如果上述环节的信息都能获取，使用者对资料来源的质量就心中有数了。

◆　性质、内容

考察资料的性质或内容时应特别注意关键变量的定义、测量的单位、使用的分类以及相互关系的研究方法等。如果关键的变量没有定义，或者与调研者的定义不一致，那么资料的利用价值就很有限了。例如，《中国旅游统计年鉴2007》中，入境外国游客人数按目的分有"会议/商务"、"观光休闲"、"探亲访友"、"服务员工"和"其他"五项，而国内城镇居民出游按旅游目的又分为"观光旅游"、"探亲访友"、"商务"、"公务会议"、"度假／休闲"、"宗教/朝圣"、"文化/科技/交流"和"其他"八项。换句话说，同样是旅游目的，入境游客与国内游客是不同分类系统，变量的性质、内容不一样，不能简单对比。

◆　时效性

二手资料可能不是当前的资料，其发表时间一般远于收集时间。即使是最近期的，但对解决目前问题来说可能仍不够及时。二手资料如果过时了其价值也就消失了。虽然是否真正"过时"与资料的类型、研究目的等有关，但在任何情况下，使用这些资料的研究人员都应当知道资料是什么时候收集的。因为有些调查结果发表的时间与收集的资料的真正时间常常是相隔很久的。有时因年份不同，统计口径不同，数据的性质也可能不同。

◆　误差

调研者应当确定二手资料用于当前研究的问题是否足够准确。二手资料误差的来源是多方面的，包括研究方案设计、抽样、数据的收集和分析以及项目报告等。而且，由于调研者并没有实际参与，所以很难评价资料的准确性。评价的方法之一是寻找多方面来源的类似资料，然后通过标准的统计方法来比较核对；方法之二是到现场去抽查复核。

上面一直在讨论原始数据、二手数据，但在商业研究现实中，它们并非"泾渭分明"。有的数据，在一些人看来是原始数据，但在另外的人看来却是二手数据。譬如，在企业内部，销售分析总结和投资年度报告等被看作二手数据，因为它们是由不同的原始数据（如原始销售记录）经过加工整理而来的，但对企业以外的研究者来说，年度报告被看成原始数据，因为它们是企业官方发布的，代表企业官方立场的数据。

■ 信息收集的一般方法

资料收集方法的选择要依据多种因素综合考虑，如调查总体的性质、样本规模的大小、调查的目标和重点、调查课题完成的时间要求等。旅游调查中资料收集方法很多，每一种方法都有自己特定的优点和不足，有着各自不同的适用条件和场合。比较常用的有：

一、问卷法

问卷法，研究者用来从个体对一些问题的回答中收集各种信息的一种调查方法。它的形式是一份精心设计的问题表格，用途在于测量人们的态度、行为等特征。20世纪以后，结构式的问卷越来越多地被用于定量研究，它与抽样调查相结合，已成为旅游学研究的主要方法之一。它与其他资料搜集方法相比，有着其自身的特点：

◆ 不受地域空间限制；

◆ 具有很好的匿名性；

◆ 便于资料定量分析；

◆ 能够排除人为干扰；

◆ 节省人力财力时间。

问卷法的局限性主要表现在：

◆ 回收率有时难以保证。问卷发放给被调查者后，调查对象是否配合调查，无法控制。

◆ 要求被调查者具有一定的文化水平。由于问卷调查使用的是书面问卷，这在客观上要求被调查者必须具备一定的知识水平、一定的阅读能力和表达能力，特别是问卷中包含开放式问题时，更是如此。

◆ 调查弹性小，深度有限。问卷的设计是统一的、格式化的、标准化的，调查的问题和问题的答案都是固定的，没有伸缩的余地，因而调查弹性小，资料的深度十分有限，不能了解"是"/"否"后面的因果关系。

◆ 调查资料质量难以保证。问卷调查过程中，调查者与被调查者不直接见面，调查人员无法控制被调查者填答问卷的环境，无法确定被调查者是否认真填写问卷，是否如实回答问题。当被调查者对问卷中的某些问题不清楚时，无法向调查者询问，容易产生误答。

问卷法的适用范围是：

◆ 大规模大范围调查；

◆ 作定量调查；

◆ 调查一般性的，没有深度要求的问题；

◆ 调查被调查者不愿当面回答的问题；

◆ 调查有一定文化层次的职业群体；

◆ 调查总体构成比较单一的调查对象。

问卷可以分为开放型问卷、封闭型问卷与混合型问卷。

（1）开放型问卷又称非结构型问卷，它是由开放性问题组成的问卷。开放式问题是调查者不对问题提供任何具体答案，允许回答者充分自由发表自己的意见，因此它有很强的灵活性和适应性。

（2）封闭型问卷也称结构型问卷，它是由封闭性问题组成的问卷。封闭式问题是将问题的可能的答案或者主要答案全部列出，供被调查者选择的一种提问方式。这种问题有利于调查者整理资料、做统计分析，也有利于被调查者填答，省时省力。

（3）混合型问卷又称半封闭型问卷，它是对答卷者的回答作部分限制，还有一部分让其自由回答，或者对答案的数量作出限制、内容不作限制的一种问卷。

不同的问卷所要达到的目标不同。封闭式问卷简便省力，开放式问卷深刻细致。

问卷还可分为自填问卷和访问问卷两种类型。自填问卷，是由被调查者自己填答的问卷。访问问卷是由调查员按照问卷向被调查者提问，并根据被调查者的口头回答来填写的问卷。

二、访谈法

访谈法就是访问者直接向被调查者口头提问、当场记录其答案并由此了解有关实际情况的一种方法。访谈是一种特殊的人际沟通，主要用于研究需要向不同类型的人了解不同类型的材料的比较复杂的问题。

访谈法有两种基本类型：个别访谈，是指访谈对象是单个人情况下的访谈；

团体访谈，也称"座谈会"，即多人同时作为被访对象参与访谈，由调查者搜集资料的方法。

1. 访谈法的优点

（1）非常容易和方便可行，引导深入交谈可获得可靠有效的资料；

（2）适用范围比较广；

（3）回复率比较高。

2. 访谈法的缺点

（1）样本小，需要较多的人力、物力和时间，应用上受到一定限制；

（2）无法控制被调查者受调查者的种种影响。

所以访谈法一般在调查对象较少的情况下采用，往往是"专家访谈法"，且常与问卷法、测验等配合使用。

三、观察法

在社会科学的所有研究方法中，观察法是一种最基本、最常用的方法。观察法，就是研究者根据研究课题，有目的地用眼睛、耳朵等感觉器官，直接或间接地对研究对象进行观察，以取得有关资料的方法。

观察法具有如下几个方面的作用：

◆ 扩大人们的感性认识；

◆ 启发人们的思维；

◆ 导致新的发现。

观察的类型很多，依观察者是否参与被观察对象的活动，可分为参与观察与非参与观察；依对观察对象控制性强弱或观察提纲的详细程度，可分为结构性观察与非结构性观察等。

1. 观察法的优点

（1）它能通过观察直接获得资料，不需其他中间环节。因此，观察的资料比较真实。

（2）在自然状态下的观察，能获得生动的资料。

（3）观察具有及时性的优点，它能捕捉到正在发生的现象。

（4）观察能搜集到一些无法言表的材料。

2. 观察法局限性

（1）受时间的限制，某些事件的发生是有一定时间限制的，过了这段时间就不会再发生。旅游业有明显的季节性，淡旺季差异大，有年度变化周期规律，错过时节只能再待来年。旅游商业研究一般没有太长的时间，矛盾就出现了。

（2）受观察对象限制。

（3）受观察者本身限制。譬如观察结果会受到主观意识的影响。

（4）观察者只能观察外表现象和某些物质结构，不能直接观察到事物的本质和人们的思想意识。

（5）观察法以个人收集数据为主，不适应于大面积调查。

四、文献法

文献，就是用文字、图像、符号、声音等载体储存起来的资料。搜集文献的方法多种多样，应该针对文献的不同来源和出版、收藏情况，采取不同的方法。各种旅游书籍、刊物、磁带、光盘等文献资料，可购买；对较早出版的文献，可到图书馆去借阅、复印；企事业单位、社会团体的规章制度、统计报表、总结报告等文献，可向有关单位直接索取、复印、借阅摘录等。

研究企业经营常常需要了解市场行情、国民经济发展情况等信息，这些信息很难从消费者那里得到，文献调查法能很好地帮助研究人员获取这方面的信息。

文献调查法就是指通过寻找文献搜集有关旅游信息的调查方法，它是一种间接的非介入式的市场调查方法。

1. 文献调查法的主要优点

与其他收集信息的方法一样，文献调查法也需要建立严密的调查计划，并对将要利用的文献进行真实性、可用性的检查，这样才能保证调查的系统性和可靠性。文献研究的优点有：

（1）适用范围广，现存的文献种类繁多，其中包括了各种类型的旅游信息。通过文献进行各种类型的旅游调查包括从描述性调查到解释性调查；从一般性市场分析到专项市场调查；从国内的调查到国际调查等。

（2）文献调查受控因素较少，可以做到省时、省费用并获得较精确的调查结果。

2. 文献种类和获得渠道

文献调查的对象是文献，这就需要对文献的种类和来源有深入的了解。从我国目前实际情况来看，有关旅游信息的文献种类包括：

（1）国家统计局和各级地方统计部门定期发布的统计公报、定期出版的各类统计年鉴，这些一般都是权威性的、综合性的资料文献。

（2）各种经济信息部门、各行业协会和联合会提供的定期或不定期信息公报。这类文献或数据定向性较强，是市场调查中文献的重要来源。

（3）国内外有关报刊、杂志、电视等大众传播媒介。这些传媒提供种类繁多、形式多样的各种直接或间接的旅游信息，它们是文献调查中主要的查找对象。

国外主要旅游研究期刊：

Annals of Tourism Research 旅游研究年刊 （美国）（全球仅有的两种 SSCI 引用旅游杂志之一）

Tourismus Journal 旅游杂志

Tourism Geographies 旅游地理（美国）

Tourism Management 旅游管理（新西兰）（全球仅有的两种 SSCI 引用旅游杂志之一）

Tourism Culture & Communication 旅游文化与交流

International Journal of Tourism Research 国际旅游研究杂志

Tourism & Hospitality Research 旅游与酒店研究

TEOROS （*Revue de recherche en tourisme*） 旅游研究评论 （加拿大魁北克蒙特利尔大学）

Journal of Sustainable Tourism 可持续旅游杂志

Journal of Travel Research 旅行研究杂志

leisuretourism.com 休闲旅游网络杂志

（4）各种国际组织、外国驻华使馆、国外商会等提供的定期或不定期统计公告或交流信息。世界旅游组织（WTO）提供全球、各大洲、主要旅游市场、旅游接待地市场统计信息。

（5）国内外各种旅游博览会、交易会等营销性会议，以及专业性、学术性会议上所发放的文件和资料。

（6）企业内部资料，如销售记录、进货单、各种统计报表、财务报表等。

（7）各级政府部门公布的有关旅游的政策法规，以及执法部门有关经济案例。

（8）研究机构、高等院校发表的学术论文和调查报告等。

现在，出版物电子化处理十分方便，有很多数字图书馆、数字期刊。我国使用较多的数字化期刊有中国知网、万方数据库、维普资讯等，它们提供付费下载服务。主要的电子期刊资源有：

中国知识资源总库：中国学术期刊网

中国知识资源总库：中国优秀博士学位论文全文数据库

中国知识资源总库：中国优秀硕士学位论文全文数据库

中国知识资源总库：中国重要报纸全文数据库

中国知识资源总库：中国重要会议论文全文数据库

维普中文科技期刊数据库

维普数据库

万方数据资源系统

万方数据库：中国标准全文数据库

万方数据库：全国学位论文全文数据库

万方数据库：中国学术会议论文全文数据库

中国科学文献服务系统

中文社会科学引文索引（人文类）

金报兴图年鉴库

中国资讯行数据库

中国经济信息网

CCER 经济金融研究数据库

国务院发展研究中心信息网

新华在线——道琼斯财经资讯高校版

新华社多媒体数据库

爱迪科森《网上报告厅》

人大复印报刊资料网络版

e 线图情

超星数字图书馆

北大方正 Apabi 电子图书

书生电子图书数据库

四库全书

全国报刊索引数据库

全国期刊联合目录

……

◆ 中国知网（CNKI）

国家知识基础设施（National Knowledge Infrastructure，CNKI）的概念，由世界银行于 1998 年提出。CNKI 工程是以实现全社会知识资源传播共享与增值利用为目标的信息化建设项目，由清华大学、清华同方发起，始建于 1999 年 6 月。CNKI 工程采用自主开发并具有国际领先水平的数字图书馆技术，建成了世界上全文信息量规模最大的"CNKI 数字图书馆"，并正式启动建设《中国知识资源总库》及 CNKI 网络资源共享平台，通过产业化运作，为全社会知识资源高效共享提供最丰富的知识信息资源和最有效的知识传播与数字化学习平台。

CNKI 的文献类型包括：学术期刊、博士学位论文、优秀硕士学位论文、工具书、重要会议论文、年鉴、专著、报纸、专利、标准、科技成果、知识元、哈佛商业评论数据库、古籍等。

中国期刊全文数据库 1994 年至今（部分刊物回溯至创刊）

中国期刊全文数据库（世纪期刊）1979 年至 1993 年（部分刊物回溯至创刊）

中国博士学位论文全文数据库 1999 年至今

中国优秀硕士学位论文全文数据库 1999 年至今

中国重要会议论文全文数据库 2000 年至今（部分回溯至 1999 年会议论文）

中国重要报纸全文数据库 2000 年至今

中国年鉴全文数据库 1912 年至今

中国图书全文数据库 1949 年至今

中国建筑期刊库 1994 年（部分刊物回溯至 1979，也有些刊物回溯至创刊）至今

中国建筑博硕士论文库 1999 年至今

中国建筑会议论文库 1999 年至今

中国建筑报纸库 2001 年至今

中国建筑优秀成果库 共 1423 篇

中国建筑景观图像库 2001 年至今

中国建筑政策法规库 2001 年至今

中国建筑统计资料库 2001 年至今

中国建筑标准规范库 2001 年至今

中国基础教育期刊全文数据库 1994 年至今

中国基础教育重要报纸全文数据库 2000 年至今

CCPD 规划期刊库 1994 年至今

CCPD 报纸库 2001 年至今

CCPD 博硕士论文库 1999 年至今

CCPD 会议论文库 1999 年至今

CCPD 设计成果库 1986 年至今

CCPD 景观图像库 2000 年至今

CCPD 政策法规库 2000 年至今

CCPD 统计资料库 1999 年至今

CCPD 标准规范库 1986 年至今

中国基础教育重要会议论文全文数据库 1999 年至今

中国基础教育优秀博硕士学位论文全文数据库 2000 年至今

◆ 万方数据资源系统

万方数据股份有限公司是由中国科技信息研究所以万方数据（集团）公司

为基础，联合山西漳泽电力股份有限公司、北京知金科技投资有限公司、四川省科技信息研究所和科技文献出版社发起组建的高新技术股份有限公司。

万方数据股份有限公司是国内第一家以信息服务为核心的股份制高新技术企业，是在互联网领域，集信息资源产品、信息增值服务和信息处理方案为一体的综合信息服务商。内容有：

中国学位论文全文数据库　　该库由国家法定学位论文收藏机构——中国科技信息研究所提供，并委托万方数据加工建库，收录了自 1980 年以来我国自然科学领域博士、博士后及硕士研究生论文，其中全文 60 余万篇，每年稳定新增 15 余万篇，是我国收录数量最多的学位论文全文库。

中国学术会议论文全文数据库（中文版）

中国学术会议论文全文数据库（英文版）

科技信息子系统

外文文献数据库

◆　维普中文期刊数据库

维普资讯公司推出的《中文科技期刊数据库》（全文版）（简称中刊库）是一个功能强大的中文科技期刊检索系统。数据库收录了 1989 年至今的 8000 余种中文科技期刊，涵盖自然科学、工程技术、农业科学、医药卫生、经济管理、教育科学和图书情报等七大专辑。

◆　中经网统计数据库

是中国经济信息网依托自身技术、资源优势，在长期历史积累基础上，经过专业化处理组织而成的一个综合、有序的庞大经济数据库群，内容涵盖宏观经济、产业经济、行业经济、区域经济以及世界经济等各个领域，是一个面向社会各界用户提供权威、全面、及时的经济类数据信息的基础资料库。

五、网络调查

互联网越来越普及，越来越简便，以前只能计算机上网，现在手机上网也很流行。利用互联网可收集与企业营销相关的市场、竞争者、消费者以及宏观环境等信息。网络调查有直接调查与间接调查之分，企业用的是网上间接调查方法。因为它的信息广泛，能部分满足企业管理决策需要，而网上直接调查一般只适合于针对特定问题进行专项调查。网上间接调查渠道，主要有 WWW、UsernetNews、BBS、E-mail，其中 WWW 是最主要的信息来源，根据统计目前全球有 8 亿个 Web 网页，每个 Web 网页涵盖信息包罗万象，无所不有。

1．利用搜索引擎收集资料

常用的有：

百度 hppt://baidu.com

搜狐 http://www.sohu.com

新浪 http://search.sina.com.cn

网易 http://www.yeah.net

中文雅虎 http://gbchinese.yahoo.com

如果是外文信息，使用较多的搜索引擎是：

　　Google http://www.google.com

　　Yahoo http://www.yahoo.com

　　Live http://www.live.com

　　SearchMash http://www.searchmash.com/

　　ASK http://www.ask.com

　　Search http://www.search.com

　　Ask Jeeves http://www.askjeeves.com

　　AllTheWeb.com http://www.alltheweb.com

　　AOL Search http://aolsearch.aol.com (internal) http://search.aol.com/ (external)

　　HotBot http://www.hotbot.com

　　MSN Search http://search.msn.com

　　Teoma http://www.teoma.com

　　AltaVista http://www.altavista.com

　　Gigablast http://www.gigablast.com

　　LookSmart http://www.looksmart.com

　　Lycos http://www.lycos.com

　　Open Directory http://dmoz.org/

　　Netscape Search http://search.netscape.com

2．利用公告栏（BBS）收集资料

公告栏就是在网上提供一块公开的"黑板"，任何人都可以在上面留言、回答问题或发表意见，也可以查看其他人的留言。公告栏的用途多种多样，一般可以作为留言板，也可以作为聊天、讨论的场所。用户可以留言收集意见，甚至问卷调查。

3．利用 E-mail 收集资料

E-mail 是 Internet 中使用最广的通信方式，它不但费用低廉，而且使用方便快捷，是最受用户欢迎的电子交流媒体。目前许多 ICP 和传统媒体以及一些企业都利用 E-mail 发布信息。

利用互联网收集数据，特别要注意其数据质量，网站类型不同，其数据权威性有别。

■ 宏观数据的收集

一、宏观信息收集内容

（1）国家相关政策——国家出台的相关法规和政策信息；

（2）行业发展现状及趋势——目前行业的供给和需求状况，市场中供给者的状况，国家相关政策对行业的导向作用等；

（3）市场产品结构化概况——市场产品的供给和需求状况，产品的发展趋势等；

（4）市场竞争状况——主要竞争者、规模、技术水平、核心竞争力、管理模式及其发展规划等，尤其要收集优势企业的相关信息；

（5）技术和研发状况——行业主要管理技术发展情况、行业未来管理技术发展趋势、行业研发规模、结构等。

二、宏观数据的收集渠道

主要有政府官方网站，特别是国务院各部门网站；行业研究报告；统计公报、统计年鉴等。

我国涉及旅游开发、管理的政府部门众多，有发展改革委、公安部、宗教局、侨办、港澳办、台办、铁道部、水利部、农业部、商务部、文化部、体育总局、统计局、林业局、旅游局、国土资源部。

国家层面的研究机构主要有中国科学院、国务院发展研究中心、中国社会科学院以及新组建的中国旅游研究院等。

自 2000 年以来，中国社会科学院旅游研究中心组织专家编写年度《中国旅游绿皮书》，已连续出版 8 部。它不是政府的文件，而是专业研究工作者的研究成果。

国家旅游局每年编撰出版《中国旅游年鉴》、《中国旅游统计年鉴》、《中国旅游统计年鉴》（副本）、《中国国内旅游抽样调查资料》、《入境游客抽样调查资料》等资料文献。

国家旅游局规划发展与财务司编撰年度《中国旅游投资报告》。

《2007 中国旅游投资报告》汇集了 2007 年中国旅游投资报告。全书共分两篇，具体内容包括："十五"期间中国旅游投资情况分析、"十一五"期间中国旅游投资综述、2006 年中国旅游业与旅游投资情况综述、2006 年重点旅游投资项目情况综述、近期中国旅游投资重点和趋势的认识，以及我国各省的旅游投资分析报告[①]。

网站是获得宏观信息的主要渠道，国家级政府部门网站主要有：

中华人民共和国中央人民政府网（http://www.GOV.cn/）

人民网（http://www.people.com.）

新华网（http://www.xinhuanet.com.）

中华人民共和国国家旅游局官方网（http://www.cnta.com/）。

国家出台的旅游及其相关法规和政策信息都可以从上述网站中获得。

因为旅游业的发展严重依赖国民经济发展水平、社会收入水平与结构、城市化水平、消费偏好与结构变化等，宏观数据的收集不能仅限于旅游业数据，而是要参考社会整体发展指数，特别是旅游重大投资项目必须研究宏观经济背景。

全国经济整体水平数据可以从多种渠道获得，其中中华人民共和国年度国民经济和社会发展统计公报是最快捷、最经济的渠道。

在国民经济和社会发展统计公报中，国民收入、居民消费、人口与人民生活等几组数据与旅游业发展关系密切，需特别注意。

■ 地区数据的收集

地区数据是指省级及其以下行政区域、地理区域、经济区域等的旅游业数据。地区数据中以行政区域为边界的数据，其收集方法与宏观数据相似，也是相应的政府部门、研究机构、各级地方政府及相关部门官方网站等。

地理区域、经济区域的数据一般没有对应的政府机构收集、汇总，有的可以从项目、课题研究人员、个人研究者中获得，大多需进行一手资料调查。

---

① 国家旅游局规划发展与财务司. 2007 中国旅游投资报告. 中国旅游出版社，2007

■ 企业自身信息的收集

企业自身信息收集是指对客户内部的生产、经营、管理活动的原始数据的汇集与初步加工。信息的来源主要有：企业会议、决议文档资料、财务报告和统计报表、制度范本、现场观察记录以及有关的原始凭证和台账、企业问卷调查和员工访谈所得资料等。

企业信息收集内容主要应包括：

（1）历史沿革——企业成立背景及发展概况、领导班子概况等；

（2）重大会议相关资料——年度工作报告、领导人重要讲话、董事会重大决议等；

（3）前一阶段发展规划及其执行情况及相关支持性文件；

（4）股权结构及治理结构；

（5）各项经济技术指标完成情况；

（6）组织结构和组织管理信息——组织机构、部门负责人等；

（7）人力资源状况——员工数量、年龄结构、学历结构、职称状况、人力资源规划和人力资源管理制度等；

（8）主要业务流程——业务结构、业务流程；

（9）市场营销状况——主要销售途径和销售策略、销售网络、主要客户信息等；

（10）财务状况——资产结构、盈利状况、资金运营状况等；

（11）行业和主要竞争对手——主要竞争对手的规模、结构、技术、财务、产品状况以及行业内优势企业的基本状况。

■ 竞争对手情报收集

企业总是在竞争环境中存在，旅游业又是市场化程度较高的产业，旅游企业又以中小企业居多，竞争激烈，在商业研究中必须对竞争对手有足够的了解，既要了解现有的竞争者，又要分析潜在的竞争者。

一、确定竞争对手信息搜集的内容

从企业的组成成分看，一个经营性组织往往由基础设施、人员、设备、资金、技术、管理、制度、文化、产品、服务、市场等基本要素构成。

从企业内部价值链看，组织行为主要涉及产品（服务）的研发——产品生产——产品销售——售后服务——后勤保障等活动，生产、销售、后勤保障等工作通过管理这一纽带来维系与整合，活动主体主要有产权所有者（投资者）、企业高层决策者（经营管理者）、中层管理者（各业务部门主要负责人）、底层执行者（包括产品研发与技术操作人员、客户服务人员、销售人员、后勤人员等）。

从企业外部价值链看，组织行为涉及的活动主体主要有上游企业（如供应商）——下游企业（如承销商/分销商）——合作伙伴（如战略同盟）——客户（政府/企业/个人）以及竞争对手（包括潜在与当前的竞争对手）等。

从宏观环境看，组织行为往往与中介机构、新闻媒体机构、政府主管部门、行业协会、第三方咨询机构、学术研究机构等有着紧密的联系。

任何企业，其经营管理与运作的目的都在于通过输出的产品或提供的服务来获取经济效益。因此，对竞争对手的产品与服务信息的搜集是至关重要的，主要内容如下：

1. 产品基本信息

竞争对手的产品与服务有哪些？核心产品与服务项目是什么？优势产品与服务项目是什么？这些产品与服务项目的基本特征如何？

2. 产品生产与销售情况

产品的生产量、产品生产过程与工艺、产品销售量、产品的库存量、产品销售城市与地域范围、产品与服务针对的主要客户群等。

3. 产品与服务项目详情

产品与服务的构成要素、产品与服务的组合（产品与产品、服务与服务、产品与服务）、产品与服务项目的研究开发思路、产品与服务项目的功能与价值、产品与服务最主要的卖点及其优劣势、产品与服务的成本、产品与服务更新换代周期等。

4. 产品价格

各种不同产品与服务的价格及价格的总体水平、各个细分产品的不同价格标准、价格定位、价格调整频率与力度、零售价与结算价、优惠措施、各类产品价格组合的策略与目的等。

5. 产品与服务的信誉度

产品与服务相关政策、服务承诺、服务兑现情况如何？是否有非常完善的规章制度？员工是否真正执行？服务态度、服务质量怎样？消费者是否满意？遭到投诉的几率有多大？

6. 竞争对手的销售渠道

渠道类型；

渠道特点；

渠道分布；

渠道维护与管理；

对经销商选择的条件与政策。

7. 销售团队

人数与背景构成、销售部门主管、营销覆盖网络（地域分布、分支机构）、主要承销商等。

8. 产品销售模式、方法与策略

营销模式（网络、电话、传单、电视广告、网络广告、平面广告、广播、邮报、夹报、多媒体广告、终端卖场陈列、挂页等）、销售渠道的偏重点、自建营销网络或是依托其他机构组织、营销体系框架及重点要素、销售条件、赊账策略、渠道价格体系、合作推广策略、结盟策略。

公司产品市场细分与地位，包括行业/产业分布、地域分布，产品销售地区及其集中度、销售额与销售总量、销售增长率、市场占有率、市场份额及其增长情况等。

9. 营销宣传效果与能力

品牌知名度与美誉度，宣传的覆盖面与深度，广告的覆盖面与影响力，广告的说服与引导能力，市场活动的覆盖面与有效性，展示会的吸引力与影响力，渠道与销售的覆盖面以及渠道的忠诚程度，销货能力、服务能力与信息能力，促销的频率、促销的力度（即投入）、促销的形式、促销的内容、促销的成效、促销对品牌提升的好处、促销对企业员工/商家信心的提高等。

10. 目标市场

11. 销售政策

12. 客户与用户情况

客户数量、行业分布、地域分布，主要大客户背景信息，客户消费情况与习惯分析，客户满意度、期望值、希望得到的服务方式等的分析，个人用户的数量、行业分布、职位分布、地区分布、薪水待遇、学历、年龄等情况，客户评价等。

13. 合作伙伴/战略同盟情况

主要合作伙伴有哪些？供应商有哪些？承销商有哪些？主要的合作伙伴、供应商、承销商的背景、地域、行业分布情况，与每个合作伙伴的合作事宜与具体项目内容，合作战略及其对行业竞争的影响，合作者、同盟者的评价等。

14．企业公关能力

与政府主管部门的关系；

与银行、证券、媒体机构、科研院所等的关系；

与关联企业的关系，主要包括重要合作伙伴、上下游企业、顾问机构等；

公司面对突发事件的能力、灵活性、适应性；

尤其要关注各类特殊事件与新闻报道情况，如新闻媒体对竞争对手公司最近投资融资动态，公益、联盟等事件的报道；社会评价、媒体舆论评价、专家评价、行业人员评价、用户/客户评价等。

15．投资与经营状况

投资信息   资本投资总量、投资领域与地域分布、海外采购情况等。

财务信息   固定资产、流动资产、产值、主要成本、主要利润源、税金、利润增长、资产收益率、资金周转周期、经营利润率、纯利润率、股东权益收益率、银行贷款、债权情况、债务情况，各季度的净营利额、净利润/亏损，各种收入来源分布等。

16．竞争对手综合实力评价

对收集的情报进行科学分析，得出对手综合实力结论。

二、对手信息收集渠道

1．公开渠道

（1）互联网，主要有网站浏览、搜索引擎、新闻报道、研究报告、社会评论、网络调查等

随着越来越多的企业开始网上营销和促销活动，因特网使搜集情报工作变得更为方便，更富成本效益。以下是一些在因特网上获取竞争对手商业情报的常用方式和渠道：

新闻发布稿：在竞争对手的网站上通常都有丰富的信息内容，首先值得一读的是其新闻发布稿。一般企业的新闻发布稿内容详尽、丰富，若能接触到原始材料，会有助于你从中收集"可操作性的情报"，从而得出可靠结论。当然你也可以在公共新闻媒体上读到一些报道，但由于报道篇幅有限，有些细节通常无法见诸报端。

网上预定平台：网上的消费者"预定平台"是了解客户对手产品技术规格、产品动态、价格优惠条件的好"场所"。因特网上载有多数上市公司的大量资料，

这是因特网最能发挥其作用的地方。利用搜索引擎或因特网购物中心，借助企业网站，用户可以轻松获得有关企业的最新数据。

（2）报刊杂志，尤其是竞争对手的出版物（公开发行刊物、"内部刊物"、培训资料等）

（3）产业研究报告（行业协会的、政府部门的、学术团体的、咨询公司的等）

（4）旅游企业名录

（5）企业展览会/招聘会/招聘广告

（6）企业宣传画册

（7）财务报表

（8）证券年度报告

（9）政府各级管理机构公开信息

（10）行业协会出版物

2. 非公开渠道

（1）自己企业员工看对手

（2）代理商

通过间接或直接的方式询问当地主流经销商。可以通过这些经销商来获得一手资料。商家的回答可能不会那么全面，但是他们的评价恰恰是我们容易忽略、但又是很重要的东西。

（3）公众调研

通过公众"调研"可以获得一个对竞争对手的大概的印象。找求职应聘者、招聘公司企业，间接了解他们对于各个品牌的产品看法，他们必有自己的观点，这些观点往往出乎我们的意料。

（4）对手员工

通过各种途径获取信息，如朋友关系、网友关系、对方个人网站、个人博客等等，从竞争者的雇员那里收集情报。公司可以常派员工参加同行的业务会议或贸易展览会，在互相交谈中，捕捉竞争对手无意泄露的情报。

（5）专业市场调查机构

市场调研是搜集情报的重要方法，但价值不菲。市场调研报告能使你从一个旁观者的角度来通观你的企业所涉足的领域。市场调研越来越多地由专业的市场调研机构来进行，如国外的 Dataquest，就是市场情报业的领先者。

（6）行业协会

（7）公司内部数据库

（8）客户

（9）行业主管部门

需要强调的是研究人员一定要遵守商业研究伦理，利用公开的、合法的手段去获取竞争对手的信息。

■ 旅游者数据收集

一、定义旅游者

生活中人们对 "旅游者"、"游客"、"旅客" 等认识明确，但是在统计旅游者的人数时，便出现了一个难题：哪些人算旅游者？哪些人又不算旅游者？为了统计和研究上的方便，一些组织和机构对旅游者进行了多种定义与界定。

1. 临时国际联盟专家统计委员会定义

1937 年，临时国际联盟专家统计委员会对"国际旅游者"给出了如下定义："离开自己的居住国到另一个国家访问超过 24 小时的人"。

2. 我国对国际游客的界定

1979 年，我国国家统计局对国际旅游者和非旅游者作了如下规定：

来我国参观旅行、探亲、访友、休养、考察或从事贸易、业务、体育、宗教活动、参加会议等的外国人、华侨和港澳同胞，均属旅游者①。

2007 年 2 月国家旅游局、国家工商行政管理总局制定的《中国公民出境旅游合同》（示范文 GF-2007-2602）中，指出："旅游者，是指与组团社签订出境旅游合同，参加出境旅游活动的中国公民或者团体。"这里显然是指出境旅游者，也属于国际游客。

3. 我国界定的国内旅游者

我国国家旅游局自 1993 年起，每年与国家统计局合作，对国内旅游进行抽样调查。在我国的旅游统计中，"国内游客"是指我国大陆居民中，离开常住地到国内其他地方从事游览、度假、参观、探亲、访友等活动（也包括外出治病、疗养、考察、参加会议和从事经济、科技、文化、教育、体育、宗教等活动），并且在外停留 6 小时以上的人②。

---

① 田　里. 旅游学概论. 南开大学出版社，1998
② 国家旅游局政策法规司等. 中国国内旅游抽样调查资料 2006. 中国旅游出版社，2006

二、旅游者数据

旅游者是旅游企业的服务对象，是利润的源泉。旅游者数据统计是旅游研究最基本、最重要的资料。

旅游者数据包括总数、分类数据、派生数据等。

总数指的是一定时间段内造访一定地点、区域、企业等的人数之和，它涉及两个限制：一是时间限制，必须是某一特定时间段内，通常有一年、一个季度、一月、一日等时间区间；二是"地点"限制，调查统计某一特定区域范围之内旅游者人数，通常有一个企业、一个景点、一个景区、一个地区、一个地方（县、市、省、全国、洲、全球），没有时空限制的数据没有意义。

分类数据是对旅游者（游客）按不同的标准进行分类后而获得的数据，其分类标准视研究需要而定。

入境游客、国内游客、出境游客；

少年游客、青年游客、中年游客、老年游客；

观光游客、商务游客、公务游客、度假游客、事务游客；

散客、团队游客、自助游客、背包客；

乘飞机的游客、乘火车的游客、乘汽车的游客、自驾游客、乘船游客、徒步游客；

住宾馆、饭店的游客，不在旅游住宿设施住宿的游客；

男性游客、女性游客；

城镇居民游客、农村居民游客；

……

分类数据统计产生结构概念，是旅游商业研究常用的数据。

派生数据是在对总数与其他变量的比较中新生成的数据，如出游率、日平均接待游客数、日最高接待游客数、日最低接待游客数等。把时间单位改成月、季、年同样会派生一系列数据。

■ 旅游产品数据收集

旅游产品种类繁多，仅以景区为例讨论。

旅游景区名称

资源类型（包括海洋、内湖、山地、森林、温泉、草原等）

地理位置

景区级别（A 级）及评定年度

总占地面积（km^2）

总建筑面积（万 m^2）

最近的交通枢纽城市

该城市每日到达的飞机班次（班）

旅游景区距该机场的机动车程（小时）

旅游景区与机场间有何种直接联系

该城市每日到达的轮船班次（班）

旅游景区距该港口的机动车程（小时）

该城市每日到达的列车班次（班）

旅游景区距该火车站的机动车程（小时）

该城市连接的高速公路数量（条）

旅游景区距最近高速公路的机动车程（小时）

该城市与旅游景区间有何种直接联系

该城市与旅游景区间有何种旅游专线交通工具

××年过夜旅游者总数（万人）

××年过夜外埠旅游者总数（万人）

××年不过夜旅游者总数（万人）

××年过夜旅游者的平均停留天数（天）

××年接待境外游客总数（万人）

空气质量标准

接待设施及周边噪声环境质量标准

土壤质量标准（依据 GB15618-1995 土壤环境质量标准）

有何种自然灾害的威胁

接待区建筑密度（总建筑基底面积/总用地面积）

接待区容积率（总建筑面积/总用地面积）

接待区绿地率（总绿地面积/总用地面积）

所有接待设施的总床位数（千床）

所有接待设施的总建筑面积（万 m^2）

5 星级接待设施的总床位数（千床）

4 星级接待设施的总床位数（千床）

3 星级接待设施的总床位数（千床）

3 星级以下接待设施的总床位数（千床）

家庭旅馆的总床位数（千床）

非星级度假村的总床位数（千床）

汽车旅馆的总床位数（千床）

青年旅馆的总床位数（千床）

单栋度假单元的总床位数（千床）

有哪些其他类型的接待设施（如托管公寓、自助宾馆、帐篷营地、拖车营地等）

宾馆服务业××年收入（万元）

所有餐饮设施的总建筑面积（万 m^2）

其中附属于接待设施的餐饮设施总建筑面积（万 m^2）

国家一级以上餐饮设施总建筑面积（按 GB/T13391-2000）（万 m^2）

国家二级～四级餐饮设施总建筑面积（按 GB/T13391-2000）（万 m^2）

所包括的菜系种类数

有哪些地方特色餐饮项目

餐饮服务业××年收入（万元）

文化娱乐设施的类型

文化娱乐设施的种数

文化娱乐服务业××年收入（万元）

所有购物设施的总建筑面积（万 m^2）

其中接待设施附属的购物设施总建筑面积（万 m^2）

是否开发了特色旅游纪念品

××年经营收入（万元）

特色旅游纪念品销售占商业销售额的大致比例

正式停车场总停车位数（个）

正式停车场总停车位在高峰期是否够用

是否有专用的步行道系统

是否有专用的自行车道系统

是否有环保型区内交通系统

无障碍设施涵盖的范围（如道路系统、接待设施、餐饮购物设施、文化娱乐设施等）

标识解说设施涵盖的范围（如道路系统、接待设施、餐饮购物设施、文化娱乐设施等）

水电气等基础设施存在哪些问题（如高峰供应不足等）

中水处理系统

　　中水主要用途（如杂用水、景观环境用水、浇灌用水、采暖系统补水、地下水回灌等）

　　移动通讯信号覆盖率

　　有否有游客中心

　　游客中心所提供的服务项目（如咨询服务、免费资料、导游、商务、婴儿托管、24 小时服务、医疗服务、安全救助、邮电业务、ATM 机等）

　　管理人员总数（人）

　　其中具有大专以上文化程度的中高级管理人员比例（%）

　　职工人员总数（人）

　　雇用工人总数（人）

　　所有工作人员中，当地社区居民约占（%）

　　××年利润总额（万元）

　　××年旺季平均月收入（万元）

　　××年淡季平均月收入（万元）

　　××年游客投诉率

　　是否有游客问卷调查机制

　　××年各种安全事故的次数

　　处理与当地社区关系时遇到的问题

本章参考及进一步阅读的文献

　　1．唐纳德·R·库珀等著．商业研究方法．郭毅等译．中国人民大学出版社，2006

　　2．国家旅游局规划发展与财务司．2007 中国旅游投资报告．中国旅游出版社，2007

　　3．孙文昌．旅游学导论．青岛出版社，1992

　　4．李天元．旅游学．高等教育出版社，2002

　　5．蔡敏华．旅游学概论．人邮电出版社，2006

　　6．田　里．旅游学概论．南开大学出版社，1998

　　7．国家旅游局政策法规司等．中国国内旅游抽样调查资料 2006．中国旅游出版社，2006

　　8．邓观利等．旅游概论．天津人民出版社，1983

9．马 勇．旅游学概论．高等教育出版社，1998

10．谢彦君等．旅游学概论．东北财经大学出版社，1999

11．盖尔·詹宁斯．旅游研究方法．谢彦君，陈丽译．旅游教育出版社，2007

12．李亨．旅游调查研究的方法与实践．中国旅游出版社，2005

13．刘德寰等．市场调查教程．经济管理出版社，2005

第四章　旅游商业研究过程与组织

- ■ 获得研究项目
- ■ 研究过程设计
- ■ 研究团队组建
- ■ 资源分配与经费预算
- ■ 旅游商业研究伦理

附件 4-1 中国市场研究行业规则

■ 获得研究项目

旅游商业研究的项目大多数来自资本投资、企业经营的现实需要，因此项目主要来源于企业、投资人委托。当然政府为了招商引资、公共品提供，也会开展一些项目策划、可行性研究、项目评估等业务。

旅游商业研究尚未成为独立的"职业" 类型，参与者众多，组成复杂，专业水平层次不齐。从机构来看，主要有以下几类：

◆ 高等院校

大学的旅游学院（系）、商学院、经济管理学院是主体，文博学院、传播学院等也参与其中。这一类机构数量庞大，全国仅独立设旅游管理专业的高校就有 762 所，专业教师数万人，都有可能组织、开展旅游商业研究。

◆ 科研院所

独立于高校的科研单位有四大体系：一是中国科学院系统，它下设的地理、资源、环境、区域等研究所（中心）；二是中国社会科学院系统，它下设的经济、管理、旅游等研究所（中心）；三是地方科学研究机构，省级、副省级城市等都有综合性的科学院、社科研究院；四是部门所设的研究院、所，部委有，地方厅、局也有。

◆ 旅游规划公司

尽管名称不同，但多是独立运行的旅游规划公司。目前，国家旅游局颁发过旅游规划甲、乙级资质的有近 50 家，省级旅游局颁发过丙级旅游规划资质的估计有近百家，还有一部分没有资质的规划单位，总数估计在 200 家左右。

◆　市场调查公司

国内目前大约有 4000～5000 家。

◆　管理咨询公司

数量难以统计。

◆　个人

社会上所谓的"策划大师"、"点子大王"，也活跃在这个市场里。

旅游商业研究市场，就供给方而言是需求旺盛，但客户（委托方）并不真正了解商业研究的价值，也没有能力判断、甄别好的研究机构、研究成果。

从承接方来看，竞争主体迅速增加，竞争十分激烈，可以认为已进入"地摊价"时代。

在激烈的市场竞争中，如何获得研究项目是每个机构、个人十分重视的议题。从理论上讲，通常有公开招标、邀请招标、直接委托等形式。实际的情况可能要复杂得多。

◆　公开招标：委托方以招标公告的方式邀请不特定的旅游商业研究单位投标。

◆　邀请招标：委托方以投标邀请书的方式邀请特定的旅游商业研究单位投标。

◆　直接委托：委托方直接委托某一特定研究单位进行旅游商业研究工作。

从规范旅游商业研究的角度考虑，委托方在确定研究单位后，应制订项目计划书并签订旅游商业研究合同。合同一旦签署生效，表明旅游商业项目已获得，研究即进入实质性研究启动阶段。

■ 研究过程设计

我们一般把研究工作看作一个"序列过程"，这个过程有几个较为明确的可定义的阶段。尽管研究不一定非要完成每一步后方可进行下一步研究，循环、跳跃、绕行常有发生。项目开展之后，有的步骤可能合并，有的可能省略，也可能先按"板块"开展，再统稿、修改。尽管如此，把研究项目看作是"序列过程"对研究的顺利展开和有条不紊的进行是有帮助的。

一、接受委托

项目洽谈

现场考察

项目报价

签订研究协议或合同

有资质并有意承接研究项目的单位，在获得委托意向后，进行初步接恰，了解情况，对大型或复杂项目还应征得委托方同意，进行现场考察，掌握项目工作量、难易程度方面的直观信息。考察结束后应该对研究项目的范围、工作量、难易程度做出初步评估。评估成果可作为计算研究工时、收费标准的依据，进而提出项目报价。

拟承接单位在发出项目报价后，应与委托方协商研究，并草拟协议书，在双方协商一致的情况下签订研究协议或研究合同。

合同应包括以下主要内容：

双方名称；

问题目的；

研究范围；

研究深度；

费用与支付方式；

协议双方的权利、义务和责任；

协议终止条款、违约责任；

出具研究报告的时间要求；

研究报告的使用责任；

委托协议书的有效期；

签约时间；

其他有关事项。

二、制定工作计划

研究机构在与客户（委托方）签订了研究协议或合同之后，接下来的工作就是制定研究工作计划。制定工作计划时主要有以下重点：

组织研究小组，确定项目负责人；

确定研究工作的步骤和方法；

列出需要委托方提供或协助提供的资料；

提出需要委托方协助的工作内容；

召开研究小组会议，确定分工。

三、明确研究主题

旅游商业研究的主题或来自委托人的任务书，或来自对某一问题的认识（景区游客数量下降、酒店顾客抱怨增多……）。这一阶段是所有商业研究的真正开始阶段。研究主题一旦确定，它就可能成为一个研究总目标及若干次级目标，或者形成研究的基本假设。譬如一条高速公路隧道的开通，可能导致原来山上旅游景点游客数量下降，这个假设是否成立需要详细研究，如果被证实，就需要把这一景点调整到合适的线路中。

（1）了解研究需求

一般情况下，旅游商业研究公司有两种方式确定企业对其商业研究的需求。一是企业明确地向商业研究公司提出研究的需求；另一种则是企业不能够明确表达商业研究的需求。后一种情况，企业往往认识到需要商业研究为其解决投资决策、企业管理、市场营销等问题，但由于对商业研究知识的缺乏，不能够明确表达对商业研究的具体要求，研究公司需要较为深入地了解投资者情况、企业经营状况，帮助投资人、旅游企业构建对商业研究的需求。

（2）明确解决问题

这是商业研究非常重要的一个步骤，因为明确、严谨的问题界定是商业研究工作成功的一半。此阶段需要研究人员细致地了解委托方商业研究需求，充分利用现有的二手资料并与丰富的专业研究经验相结合。

（3）确定研究目标

进行商业研究，首先要明确研究的目标。商业研究目标是由界定的商业研究问题而决定的，是为了解决商业问题而明确的最终所要达到的目的。一个商业研究项目，目标可能是一个，也可能是多个。按照企业的不同需要，研究的目标有所不同，企业实施经营战略时，必须调查宏观市场环境的发展变化趋势，尤其要调查所处行业未来的发展状况进而制定市场营销策略时，要调查市场需求状况、市场竞争状况、消费者购买行为和营销要素情况；当企业在经营中遇到了问题时，应针对存在的问题和产生的原因进行市场调查。

四、研究设计

商业研究方案的设计重点是研究方法的选择。商业研究项目的差异化十分显著，不同企业面临的商业问题是不同的。

一个完善的研究方案一般包括以下几方面内容：

（1）研究目的的要求

根据研究目标，在研究方案中列出本次研究的具体目的要求。

（2）调查对象确定

旅游商业研究离不开调查，商业调查的对象一般为旅游者、接待商、中介组织、景区点管理者、酒店用品零售商和批发商等。旅游者一般为使用旅游产品的消费群体。在以消费者为调查对象时，要注意到有时某一旅游产品的购买者和使用者不一致，如父母为孩子安排的修学旅游。此外还应注意到一些产品的消费对象主要针对某一特定消费群体或侧重于某一消费群体，这时调查对象应注意选择产品的主要消费群体，还以修学旅游为例，尽管付费的是家长，但产品满意度的调查对象主要是学生。

（3）调查内容

调查内容是收集资料的依据，是为实现调查目标服务的，可根据调查的目的确定具体的调查内容。如调查旅游者行为时，可按旅游者购买、使用、使用后评价三个方面列出调查的具体内容项目。调查内容的确定要全面、具体、条理清晰、简练，避免面面俱到、内容过多、过于繁琐，避免把与调查目的无关的内容列入其中。

（4）调查表

调查表是市场调查的基本工具，调查表的设计质量直接影响到市场调查的质量。设计调查表要注意以下几点：

调查表的设计要与调查主题密切相关、重点突出，避免可有可无的问题。

调查表中的问题要容易让被调查者接受，避免出现被调查者不愿回答或令其难堪的问题。

调查表中的问题次序要条理清楚、顺理成章，且符合逻辑顺序，一般可将容易回答的问题放在前面，较难回答的问题放在中间，敏感性问题放在最后；封闭式问题在前，开放式问题在后。

调查表的内容要简明，尽量使用简单、直接、无偏见的词汇，保证被调查者能在较短的时间内完成调查表。

（5）调查地区范围

调查地区范围应与企业销售范围相一致，当在某一城市做市场调查时，调查范围应为整个城市；但由于调查样本数量有限，调查范围不可能遍及城市的每一个地方，一般可根据城市的人口分布情况，主要考虑人口特征中收入、文化程度等因素，在城市中划定若干个小范围调查区域，划分原则是使各区域内的综合情况与城市的总体情况分布一致，将总样本按比例分配到各个区域，在各个区域内实施访问调查。这样可相对缩小调查范围，减少实地访问工作量，提高调查工作效率，减少费用。

（6）样本的抽取

调查样本要在调查对象中抽取，由于调查对象分布范围较广，应制定一个抽样方案，以保证抽取的样本能反映总体情况。样本的抽取数量可根据市场调查的准确程度的要求确定，市场调查结果准确度要求愈高，抽取样本数量应愈多，但调查费用也愈高，一般可根据市场调查结果的用途情况确定适宜的样本数量。具体抽样时，要注意对抽取样本的人口特征因素的控制，以保证抽取样本的人口特征分布与调查对象总体的人口特征分布相一致。

五、实施研究阶段

实施阶段重点集中在资料收集和资料分析两个方面。

与旅游商业研究有关的数据资料是极其广泛的，其范围应当与具体的问题相对应。为了在研究过程中收集到有针对性的数据，首先需要对数据进行分类。

按数据资料的内容分：

事实性数据

预测性数据

控制决策数据

按数据在研究中的作用及适用范围分：

基础性数据资料

专项数据资料

按数据资料来源分：

内部数据资料

外部数据资料

按数据获得的方式分：

原始数据

二手数据

原始数据是通过现场实施后得到的；而二手数据则是指已存在的数据，通过案头研究就可以实现研究目的。

其次是确定信息获得方法。一旦研究的数据类型确定之后，就需要明确数据获得的方法。如果研究所需的数据是二手数据，则只需要利用现有的数据资源；如果研究所需的数据是原始数据，则必须通过商业研究的现场实施，收集所需信息。原始数据收集的方法主要有调查法、观察法和实验法。一般来说，前一种方法适宜于描述性研究，后两种方法适宜于探测性研究。研究者做市场调查时，采用调查法较为普遍，调查法又可分为面谈法、入户访问法、拦截访问法、电话调查法、邮寄法、留置法等。这几种调查方法各有其优缺点，适用于不同的调查场合，研究者可根据实际调研项目的要求来选择。

资料收集的原则是完整性、经济性和有针对性。

然后是现场收集数据信息。现场实施是数据收集过程。大部分现场实施访问是由经过培训的访问员进行的，有时研究者也会进行一些难度较大、研究问题较深的访问。在访问过程中，由于访问员、研究者或受访对象的原因，经常出现非抽样误差，造成调查结果的准确性降低。任何调查都无法避免非抽样误差，需要现场实施过程中采取有效方式尽可能控制，从而提高调查结果的可信度。

现场实施调查所获得的数据为初始数据，需要进行数据处理。首先，需要将问卷数据进行编码、录入到计算机，而后进行逻辑检查获得结构化的数据库，再通过数据分析软件对数据进行分析。资料的整理方法一般可采用统计学中的方法，利用 Excel 工作表格，可以很方便地对调查表进行统计处理，获得大量的统计数据。

数据整理过程中有几个主要环节需特别强调，这些环节主要有：

数据资料的鉴定

对数据的真伪进行识别，对失准数据及时鉴别并剔除；评估数据的代表性。

数据资料的筛选、整理分类

对鉴定后的数据一般要按使用要求和储存要求进行分类管理。譬如有的数据是研究的核心数据，可直接使用；有的数据只能作为参考数据，不宜据此得出结论。

最后是对收集到的数据资料进行分析。

六、报告成果

商业研究的最后一个步骤是在数据分析的基础上，形成研究报告。研究报告是客户获得研究结果的最主要形式，因而一个好的研究报告既要充分解决客户在研究初期提出的需求，而且还应适时加入商业研究人员的专业判断。报告完成后，报告结果的口头陈述是调研项目结果展示的另外一种形式，这种形式需要在报告的基础上进行内容提炼，并可以图片辅助展示结果。

■ 研究团队组建

为了提高成果的质量、保证及时完成研究，商业研究应该组建专业的研究团队。

◆ 团队结构

一个有效运转的研究团队，应该有以下结构：

研究主管（组长）：1 名

职责是全面负责研究课题，最终为成果通过负责。

副主管（组长）：1～2 名（视研究项目大小、复杂程度而定，小的研究项目一般不设副主管、副组长）

职责是管理研究过程有序、按进度进行，重点是保证研究过程的技术可靠性、管理合理性。

研究秘书：1 名

职责主要是负责联络、协调及事务管理。

研究人员：若干名

大型研究、高技术研究还应邀请专家在研究项目中担任顾问。

◆ 研究者的资格

专业的研究能力；

相关的工作经验；

良好的团队意识；

服从、合作精神。

■ 资源分配与经费预算

旅游商业研究的费用预算可以分三部分计算：一是调查过程产生的费用，主要有调查表设计费、印刷费、调查的礼品费、访问员培训费、访问员劳务费、调查表统计处理费、专家咨询劳务费、差旅费、成果印刷费等。二是研究机构运行分摊费用，主要有租金、工资、办公消耗品、交通费、管理费、设备折旧、成果储存等费用的分摊部分。三是不可预见或不可言明的费用，譬如接待费，应列其中。企业应核定研究过程中将发生的各项费用支出，合理确定研究总的费用预算。

资源分配主要涉及：

◆ 经费的分配使用

按照研究过程的阶段或者内容板块进行经费分配，基本的原则是保证能够提供按时、按质完成研究所需的经费。

◆ 时间的安排

时间安排可以用进程表表示。进程表包括研究的主要阶段、各阶段的时间表以及各阶段完成的标志性成果。

◆ 人员的合理配置

不同的研究项目，对人员的要求不同。对具体的项目不是力量越强越好，而是要合理配置。不同的人力资源其使用成本是不一样的。好的研究机构应该懂得人员价值与项目价值的匹配，当然好的项目既有经济的评价，也有非经济因素的评价。

■ 旅游商业研究伦理

◆ 委托方商业伦理

（1）项目委托过程公平、公正

在中国旅游研究市场的现实中有很多情况是委托方已私下选定了中标单位，但为了形式上或者制度上的要求，仍然在媒体发布招标公告，甚至把通过媒体发布招标公告看作是一次广告宣传。这对参与竞标的单位是不公平的，也是违反商业伦理的行为。

（2）不事先预设结果

旅游研究过程中往往出现主办方（委托方）已决定投资项目，但按相关规定必须有"规划"、"可行性研究报告"、"项目评价书"等，因而要求承担方"事后"补做商业研究报告，按其意志完成研究。

（3）按时拨付研究经费

旅游商业研究过程中，付费模式一般是项目启动时先付定金，完成之后付清余款，但现实中付清余款十分艰难。本着信任与尊重的原则，委托方应及时付清余款。

（4）不泄露研究资料、研究成果

尽管商业研究是付费的，但有时研究者也提供额外的研究成果，这时双方应明确那些是"免费赠送"的成果，并且有义务保密。

（5）研究人员的安全

譬如旅游资源调查工作，有时会要求到人口稀少的区域，可能存在安全隐患，事先应排除。

◆ 承担方商业伦理

（1）诚实的资格确认

有时委托方要求承担者具有相应的资质，但承担者没有资质，或者资质不符合要求，这时就会发生找合适的资质付费挂靠，或用并不合适的资质蒙蔽委托方等情况。譬如景区详细规划，从性质上讲属于建设性规划，要求具有建设部门颁发的城市规划设计资质，但是有的单位只有旅游管理部门颁发的旅游规划资质，却也承接项目，而委托者又不熟悉它们的区别。

（2）满足委托方的质量要求

委托方付出了研究经费，有要求承担者提供高质量研究成果的权利。

（3）研究人员的利益

研究过程是由研究人员完成的，因此研究机构应重视研究人员的利益，如获得合理的报酬、安全保障等。

（4）不泄露研究成果

商业研究是委托方的付费研究，其成果归属明确，那就是出资人，因此研究承担方不能把成果泄露给任何第三方。

（5）客观公正

（6）研究人员的独立性

（7）公平竞争

◆ 研究者个人商业伦理

（1）诚实研究的义务

特别是市场调查等。

（2）保密

商业研究的研究者是为机构服务，研究不是满足个人喜好，成果也不属于个人，在未经允许的情况下，不能将成果以任何形式发表、公布。

（3）客观、公正

研究机构的客观性、公正性是由研究人员的客观、公正性决定的。涉及买卖双方的研究项目一定要坚持客观公正原则。

◆ 对研究对象的伦理

（1）研究对象的知情权、同意权

（2）不欺骗研究对象

（3）研究对象的隐私权

（4）研究对象的安全权

（5）研究对象的保密权

附件 4-1 中国市场研究行业规则①

第一篇 定义

第一条 市场研究：本规则所指市场研究是指为实现信息目的而进行研究的过程，包括将相应问题所需的信息具体化、设计信息收集的方法、管理并实施数据收集过程、分析研究结果、得出结论并确定其含义等。在分类中，包括定量研究、定性研究、媒介和广告研究、商业和工业研究、对少数民族和特殊群体的研究、民意调查以及桌面研究等。

第二条 研究者：是指执行市场研究项目或在其间作为顾问的任何研究机构，组织，部门和个人。

第三条 客户：是指寻求，委托或预订整个或部分市场研究项目的任何个人，组织或部门。

第四条 研究对象：是指研究者为完成一个市场研究项目向其寻求信息的任何个人或组织。

第五条 访问：是指使用以上任何一种方式和研究对象进行的直接或间接的接触，通过这种接触，研究者能从研究对象处获得数据或信息，全部或部分地用于市场研究项目。

第六条 记录：包括客户提供的资料以及研究者所产生的一切资料。

第七条 本会、协会：指中国信息协会市场研究行业分会。

第二篇 总则

第八条 本规则明确了市场研究行业的行业内部竞争和诚信规范以及执行标准，旨在为行业会员单位提供可行的竞争和研究规则，使行业内部能处在一种良性竞争和循环中，从而为客户提供更优质的服务，并和客户一起共同努力，推动促进整个行业的健康发展。

第九条 市场研究的目的是帮助供应商寻求最有效的方法满足消费者的需要，促进双方的有效交流，从而更有效地把供应商能提供的产品和服务的特性传达给消费者。

第十条 市场研究必须建立在公众对此行为有信心的基础上。

第十一条 市场研究必须始终客观地依据现有的科学原则来进行。

---

① 中国市场研究协会官网 http://www.emarketing.net.cn

第十二条　市场研究必须始终遵守研究项目所涉及国家的法律法规以及国际法准则。

第三篇　分则

第一章　公平竞争

第十三条　在市场研究活动中，所有参与市场的主体应当遵循自愿、平等、公平、诚实信用的原则，遵守公认的商业道德。

第十四条　客户、研究者以及代理商等在市场研究活动中，应互相尊重、互相监督，发现违反本守则的单位和个人，应及时向协会举报。

第十五条　研究者应当尊重代理研究者（公司）及其他调查服务机构的劳动，按合同规定和行业规定付给代理公司或调查服务机构服务费用。研究者不得以提供商的优势地位强迫或者其他形式在合同中约定超过项目结束后 3 个月以上的付款期限。

第十六条　研究者应当尊重访问人员的劳动，并及时付给访问人员的服务费用，不得无故拖欠克扣访问人员费用。访问人员的服务费用一般应在访问结束后 3 个月内结清。

第十七条　研究者可以在行业内互通行业客户的诚信行为，但此互通必须以事实为基础。并且研究者有义务通过恰当的方式敦促客户尊重研究行为和研究合同，尊重研究者的劳动。协会在此目的上应发挥积极的作用。

第十八条　研究者、客户均不得以任何方式向为其服务的市场研究公司及研究调查服务机构索取个人回扣。

第十九条　研究者与客户应建立正常合作关系，不得采用财物或其他手段进行贿赂，以从客户处获取研究和调查项目。

第二十条　坚持公平竞争，以良好的声誉和服务质量取胜，研究者不得采用以下不正当手段与同行进行业务竞争：

（一）故意诋毁、诽谤其他研究者或调查机构的信誉、声誉；

（二）无正当理由，以在同行业收费水平以下收费为条件吸引客户，或采用承诺给予客户、中介人、推荐人回扣，馈赠金钱、财物等方式承揽业务；

（三）故意在客户和其他研究者之间制造隔阂和纠纷；

第二十一条　研究者相互之间不得采用下列手段排挤竞争对手的公平竞争，损害客户或者其他社会公共利益：

（一）串通抬高或者压低收费；

（二）为低价竞争，不正当获取其他研究者的收费报价或者提供研究服务的其他条件；

（三）非法泄漏收费报价或者提供研究服务的其他条件等暂未公开的信息，

损害所属研究公司的合法权益。

第二十二条　研究者应维护合理的行业价格水平，参照协会发布的行业价格标准报价，以确保适当的质量价格比。

第二十三条　研究者有权利和义务拒绝执行不诚实、低于行业起码运作惯例的工作任务。

第二十四条　研究者不得擅自或非法使用社会特有名称或知名度较高的名称以及代表某名称的标志，图形文字、代号以混淆，误导客户。

第二十五条　研究者不得伪造或者冒用研究服务质量名优标志、荣誉。使用已获得的研究者研究质量名优标志、荣誉称号的应当注明获得时间和期限。

第二十六条　研究者不得擅自使用非自身直接客户的名称作为自身客户向社会推荐或宣传。

第二十七条　研究者不得以盗窃、利诱、胁迫等不正当手段获取其他研究者（公司）或机构的商业秘密；未通过研究者间正式交流，不主动以任何形式搜猎、获取及公开其他研究者拥有的附有版权声明或以其他保密制度加以限制交流的记录，包括但不仅限于项目计划书、研究问卷、正式或非正式的研究报告及其他技术性文件。

第二章　市场研究的基本职业道德和行业运作原则

第二十八条　研究者不得有意或无意地做出任何有损市场研究职业声望和信誉的行为。

第二十九条　被委托进行市场研究项目活动的研究者必须按照合同或行业标准进行市场研究活动，不得在研究活动中采用任何作弊行为或采用错误数据、编造数据等方式欺骗客户和委托之研究者。

第三十条　研究者不得纵容自身的职员和兼职访问员进行作弊行为，亦不得纵容明知的虚假或不合格之研究对象继续进行研究项目。

第三十一条　在市场研究项目各个阶段中被访者的合作必须是完全自愿的。当被要求合作时，被访者不能被误导。

第三十二条　被访者匿名权在任何时候都必须严格保障。被访者的匿名权不容因为采用某一研究方法而受到侵犯。如果被访者应研究者的要求允许数据传递，则：

（1）被访者必须被提前告知该信息的提供对象和使用目的。

（2）研究者必须确保该信息不用于非研究目的以及接收者也同意遵守该规则的此项要求。

第三十三条　研究者必须采取一切合理防范措施，以确保被访者不会因参加某一市场研究项目而受到直接伤害或不利影响。

第三十四条　研究者在访谈儿童和少年时，必须首先征得其父母或监护人的允许。

第三十五条　被访者（通常是在访谈开始时）必须被告知是否使用了观察技术或记录设备，在公共场所除外。如果被访者要求，该记录或记录的有关部分必须销毁或清除。

第三十六条　被访者必须能够无困难地核查研究者的身份及其正当意图的真实性。

第三十七条　研究者必须始终努力设计成本合理和质量适当的研究方案，然后依据与客户议定的规格贯彻实施。

第三十八条　研究者必须保证其所持有的各项记录的保密性和安全性。

第三十九条　研究者不得有意散布没有适当数据支持的研究结论。如必要，他们必须随时提供相关技术信息以支持他们发布的结果的有效性。

第四十条　当研究者在运用其研究能力时，不得从事任何非研究性的活动。任何非营销活动的组织与实施，必须始终与市场研究活动区别开来。

第四十一条　研究者与其客户的权利与义务通常由其间的书面合同进行约束。双方如果提前以书面形式达成一致，则可以修改以下四十四至四十八条的规则条款；但是，规则的其他规定不能以合同方式修改。

第四十二条　如果一个市场研究项目将与其他的项目综合起来作为一个项目进行，研究者必须通知该客户，但不得泄漏其他客户的身份。

第四十三条　如果某客户的项目任何部分被分包到研究者的机构外部（包括使用任何外部咨询），研究者必须尽快提前通知该客户。如果客户要求，研究者应提供分包商的真实身份。

第四十四条　如果没有事先的合同约定，客户无权独享该研究者或其机构的服务（整个或部分）。但在为不同客户进行工作时，研究者必须致力于避免接受服务的客户之间可能的利益冲突。

第四十五条　下列研究记录的所有权属于客户，没有客户的允许，研究者不得透露给第三方：

（1）客户提供的市场研究大纲、细目及客户提供的其他信息。

（2）从该市场研究项目中得到的研究数据和发现（联合性或多客户项目或服务例外。在此，同样的数据可以提供给一个以上的客户）。

（3）客户无权获得被访者的姓名和地址，除非研究者首先得到被访者的明确允许（此项要求不能依据第四十一条条款进行更改）。

第四十六条　除非事先有特殊协议，下列研究记录的所有权属于研究者：

（1）研究计划书和报价（除非客户已经支付）。它们不得由客户泄露给任何第三方，为该客户同一项目工作的顾问除外（该顾问如果同时为该研究者的竞争对手工作，则不能例外）。该研究者的研究计划书和报价特别不得被客户用来影响其他研究者的研究计划书和报价。

（2）联合的或多客户项目或服务的报告内容。在此，多个客户可以获得同样数据，而且可以清楚地知道，研究报告可以通过一般购买或订阅取得。未经研究者允许，客户不得将研究结论透露给任何第三方（客户自己的顾问用于与其相关的业务除外）。

（3）研究者准备的其他所有研究记录（提供给客户的非联合性项目除外，研究设计和问卷成本已经由客户的支付所抵消的情况也在例外）。

第四十七条　研究者必须遵循目前公认的职业准则，在项目结束后把相关的记录保存一段时间。应客户要求，只要不违反匿名和机密要求（第三十二条规定），研究者应提供研究记录的复件。客户的要求限于保存记录的协定时间范围内。客户要支付提供复件的合理成本。

第四十八条　如果没有法律上的义务，没有客户允许，研究者不得把客户的身份，或其他关于客户的业务方面的机密信息泄露给第三方。

第四十九条　如果客户要求，只要客户支付了可能发生的相关成本，研究者应允许客户检查实地访问工作或数据处理工作的质量，并且不违反第三十二条的规定。

第五十条　研究者必须提供给客户其委托项目的所有技术细节。

第五十一条　在写市场调查报告时，研究者应把调查中的直接发现与研究者在直接发现之上的解释分析以及建议明确区分开来。

第五十二条　如果客户发表了一个项目的任何研究发现，客户有责任确保所发表的内容无误导性。客户必须就发表形式和内容提前向研究者咨询并征得其同意，研究者要采取措施纠正任何关于该研究及其发现的误导问题。

第五十三条　研究者不得允许其姓名与任何研究项目关联使用，以确保研究项目遵循此道德规则而进行，除非研究者确信那些研究项目的所有细节都符合该规则的要求。

第五十四条　研究者应确保客户知道该规则的存在并了解遵循该准则的必要性。

第三章　奖励处分与纠纷调解

第五十五条　本会对模范履行会员义务并对市场研究事业发展有突出贡献的会员进行奖励，对违反市场研究职业道德和行业规则、规范的会员给予必要处分。

第五十六条　会员有以下情形之一的，由本会分别给予通报表扬、嘉奖、授予荣誉称号，并可酌情给予物质奖励：

（一）对本会的发展做出突出贡献的；

（二）对完善市场研究工作起到推动作用，为市场研究事业的改革发展做出突出贡献的。

（三）对模范遵守行业规则，并产生积极影响的；

（四）其他予以奖励的情形。

第五十七条 会员有下列行为之一的，本会视情节单独与合并给予训诫、通报批评、公开谴责、取消会员资格等处分：

（一）违反本会章程和本规范规定的；

（二）在市场研究行为活动中有严重作弊行为等违反市场研究行业职业道德的；

（三）严重违反社会公共道德，损害市场研究行业形象和声誉的；

（四）拒不执行本会做出的决议、决定的；

（五）其他本会认为应予处分的违纪行为；

第五十八条 对于会员的违法违纪行为，本会有权建议有处罚权的行政部门给予行政处罚。认为需要由司法机关进行处罚的，应及时提请司法机关调查处理。

第五十九条 对会员做出处分决定，应当认真听取当事人的申辩。在做出取消会员资格处分决定前，被处分的会员，有要求听证的权利。

第六十条 会员应自觉报告处分决定。拒不接受处分决定的，可加重或再行处分。

第六十一条 会员单位因违法违纪受到司法行政部门停业处罚的，在停业期间，不享有本会的选举权、被选举权等会员权利。

第六十二条 对会员的奖励和处分应当记入档案，并以适当的方式予以公示或批露。本会将建立起研究者（公司）及行业的诚信管理系统，并适当地对社会及行业公开，对会员在行业内的奖励、处分等诚信信息进行公开。

第六十三条 对会员研究者之间的研究和经营活动中发生的纠纷，可以申请本会进行调解。

第六十四条 本规则自 2004 年 3 月 1 日正式实施，由中国信息协会市场研究分会规范委员会负责解释。

本章参考及进一步阅读的文献

1．唐纳德·R．库珀．商业研究方法．郭毅等译，中国人民大学出版社，2006

2．R．基钦，N．J．泰特．人文地理学研究方法．商务印书馆，2006

3．李亨．旅游调查研究的方法与实践．中国旅游出版社，2005

第二篇
旅游商业计划书

第五章 旅游商业计划书组成

- ■ 概　要
- ■ 项目介绍
- ■ 公司概况
- ■ 公司业务
- ■ 行业和市场分析
- ■ 营销策略
- ■ 管理和关键人物
- ■ 五年计划
- ■ 风险
- ■ 资本需求与投资
- ■ 财务分析
- ■ 投资报酬与退出
- ■ 结论
- ■ 附件

商业计划书（Business Plan），对中国的研究者而言是个"舶来品"。在计划经济体制时期，投资主要由政府安排，基本不需要商业计划书。随着改革开放的深入，我国的投资主体日渐多元化，对盈利、风险非常重视。在借鉴了国外成熟的投融资经验的基础上，逐渐形成了符合国际标准的商业计划书的编撰。商业计划书是公司、企业或项目单位为了达到招商融资和其他发展目标之目的，在经过前期对项目科学调研、分析、搜集与整理有关资料的基础上，根据一定的格式和内容的具体要求而编辑整理的一个向投资者全面展示公司和项目目前状况、未来发展潜力的书面材料。

商业计划书是争取风险投资的敲门砖。如何吸引投资者、特别是风险投资家参与创业者的投资项目，这时有份高品质且内容丰富的商业计划书，将会使投资者更快、更好地了解投资项目；将会使投资者对项目有信心、有热情，动员促成投资者参与该项目，最终达到为项目筹集资金的作用。

商业计划书是获得银行贷款和投资的关键。银行每天会接收到很多商业贷款计划书，商业贷款计划书的质量和专业性就成为了银行投资的关键点。企业家在争取获得风险投资之初，首先应该将商业计划书的制作列为头等大事。

随着中国投资行业对国际资本市场的开放带动了国内投资行业的高速发展，项目的差异性也越来越明显，这就使商业计划书的编写也在发生变化，不再仅仅是按照西方的标准来编制了，而是要根据不同的项目特点和不同的企业特点，来全新设计商业计划书的撰写步骤、规划章节的重薄区分。此外，不同的投资方，尤其一些来自不同国家的投资者对商业计划书的阅读习惯也不尽相同，这便对商业计划书的专业性提出了更高的要求。

尽管有些差异，商业计划书一般分为十几个主要的部分（当然并不是每个商业计划书都有十几个组成部分，企业的差异、业务的区别甚至是委托目的的不同都可使其简化），每一部分又由许多更小的部分组成。一份好的商业计划书的特点是关注产品，敢于竞争，市场调研充分，资料说明有力，有明确的行动方针、优秀的团队、良好的财务预计、出色的计划概要等。

■ 概　要

概要，又称执行总结，是整个商业计划的第一部分，相当于对整个商业计划的浓缩，是整个商业计划的精华所在，是商业计划书的关键部分。概要的目标是在极短的时间内抓住读者的注意力，让其对你的计划产生兴趣，并且愿意花较多的时间详细阅读它。投资人往往很忙，时间和精力都有限，需要阅读的计划书又很多，不可能把所有到手的商业计划都逐个地仔细研究，第一遍只能是浏览文本。通常，他们都是先阅览商业计划的概要部分，通过从概要部分获取的信息来判断是否有继续读下去的必要。如果你的概要部分不能激发起投资家的兴趣，那么，商业计划的后面部分就很有可能无缘与投资家见面了，因此从某种程度上说，投资者是否中意你的项目，主要取决于概要部分。虽然不能担保一个写得很好的概要便能为一个项目带来投资，但一个写得不好的概要却可以使投资家决定放弃对该项目的投资。可以说没有好的概要，基本上就没有投资。

概要出现在商业计划书成稿中最开始的位置，篇幅宜短不宜长，经验告诉我们一般不要超过 3 页。由于概要反映的是全部计划过程的总体结果，因此在最后完成，但绝不能轻视，它是计划书中最重要的部分。

一、概要中要传达的信息

概要的功能是让读者快速了解企业基本概念和突出优点，吸引、激励读者阅读完整的计划书。要达到这个目的，要用积极自信的语气将企业前景乐观地传递出去，并在阐述关键问题时让人信服。这些关键问题包括：

1. 经过详细计划的业务
2. 能够胜任的团队
3. 存在明确的市场
4. 切实可行的财务方案
5. 成功的理由
6. 投资人、贷款银行满意的预期回报
7. 主要风险，以及降低和应对风险的措施
8. 期望得到的资源

二、概要的类型

概要大体上可以有两种写法，即大纲式概要和叙述式概要。

1. 大纲式概要

大纲式概要就是简单陈述商业计划书每一部分内容的结论。大纲式概要的优点是直接、简单，对撰稿人要求相对较低，不足是缺乏阅读的感染力。

2. 叙述式概要

叙述式概要像是讲一个"引人入胜"的故事，适合有特色、有"绝活"的项目，比如专利、新兴市场、知名经理人参与等。还有，项目本身"有趣"，就可以用叙述式概要。如我们在山东葡萄酒文化旅游项目中，对张裕百年酒窖、酒庄的处理就是叙述式概要。

叙述式概要对撰稿人的文字功底要求较高，激发读者热情、传递明确有效信息，把握语言尺寸都很重要。

■ 项目介绍

项目介绍因项目本身的差异而有别，主要介绍项目的基本情况。景区类项目主要有景区概况、功能、建设内容、设施、景点建设、投资估算、效益、建设工期及项目基础等。

■ 公司概况

这一部分就是阐述企业的基本面，内容包括公司名称、公司使命和远景目标、公司所有权结构、公司历史、公司现状、商业模式、公司经营目标和其他特殊情况。

通常认为这部分比较好写，对已经发展成熟的公司开展新业务、拓展新领域而言也许如此，但若你在为一家计划设立的公司撰写商业计划书，问题就不那么容易。比如企业的名称、公司使命等，需仔细斟酌。重点是公司理念的提炼和如何制定公司的战略目标。

一、典型问题

1. 公司业务是什么？
2. 公司想取得一个怎样的市场和产品（服务）领域？
3. 公司的背景如何？
4. 它是一个什么性质的合法实体？
5. 公司所有者的组成如何？
6. 拥有者的中期目标和长期目标是什么？
7. 关键性的成功因素是什么？

二、公司名称

对已有的公司而言，企业的名称不一定与社会公众知晓的一致，公众知晓的往往是公司经营中对公众方便使用的名字。譬如中国银行，其全称是中国银行股份有限公司；建设银行，其全称是中国建设银行股份有限公司等。

对拟设立的公司，就需要选定一个既能满足目前需要，又能给未来扩展留有余地的名称。公司命名深受文化影响，西方人基于保持公司良好声誉的考虑，往往用自己或家族的姓氏、名称给公司命名，特别是服务类的小公司，咨询、设计类机构更倾向于用自己的名字命名。中国命名文化及其深远、复杂，很少用姓名给公司命名，多倾向于在名称中包含吉祥，体现抱负的词语，甚至一些玄学的东西。社会上专营命名的机构常常与周易八卦之类有关。时下随着中西文化的交流，中国公司起"洋名"也日渐风行。

公司命名应重视以下几点：

表明你所从事的工作；
表明你服务的范围与重点；
公司的法律性质等。

公司名称并不是一个简简单单的名字，对于已有的公司，可能还会涉及公司品牌名称、子公司名称、公司域名等，它们往往是公司重要的无形资产。譬如上航旅游集团，现拥有 2 家直属分公司（上航旅游集团入境旅游分公司、上航旅游集团出境旅游分公司），7 家全资或控股子公司（上海航空假期旅行社有限公司、上海航空传播有限公司、上海航空国际商务会展有限公司、上海飞鹤航空旅游服务有限公司、上海航空旅游汽车服务有限公司、上海航空因私出入境服务有限公司、上海航空境外就业服务有限公司），2 家参股公司（上海航空进出口有限公司、上海上航假日酒店投资管理有限公司），这些情况都应明示。

三、公司使命/公司目标

公司使命是对企业的工作重点予以说明，包括企业文化、企业特征、经营原则、财务目标等。

撰写公司使命，既要防止过于琐碎，又要避免高谈阔论。一家旅行社在描述公司使命时若表述为"通过组织旅游，提高中国人生活品质……"、"传播中华五千年文明……"云云，显然是不得要领。

公司使命不能泛泛而谈，要有明确的针对性，譬如社区旅游公司，就要强调社区、居民、成员的伙伴关系。

下面提供公司使命撰写的大纲（可选择）

服务；
与顾客关系；
员工利益体现；
工作环境描述；
行业中的竞争者及其关系；
成长目标；
盈利目标；
利益相关者关系；
社会责任；
……

四、公司法律形式

企业的法律形式；

公司类型；

注册国家（地区）；

五、公司所有权结构

公司所有者；

股东股份结构

六、公司历史

如果是一家已有的公司融资，那么介绍一下公司的成长是有意义的。公司历史主要包括成立时间、各重要阶段。

七、公司现状

公司规模、人员、近期目标、目前计划进展情况等。

八、商业模式

主要介绍公司业务模式、销售模式、管理模式等。

九、公司经营目标

公司经营目标可以按阶段描述，也可以按年度描述。按阶段描述时，最好有一个五年计划做补充。目标有不同的类型，有些公司希望在规模上做大；有的希望销售收入方面令人羡慕；而有的公司则以投资回报率来衡量，把目标集中在利润的获得上。

所有的目标必须是可以量化的，并且用数字的形式表达出来。市场份额可用百分比表示，销售额可用绝对金额表示等。

十、其他情况

说明公司不同寻常之处，譬如别人不能复制的核心竞争力等。

■ 公司业务

投资者一般不会把钱投向自己不懂的领域，公司业务就是让投资者了解本公司的有创新的业务，或者改变其对这个领域不全面的认识，所以是商业计划书的核心内容。

一、业务范围

业务范围包含多层意义：一是业务类型，是旅游中介、接待还是管理咨询、规划设计；二是业务覆盖的地理区域，是社区性质的、地区性质的，还是面向全国，甚至全世界的；三是业务是主动的（譬如旅行社），还是被动的（譬如景区）等。

二、核心业务

旅游企业的业务很宽泛，计划书应该区分核心业务与相关业务。都叫酒店，有的以住宿为主营业务，有的以餐饮为主要业务。应该知道，公司真正经营的是什么业务。比如说，当我们想到通用汽车公司时，自然会认为它主要从事汽车制造业务。但实际上，这家公司从其金融事业部——通用汽车承兑公司赚到的钱，远远要比它从制造业得到的更多。

对核心业务应给予更多的篇幅，不仅要指出是什么，还要能说明为什么。对于核心业务应熟悉国际国内发展趋势，投资者更倾向于把钱投向朝阳产业。夕阳产业难以获得投资者青睐，不成熟、太超前的产业也是投资者所顾虑的。

三、相关业务

旅游业是在为人的"位移"提供各种服务，而人的需要在基本层面相似，在个性方面又极其有差异，因此提高相关的业务也能成为旅游企业成功的主要因素。

四、产品优势与未来发展

譬如独一无二的旅游资源、良好的区位条件、绝对优势的市场份额等，使公司在现在以及未来能位居行业领先地位。

■ 行业和市场分析

公司价值的巨大增长只有在市场潜力同等巨大时才能取得。对公司将要进入的行业和市场进行分析，以使你能够估计你的产品（服务）真正具有的潜力。一般情况下，投资家是不会因一组简单的数字就相信你的计划的。你将不得不对可能影响需求和市场策略的因素进行进一步的分析，以使潜在的投资者们能够判断你公司目标的合理性以及他们将相应承担的风险。

我们必须评估所在行业的潜在发展能力，以及我们在其中的地位。

一、行业的典型问题

1. 行业描述。该行业发展程度如何？现在的发展动态如何？

2. 行业趋势分析，行业规模与增长。该行业的总销售额有多少？总收入为多少？发展趋势怎样？

3. 价格趋向如何？

4. 经济发展对该行业的影响程度如何？政府是如何影响该行业的？

5. 是什么因素决定着它的发展？

6. 进入该行业的障碍是什么？你将如何克服？

7. 该行业典型的回报率有多少？

8. 行业中的战略机会。

9. 行业对经济波动的敏感度。

10. 季节性问题。

介绍完行业状况之后，应该细分各个目标市场，最广泛地被接受和使用的市场细分标准或尺度包括以下几种：

◆ 人口统计因素

这是基于以下因素的划分标准：年龄、性别、爱好、民族、种族、受教育程度、婚姻状况、孩子的数目或其他需供养者、收入水平等。

◆ 地理因素

这包括居住区域（东、中、西部；大城市、中等城市、小城市、乡村）、城市、地区等。

◆ 心理因素

包括在态度、兴趣和观点基础上所做的划分。这些可以是社会文化上的、宗教／精神上的、哲学上的、美学上的、道德／道义上的、政治上的、经济上的、技术／科学上的、团体的或个人的等。

市场营销人员往往同时选择几种尺度来进行市场细分，选择其中的一个或几个作为目标市场，在这个过程中，要根据企业的目标、产品、优势与劣势、竞争者的战略等因素来进行。

二、市场的典型问题

1. 市场规模、市场结构与划分

2．目标市场的设定

3．产品消费群体、消费方式、消费习惯及影响市场的主要因素分析

4．目前公司产品市场状况，产品所处市场发展阶段（空白／新开发／高成长／成熟／饱和），产品排名及品牌状况

5．市场趋势预测和市场机会

商业计划书要给投资者提供企业对目标市场的深入分析和理解。要细致分析经济、地理、职业以及心理等因素对消费者选择购买本企业产品这一行为的影响，以及各个因素所起的作用。

三、细分目标市场的典型问题

1．公司的细分市场是什么？为什么这样细分市场？

2．公司的目标顾客群是什么？

3．什么样的人将成为公司的一般顾客？

4．每一个细分市场的现时生产量如何？增长率如何？公司由此期望的潜力有多大？

5．公司对每个细分市场的现在和将来的赢利估计为多少？潜力有多大？利润增长率将会是什么样？

6．每一个顾客群现在和将来的销售潜力如何？现在是多少或将来为多少？

7．公司都有些什么样的假定？公司的计划是在什么假定下制定的？

8．公司拥有能给产品、服务提供很好参考意见的顾客吗？

9．公司将怎样赢得那样的顾客？

10．谁是对顾客负责的人？

11．让顾客购买公司的产品（服务）的关键性因素是什么？

12．公司在多大程度上依赖团体（机构）购买？

四、竞争分析

在商业计划书中，企业家应细致分析竞争对手的情况。竞争对手都是谁？他们的产品是怎样的？竞争对手的产品与本企业的产品相比，有哪些相同点和不同点？竞争对手所采用的营销策略是什么？要明确主要竞争者的销售额、毛利润、收入以及市场份额，然后再讨论本企业相对于每个竞争者所具有的竞争优势，要向投资者展示顾客偏爱本企业的原因。在商业计划书中，企业家还应阐明竞争者给本企业带来的风险以及本企业所采取的对策与规避方法。

充分掌握潜在竞争者的优势和劣势，对最主要的一个竞争者的相应销售、

收入、市场份额、目标顾客群、分销渠道和别的相关特征等作出合理估计。应该尽量压缩这些细节以使读者能够坚持看下去。把这些同本公司进行比较并暗示本公司的竞争优势在多大程度上可以对付这些竞争。

典型问题有：

1. 谁是可能提供类似产品的主要竞争者？
2. 可能出现什么样的新发展？
3. 公司的竞争者的目标市场是什么？
4. 公司是怎样估计他现在和将来的利润的？
5. 他们的策略是什么？
6. 他们用什么样的销售渠道？
7. 对比主要竞争者，公司的发展、市场和地理位置如何？
8. 公司能在多大程度上承受竞争者的竞争优势？

■ 营销策略

一、概述营销计划

1. 区域
2. 方式
3. 渠道
4. 预估目标（份额）

二、销售政策的制定

1. 以往
2. 现行
3. 计划

三、销售渠道、方式、行销环节和售后服务

四、主要业务关系状况

1. 代理商／经销商／直销商／零售商／加盟者等
2. 各级资格认定标准及政策（销售量/回款期限／付款方式／应收账款／

货运方式／折扣政策等）。

五、销售队伍情况及销售福利分配政策

六、促销和市场渗透（方式及安排、预算）

1. 主要促销方式
2. 广告／公关策略媒体评估

七、产品价格方案

1. 定价依据和价格结构
2. 影响价格变化的因素和对策

八、销售资料统计和销售纪录方式，销售周期的计算

九、市场开发规划

1. 销售目标（近期、中期）
2. 销售预估（3 年～5 年）销售额、占有率及计算依据

应该尽可能清楚而完整地介绍公司把产品（服务）投放到市场的策略、公司的整个市场理念和投放计划。识别出细分市场后，市场营销人员必须根据企业的目标和局限性，选择一种战略进行营销活动。

可供选择的战略有：

◆　集中性市场营销

企业只为单一的、特别的细分市场提供一种类型的产品（如高尔夫旅游公司）。这种方法尤其适用于那些财力有限的小公司，或者是在为某种特殊类型的顾客提供服务方面确有一技之长的组织。

◆　差异性市场营销

为不同的市场设计和提供不同类型的产品。一般地说，这种战略大多为那些实力雄厚的大公司所采用。他们可以在刚开始的时候，先采用集中性市场营销或无差异市场营销战略，等到取得了一定的成功和发展时，就选择更多的细分市场进行差异性营销。

◆　无差异性市场营销

公司只向市场提供单一品种的产品，希望它能引起整体市场上全部顾客的兴趣。

关于投放市场的典型问题：

1．公司将怎样使其目标顾客群知道自己产品、服务？

2．将采用哪种类型的广告攻势？

3．服务、维护和热线的重要性如何？

4．包括展销和进一步行动，产品投放费用会有多少？

5．对每个目标市场和分销渠道，公司将采取什么样的价格？

6．公司将采取什么样的支付政策？

7．将怎样组织公司的回报？

■ 管理和关键人物

把一个思想转化为一个成功的企业，其关键的因素就是要有一支强有力的管理队伍。这支队伍的成员必须有较高的专业技术知识、管理才能和多年工作经验。在商业计划书中，应首先描述一下整个管理队伍及其职责，然后再分别介绍每位管理人员的特殊才能、特点和造诣，细致描述每个管理者将对公司所做的贡献。商业计划书中还应明确管理目标以及组织机构图。

典型问题：

1．具有特别经验的管理队伍和关键性人物的职业道路是什么？他们具有什么样的管理技巧？

2．他们具有什么样的专业经验？

3．组织结构如何？

4．谁将出任领导？

5．在一些特别的地区，是否应该加强管理队伍？

6．哪个目标顾客群已经和公司建立长期的关系？

7．惩奖制度是怎样的？

■ 五年计划

主要对未来 5 年的营业收入和成本进行估算，计算制作销售估算表、成本估算表、损益表、现金流量表、计算盈亏平衡点、投资回收期、投资回报率等。这个计划主要包括以下三个部分：资金预算、项目的资产负债表和收入预测。

一、资金预算

现金流量计划是必须做的。在一定的时间阶段，当一个公司的收入远小于它的支出时，它将面临破产。所以必须规划出所有可能支付的时间和金额。还应该准备一定的现金备用，以应付一些预料之外的时间发生的支付问题。为了让现金流量计划更加准确，应该作出第一年的每月计划，第二年的季度计划，第三年的半年计划，第四年、第五年的年度计划。

二、收入预测

投资家需要知道他们在每年年底的至少预期收入。按照所预测的标准收入线作出的五年的收入预测，会提供给他们一个重要的信息。计算每一年的总收入和总支出以得到的净利润和损失。

三、项目的资产负债表

风险投资家也会对项目资产负债表感兴趣以了解资产的预期增长。资产负债表要用标准的账户格式，且以每年的实际交付为基础计算。

■ 风险

主要介绍本项目将来会遇到的各种风险，以及应对这些的风险的具体措施。
典型问题：
1．公司在市场、竞争和技术方面都有哪些基本的风险？
2．准备怎样应付这些风险？
3．公司还有一些什么样的附加机会？
4．在公司的资本基础上如何进行扩展？
5．在最好和最坏情形下，公司的五年计划表现如何？
风险一般来自以下情况：
◆　资源（材料／供应商）风险
◆　市场不确定性风险
◆　成本控制风险
◆　竞争风险
◆　政策风险

◆ 财政风险（应收账款／坏账）

◆ 管理风险（含人事／人员流动／关键雇员依赖）

◆ 破产风险

■ 资本需求与投资

主要介绍申请资金的数额、申请的方式，详细使用规划。

一、资本需求

典型问题有：

1．从公司的现金流量表来看，公司金融需求有多大？

2．公司可以利用什么样的融资渠道？

现金流量表可以反映出公司的资金需求的时间和数额，但却不能反映出它的真正用途。一般来说，应该给愿意或能够出借或投资的人每一项具体的资本需求。

选择恰当的资本构成，在风险投资家、投资公司、政府机构、公司、个人和银行中作出选择。

这些资金来源包括：

◆ 个人

企业家可以动用他们的银行存款、有价证券、保险单，或是用他们的房产作抵押借款。尽管这对许多个人来说是一种比较容易的资金来源，但是它对于个人及家庭的风险也是非常大的。

◆ 家人和朋友

关系好的家人和朋友的借款或是权益投资对许多个人而言，也是一个容易取得资金的来源。

◆ 非正式的私人投资人

这是许多企业筹集资金的一个普遍方式。事实上，某些行业或领域，在很大程度上依赖这些非正式的私人投资人。

◆ 商品（服务）的供货商

供货商通常会给处于成长期的企业以商业信用。而且，他们也乐意进行以物易物的交易，即公司收到他们的商品（服务），同时作为交换，向他们付出本公司的商品（服务）。在旅游行业，如餐饮、旅馆和设备租赁业，在很大程度上依赖于供货商。

◆ 雇员

有些公司所雇佣的雇员实际上可能想向公司投资。有资本投资的雇员可能会因有这种激励而工作起来更加卖力。这种资金来源可以使雇主取得一种低成本的资金来源。但一个最重要的考虑是，作为雇主，愿意在多大程度上放弃对公司的所有权和控制权。

◆ 特许人

一个企业可以用将其产品（服务）的某些权利，授予特许人的方式取得资金。连锁店、分支机构就是这种方式。

◆ 顾客

企业客户可能会在其本身毫无意识的情况下，以多种方式帮助公司筹集资金。旅游界时髦的"会员费"，常使用的预付款等实际上是为公司筹措资金。

◆ 商业银行

商业贷款是常用的选择。这种借入资金的成本可能比较高，并且银行可能会对借款者加上某些特定的限制条件。

◆ 政府

政府在推动企业发展时，常有重点发展某些行业的特定目的。政府能够向企业提供某些税务优惠措施，免费的或非常廉价的公用设施、劳务以及其他直接或间接的资金，提供贷款贴息，提供各种津贴和奖励。

在国外还有投机资本、共同承保或联合、公开上市、公司发行债券等形式的融资。

二、投资说明

1. 资金使用计划及进度
2. 投资形式
3. 资本结构
4. 回报／偿还计划
5. 资本原负债结构说明（每笔债务的时间／条件／抵押／利息等）
6. 投资抵押（是否有抵押／抵押品价值及定价依据／定价凭证）
7. 投资担保（是否有抵押／担保者财务报告）
8. 吸纳投资后股权结构
9. 股权成本
10. 投资者介入公司管理之程度说明

■ 财务分析

一、财务分析说明

二、财务数据预测

1. 销售收入明细表
2. 成本费用明细表
3. 薪金水平明细表
4. 固定资产明细表
5. 资产负债表
6. 利润及分配明细表
7. 现金流量表
8. 财务指标分析

◆ 反映财务盈利能力的指标
◆ 反映项目清偿能力的指标

■ 投资报酬与退出

主要告诉投资者如何收回投资、什么时间收回投资、大约有多少回报率等情况。

■ 结　论

对整个商业计划的结论性概括。

■ 附　件

　　附件是对主体部分的补充。由于篇幅的限制，有些内容不宜于在主体部分过多描述。把那些言犹未尽的内容，或需要提供参考资料的内容，放在附录部分，供投资者阅读时参考。

本章参考及进一步阅读的文献

　　1．国家科技风险开发事业中心，长春市科技局．商业计划书编写指南．电子工业出版社，2002

　　2．（英）马修·里科尔德（Matthew Record）．商业计划书英语写作规范．刘大为等译．经济科学出版社，2006

第六章　旅行社商业计划书大纲

■ 执行摘要
■ 公司概况
■ 服务
■ 市场分析
■ 策略和实施
■ 公司管理
■ 财务计划

1. 执行摘要
　1.1 目标
　1.2 任务
　1.3 成功的关键
2. 公司概况
　2.1 公司所有权
　2.2 创办中的企业摘要
　2.3 公司需要购买的设备
3. 服务
　3.1 服务描述
　3.2 竞争的比较
　3.3 销售文化
　3.4 履行服务
　3.5 技术支持
　3.6 将来的服务项目
4. 市场分析
　4.1 市场细分
　4.2 目标市场细分策略
　　4.2.1 市场需求

4.2.2 市场趋势

4.2.3 市场增长

4.3 行业分析

4.3.1 参加者

4.3.2 服务分销

4.3.3 竞争和购买的形式

4.3.4 主要竞争者

5. 策略和实施

5.1 价值定位

5.2 竞争优势

5.3 营销策略

5.3.1 策略陈述

5.3.2 价格策略

5.3.3 促销策略

5.3.4 分销策略

5.3.5 营销方案

5.4 销售策略

5.4.1 年销售目标（计划中）

5.4.2 每月销售（计划）

5.5 战略性联盟

5.6 里程碑

6. 公司管理

6.1 机构体制

6.2 人员计划

7. 财务计划

7.1 重要的假定

7.2 关键财务核定指标

7.3 盈亏分析

7.4 计划的利润和损失分析

7.5 计划的现金收支

7.6 计划的资产负债表

7.7 收益各项比率分析：风险，利润等

第七章　酒店企业商业计划书大纲

■ 计划书摘要
■ 企业概况
■ 企业产品及服务
■ 行业和市场分析
■ 营销战略与 CIS 计划
■ 项目建设计划
■ 发展战略及目标
■ 公司的管理
■ 财务分析
■ 融资要求及说明
■ 风险及对策
■ 附件附表

1. 计划书摘要
　　1.1 公司经营目标
　　1.2 项目建设内容与规模
　　1.3 项目财务预测
　　1.4 融资要求
2. 企业概况
　　2.1 企业基本情况
　　　　2.1.1 项目业主信息
　　　　2.1.2 公司历史沿革
　　　　2.1.3 公司组织结构
　　　　2.1.4 公司人员构成
　　2.2 企业经营业绩
　　2.3 公司管理团队
　　　　2.3.1 主要团队管理人员

12.1.10　工艺流程图

12.1.11　服务项目市场成长预测图

12.2　附表

12.2.1　主要服务项目目录

12.2.2　主要客户名单

12.2.3　主要供货商及经销商名单

12.2.4　主要设备清单

12.2.5　市场调查表

12.2.6　预估分析表

12.2.7　各种财务报表及财务预估表

第八章　互联网旅游企业商业计划书大纲

■ 概述
■ 项目背景
■ 项目介绍
■ 市场分析
■ 竞争分析
■ 商业实施方案
■ 技术可行性分析
■ 项目实施
■ 投资说明
■ 投资报酬与退出
■ 风险分析与规避
■ 管理
■ 经营预测
■ 财务可行性分析
■ 附件

1. 概述
　　1.1 项目简单描述
　　1.2 市场目标概述
　　1.3 项目优势及特点简介
　　1.4 利润来源简析
　　1.5 投资和预算
　　1.6 融资方案（资金筹措及投资方式）
　　1.7 财务分析（预算及投资报酬）
2. 项目背景
　　2.1 项目的提出原因
　　2.1 项目环境背景

　2.3　项目优势分析（资源、技术、人才、管理等方面）

　2.4　项目运作的可行性

　2.5　项目的独特与创新分析

3．项目介绍

　3.1　网站建设宗旨

　3.2　定位与总体目标

　3.3　网站规划与建设进度

　3.4　资源整合与系统设计

　3.5　网站结构／栏目板块

　3.6　主要栏目介绍

　3.7　商业模式

　3.8　技术功能

　3.9　信息／资源来源

　3.10　项目运作方式

　3.11　网站优势（资源／内容／模式／技术／市场等）

　3.12　无形资产

　3.13　策略联盟

　3.14　网站版权

　3.15　收益来源概述

　3.16　项目经济寿命

4．市场分析

　4.1　互联网市场状况及成长

　4.2　商务模式的市场地位

　4.3　目标市场的设定

　4.4　传统行业市场状况（网站市场资源的基础）

　4.5　市场定位及特点（消费群体、消费方式、消费习惯及影响市场的主
　　　　要因素分析、市场规模、市场结构与划分，特定受众等）

　4.6　市场成长

　4.7　本项目产品市场优势

　4.8　市场趋势预测和市场机会

　4.9　行业政策

5．竞争分析

　5.1　有无行业垄断

　5.2　从市场细分看竞争者市场份额

9.1　资金需求说明（用量/期限）

9.2　资金使用计划（即用途）及分期

9.3　项目投资构成和固定资产投资的分类

9.4　主要流动资金构成

9.5　投资形式（贷款 / 利率 / 利率支付条件；转股 / 普通股 / 优先股/ 认股权对应价格等）

9.6　资本结构

9.7　股权结构

9.8　股权成本

9.9　投资者介入公司管理之程度说明

9.10　报告（定期向投资者提供的报告和资金支出预算）

9.11　杂费支付（是否支付中介人手续费）

10．投资报酬与退出

10.1　股票上市

10.2　股权转让

10.3　股权回购

10.4　股利

11．风险分析与规避

11.1　政策风险

11.2　资源风险

11.3　技术风险

11.4　市场风险

11.5　内部环节脱节风险

11.6　成本控制风险

11.7　竞争风险

11.8　财务风险（应收账款 / 坏账 / 亏损）

11.9　管理风险（含人事 / 人员流动 / 关键雇员依赖）

11.10　破产风险

12．管理

12.1　公司组织结构

12.2　现有人力资源或经营团队

12.3　管理制度及协调机制

12.4　人事计划（配备 / 招聘 / 培训 / 考核）

12.5　薪资、福利方案

12.6 股权分配和认股计划

13．经营预测

13.1 网站经营

13.1.1 访问人数成长预测

13.1.2 会员增长预测

13.1.3 行业联盟预测

13.2 销售数量、销售额、毛利率、成长率、投资报酬率预估及计算依据

14．财务可行性分析

14.1 财务分析说明

14.2 财务数据预测

14.2.1 收入明细表

14.2.2 成本费用明细表

14.2.3 薪金水平明细表

14.2.4 固定资产明细表

14.2.5 资产负债表

14.2.6 利润及利润分配明细表

14.2.7 现金流量表

14.3 财务分析指标

14.3.1 投资回收期

14.3.2 投资利润率

14.3.3 投资利税率

14.3.4 不确定性分析

15．附件

15.1 主要经营团队名单及简历

15.2 专业术语说明

15.3 企业形象设计／宣传资料（标识设计、说明书、出版物、包装说明等）

第三篇
旅游项目可行性研究

第九章 项目可行性研究

■ 项目生命周期管理
■ 一般机会研究
■ 项目机会研究
■ 方案策划
■ 初步可行性研究
■ 详细可行性研究

■ 项目生命周期管理

项目是由一组有起止时间的、相互协调的受控活动所组成的特定过程，该过程要达到符合规定要求的目标，包括时间、成本和资源的约束条件。

项目是一次性的任务，它的单件属性决定了项目是一个确定的起始、实施和终结的过程，且在此过程中各个阶段的任务、各项工作之间是按照一定的顺序开展的。从开始到结束每个环节都有可描述的标志。项目都会经历启动、开发、实施、结束这样的过程，这一过程称为"项目生命周期"。

项目生命周期可以有不同的阶段划分方案，从方便管理的角度可以划分为概念阶段、开发阶段、实施阶段和结束阶段。每个阶段的目标、主要任务、可交付成果是有明显区别的。

一、概念阶段

1. 目标
定义和确定项目目标
2. 主要任务
（1）机会研究
◆ 一般机会研究

◆ 项目机会研究
（2）方案策划
（3）可行性研究
◆ 初步可行性研究
◆ 详细可行性研究
（4）项目评估
3．交付成果
项目章程、可行性研究报告。
项目概念阶段的核心过程如图 9.1。

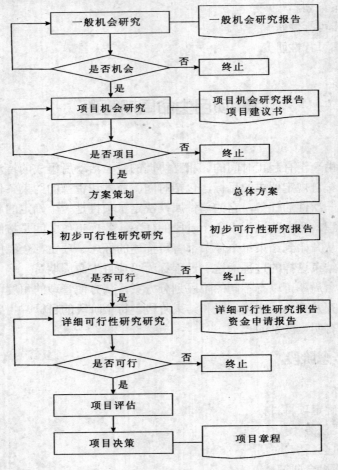

图 9.1　项目概念阶段的核心过程（引自《中国项目管理知识体系》，2008）

二、开发阶段

1．目标

完成项目计划的制定

2．主要任务

（1）组建项目核心团队

（2）建立工作分解结构

（3）任务分配

（4）活动排序/资源估计/时间估计

（5）集成项目各分项计划

3．交付成果

项目计划

三、实施阶段

1．目标

完成项目成果性目标

2．主要任务

（1）资源调查/跟踪进展

（2）偏差与趋势分析

（3）调整计划/纠正措施

3．交付成果

有待交付的项目成果

四、结束阶段

1．目标

利益相关者满意

2．主要任务

（1）项目验收与交接

（2）项目决算与审计

（3）项目总结与评价

3．交付成果

（1）已交付的项目成果

（2）项目验收报告^①

■ 一般机会研究

一、一般机会研究的概念、内容

项目机会研究的主要任务是捕捉商业机会，为资本投资方提出轮廓性的建议，通常分为一般机会研究和具体项目机会研究。

一般机会研究是项目机会选择的初级阶段，是投资者及商业研究机构通过收集大量情报，经过分析比较，从复杂速变的商业环境中甄别发展机会，形成比较明确的项目投资方向或项目投资意向的过程。

一般机会研究是全方位的搜索过程，主要包含以下内容：

1．地区研究

研究一个地区的区位、自然条件、人口、经济状况、社会发展水平、特殊要素等来选择投资方向。

2．资源研究

经济开发总是要依赖资源。既可依赖自然资源、社会资源、文化资源等有形资源，又可依赖政策、智力等无形资源；既可以依赖自有资源，又可依赖"进口"资源。

资源研究主要收集资源种类、储量、质量等级、可用程度、开发的便利性、利用现状、利用的限制因素、与其他资源的配合情况、在更大范围的竞争力等。

3．行业研究

行业不同，商业机会就不同，一般来讲夕阳行业商业机会要少，朝阳行业机会多；新技术行业投资回报率高，但风险也大，传统行业利润稳定等。行业研究主要关注行业特征、行业在国民经济中的地位、行业对区域的影响、增长力、利润水平、关联性等。

近年中国的观光旅游行业发展迅猛。旅游行业的3个主要领域——入境游、国内游和出境游得到了快速发展，旅游业规模无论从人数上还是收入上都不断扩大。目前我国旅游行业已经进入长期快速增长的上升通道。"十一五"时期是我国产业结构调整、构建和谐社会的重要时期，旅游业由于在增加就业、促进

---

① 中国（双法）项目管理研究委员会. 中国项目管理知识体系. 电子工业出版社，2008

农村发展、缩小地区差距、节约资源等多方面的优势,将获得良好的发展机遇,进入黄金发展期。预计"十一五"期间旅游收入年均增长 10%。而到 2010 年,中国旅游业总收入将达 12260 亿元人民币,年均增长 10%左右,相当于 GDP 的 7%。到 2020 年,中国将成为世界第一大旅游目的地国和第四大客源输出国,旅游业总收入将达到 25000 亿元人民币以上,年均增长 7%,占 GDP 的比重提高到 8%左右。2010 年和 2020 年国际旅游人数将分别增长到 10 亿人次和 15.6 亿人次,1995~2020 年的平均增长速度将达到 4.1%。

二、一般性机会研究的依据

一般性机会研究主要从地区、行业、资源等方面进行(图9.2)。

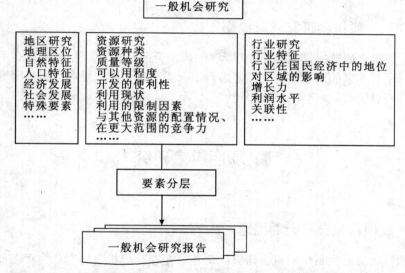

图 9.2　一般机会研究的研究结构(引自《中国项目管理知识体系》,2008)

地区发展中长期规划;

地区经济发展水平;

经济结构及其演变趋势;

产业配套、集群状态;

产品市场竞争力;

地区资源禀赋;

地区资源开发程度;

行业发展水平;

行业影响力；

政策支持力度；

突出的限制因子。

三、一般机会研究方法与工具

一般机会研究常用层次分析法。层次分析法将复杂的决策系统层次化，通过逐层比较各种关联因素的重要性来为分析、决策提供定量的依据。

这种方法的特点是在对复杂的决策问题的本质、影响因素及其内在关系等进行深入分析的基础上，利用较少的定量信息使决策的思维过程数学化，从而为多目标、多准则或无结构特性的复杂决策问题提供简便的决策方法。尤其适合于对决策结果难于直接准确计量的场合。

四、一般机会研究成果提交

一般机会研究提供的成果通常为《一般机会研究报告》。报告结论有两种情况：一是有明显的商业机会，需要进行下一道工序，即开展项目机会研究；二是没有明显的商业机会，研究停止。

■ 项目机会研究

一、项目机会研究的概念、内容

项目机会研究是一般机会研究的深化，是在一般机会研究认为存在商业机会的情况下，对一般机会研究提出的行业发展方向、项目投资领域做进一步的调查研究，经过方案筛选，将项目发展方向、投资领域概括为项目提案、项目建议。

项目机会研究的内容主要有市场研究、项目意向的外部环境研究、项目承办者研究等。

1. 市场研究

商业研究从来都最重视市场研究，只有具备良好市场前景的项目才是可供投资的项目。项目机会研究阶段的市场研究立足于宏观，要求把握市场总体和发展方向。

2. 项目意向的外部环境研究

项目开发既受市场环境、经济因素的影响，也受非市场因素影响。比如环境容量制约，民族、宗教的适应性等。

3．项目承办者研究

好的项目要有合格的承办者，承办者必须具备项目管理能力。

二、项目机会研究方法与工具

项目机会研究阶段常用的方法是 SWOT 分析法（图 9.3）。

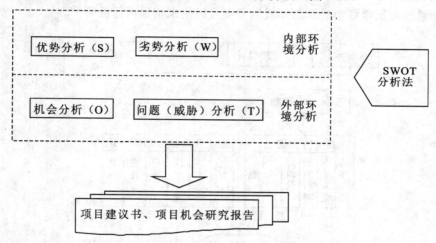

图 9.3　项目机会研究的结构（引自《中国项目管理知识体系》，2008）

三、项目机会研究成果提交

1.《项目机会研究报告》

报告结论有两种情况：一是投资方向正确、项目基本可行，需要进行下一道工序，即开展项目方案策划；二是项目没有优势，研究停止。

2.《项目建议书》

对于比较有优势、有一定把握的项目，项目机会研究可直接提交《项目建议书》。建议书要提出论证依据、初步比选方案。

通过项目机会研究将项目设想落实到项目投资建议，以吸引投资者的兴趣与注意。如果投资者对项目有信心、有兴趣，就可转入项目方案策划阶段。

■ 方案策划

方案策划是根据项目的功能要求和目标，进行总体规划与设计。多个建议方案经过比选形成总体规划方案（图9.4）。

通过方案策划形成的总体规划方案可以用来指导可行性研究。

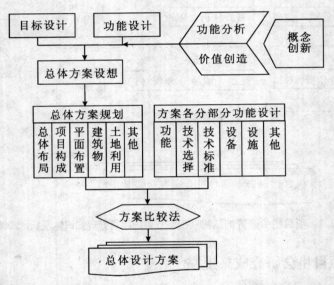

图9.4 方案策划的研究内容及其方法（引自《中国项目管理知识体系》，2008）

■ 初步可行性研究

对多数项目来讲，仅看机会研究是难以进行决策的，还需进行初步可行性研究。

一、初步可行性研究的概念

初步可行性研究是介于机会研究与详细可行性研究之间的一个中间阶段，

它是在项目方案确定之后，对项目的初步论证。

二、初步可行性研究的内容

初步可行性研究的内容和结构与详细可行性研究基本一致，但其深度有差异。初步可行性研究的内容主要有：对关键性问题进行专题性的辅助研究，论证项目的初步可行性，判断进行详细可行性研究的价值。

三、初步可行性研究的成果提交

1.《初步可行性研究报告》

对项目有了全面的描述、分析和论证。可以作为正式文件供决策时参考。

2.《项目建议书》

我国在项目可行性研究实践中往往要求提交《项目建议书》，特别是如果项目使用国有资金投资，则须编制项目建议书，其性质与初步可行性研究报告相同。

在我国，重点项目一般要在项目建议书被批准之后，才进行初步可行性研究。

■ 详细可行性研究

详细可行性研究，即通常所说的可行性研究。它是项目管理生命周期的关键环节，是概念阶段的核心成果，是项目决策的直接依据。

一、详细可行性研究的概念

详细可行性研究是在项目决策前对项目的技术、经济等方面条件和情况进行详尽、系统、全面的调查、勘测与分析研究，对各种可能的建设方案进行详细的比较论证，并对项目建成后可能产生的经济效益、国民经济影响、社会效益、环境影响进行预测和评价的一种科学分析过程和方法（图9.5）。

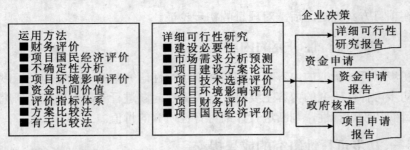

图 9.5   详细可行性研究的工作结构（引自《中国项目管理知识体系》，2008）

二、详细可行性研究的内容

1. 项目兴建的理由与目标

2. 市场预测

3. 资源条件评价

4. 规模与产品方案

5. 项目场地选址

6. 技术方案、设备方案和工程方案

7. 供应商

8. 公共与辅助工程

9. 环境影响评价

10. 安全维护

11. 组织机构与人力资源配置

12. 投资估算

13. 融资方案

14. 财务评价

15. 国民经济评价

16. 社会评价

17. 风险评价

18. 研究结论与建议

三、详细可行性研究的步骤

1. 可行性研究的委托与合同签订

2. 组织工作小组和指导计划

3. 调查研究和收集资料

4. 建设方案设计与优选
5. 环境影响评价
6. 财务评价
7. 国民经济影响评价
8. 编写详细可行性研究报告
9. 与委托方交换意见
10. 修改定稿

四、详细可行性研究报告成果提交

1.《详细项目可行性研究报告》
2.《项目申请报告》
3.《资金申请报告》

本章参考及进一步阅读的文献

1. 中国（双法）项目管理研究委员会. 中国项目管理知识体系. 电子工业出版社，2008
2. 贾静，罗马星. 项目策划. 知识产权出版社，2000
3.（美）帕维兹·F. 拉德（Parviz F.Rad）. 项目估算与成本管理. 北京广联达慧中软件技术有限公司译. 机械工业出版社，2005
4.（美）戴维斯（Tony Davis），（美）法罗（Richard Pharro）. 项目经理如何如鱼得水：项目关系管理. 常威译. 清华大学出版社，2004
5. 毕星，翟丽. 项目管理. 复旦大学出版社，2000
6. 简德三. 项目管理. 上海财经大学出版社，2001
7. 简德三. 项目评估与可行性研究. 上海财经大学出版社，2004
8.《投资项目可行性研究指南》编写组. 投资项目可行性研究指南. 中国电力出版社，2002

第十章 旅游项目可行性研究特征

■ 旅游项目可行性研究的特征
■ 旅游项目可行性研究中的常见问题
■ 旅游项目可行性研究质量差的原因

30 年来，中国的旅游业迅速发展，在最初的风景名胜区开发和文物古迹修缮之后，以深圳锦绣中华为标志，人造旅游景观掀起了建设热潮，并继而引发了微缩景观、影视城、健身娱乐、工农业旅游、红色旅游等新主题的旅游项目建设。除了景区景点等吸引物外，还立项建设了大量诸如度假村、酒店等旅游休闲设施、项目。

人造景观成功者有，失败者也不少。分析一些项目失败的原因，除了经营管理上的不足，关键是可行性研究未能起到应有的把关作用。有鉴于此，重视旅游项目的可行性研究，对其开展理论总结和方法提炼颇具紧迫性和现实意义。

可行性研究是确定建设项目前具有决定性意义的工作，是在投资决策之前，对拟建项目进行全面技术经济分析论证的科学方法。在投资管理中，可行性研究是指对拟建项目有关的自然、社会、经济、技术等进行调研、分析比较以及预测建成后的社会经济效益。在此基础上，综合论证项目建设的必要性、财务的盈利性、经济上的合理性、技术上的先进性和适应性以及建设条件的可能性和可行性，从而为投资决策提供科学依据。

可行性研究报告是在制定某一建设项目之前，对该项目实施的可能性、有效性、技术方案及技术政策进行具体、深入、细致的技术论证和经济评价，以求确定一个技术上合理、经济上合算的最优方案和最佳时机而写的书面报告。

可行性研究报告主要内容是以全面、系统的分析为主要方法，以经济效益为核心，围绕影响项目的各种因素，运用大量的数据资料论证拟建项目是否可行。对整个项目提出综合分析评价，指出优缺点和建议。为了结论的需要，往往还需要加上一些附件，如调查数据、论证材料、计算图表、附图等，以增强可行性报告的说服力。

投资可行性报告咨询服务分为政府审批核准用可行性研究报告和融资用可

行性研究报告。审批核准用的可行性研究报告侧重关注项目的社会经济效益和影响；融资用报告侧重关注项目在经济上是否可行。

■ 旅游项目可行性研究的特征

现有的旅游项目可行性研究，基本上是套用一般工业项目模式，对旅游行业特殊性研究不够，针对性不强。与工业项目相比，旅游项目在可行性研究上存在的特殊性主要表现在以下几个方面：

一、旅游项目可行性的主导因子

工业项目的可行性研究中，主导因子是核心技术、原料、能源供应保障与价格，它们共同决定技术可行性和市场竞争力。旅游项目依赖于目的地整体，其主导因子是目的地经济水平、区位条件、主题特色，三者共同决定市场规模，市场规模决定财务收益、社会效益和产品生命周期。

二、经济区位分析是关键

旅游项目的产品是一些不可移动的景观和设施，其消费特征是广大游客离开其常住地、到达旅游项目所在地才能购买消费，因而客源呈现随距离而衰减的现象。

项目区位不仅仅是交通的可达性问题。一个项目的区位可以分为大、中、小三个层面，首先是大尺度区位，也可称为宏观区位，大型项目一般要布局在经济发达、人口稠密、人力资源丰富的地区，发达地区筹集资金容易，关键是临近消费市场。像迪士尼乐园、嘉年华等只能在大都市布局。中尺度区位考虑的是距客源地的距离及旅游时间安排，一日游、二日游等。小尺度选址也称微观区位，考虑在城市、景区的具体位置，有的项目选址在车站、码头、机场等交通便捷之地；有的宜在环境相对幽静之处。

三、旅游项目可行性研究的关联性强

旅游项目的关联性体现为多个方面：

旅游项目必须注意与其他旅游景区点之间的关系，一方面要尽量避免同类主题项目近距离重复建设和恶性竞争，另一方面应注意与异类主题项目组合成旅游线共同促销。

　　旅游行业涉及面广泛，必须进行要素项目协调，重点是与已有的项目协调。譬如一个景区已经建设了宾馆，但其餐饮不是重点，就可以考虑新建特色餐厅。

　　旅游项目与环境、工业等其他项目也存在协调的问题。譬如一个湖泊，如果是城市水源保护地，想开发水上游乐就不可行。

　　旅游项目与工业项目有时也有矛盾。2007 年底，媒体热炒的山东乳山红石顶核电站就是一个典型例证。

　　1983 年，山东进行第一次核电厂选址普选，威海乳山红石顶被列入 6 个候选厂址之一。1995 年 8 月，红石顶通过国家审查，被确定为优选备选厂址。2005 年 10 月 9 日，中国核工业集团公司和山东省政府共同签订了一个共同促进山东核电发展的框架协议。2006 年 5 月 24 日，"山东红石顶核电有限公司筹建处"成立。2007 年 12 月 10 日，乳山市召开"两会"，政府工作报告提到，今后 5 年乳山工业发展的一个重点，就是以核电、风电为重点的新能源产业。核电站属于高科技企业，投资量大，资金密集。核电站建成，将极大地拉动当地经济发展。

　　乳山红石顶核电站如能顺利建设，对乳山产生的直接经济效益主要有：规划建设投资约 600 亿元人民币；每年能给乳山直接带来 2 亿的税收；每年能增加 5000 万元左右的教育附加费，可以极大地推动当地教育事业的发展；乳山红石顶核电站也必将拉动当地房地产业和服务业等各行业的发展。

　　乳山红石顶核电站建设不仅对当地有巨大利益，也对整个山东经济发展产生重大影响。发展核电被视为山东省优化电力结构，缓解环境压力的有效途径。山东目前电力主要是火力发电，结构单一。电厂主要分布在鲁西南煤炭资源丰富的地区，而负荷中心多位于胶东半岛和鲁中地区，电力分布与负荷分布、电网结构不相适应。山东是个煤炭消费大省，大部分煤用于燃烧发电。2007 年山东省的煤炭消耗量达到 2.2 亿吨，其中从外省调入 1.2 亿吨。按照山东经济发展规划，到 2010 年，山东的电力供应需要达到 5000 万千瓦才不会出现电力短缺，但目前只有 3000 万千瓦的供电能力。随着山东省经济社会的发展，迫切需要建设一个与全省发展相匹配的电力供应体系。如果再建设煤电项目（山东无发展水电的条件），从煤炭供应、淡水使用、环保和电网输送能力、国家产业政策等条件来看，都不符合现实情况。核电作为安全、清洁、高效、经济的能源，是目前最可行的替代能源。按照国家核电中长期发展规划，到 2020 年，我国建成的核电装机容量将达到 4000 万千瓦，并保持 1800 万千瓦的在建规模。我国已经过勘查、完成初步可行性研究的核电站厂址绝大部分分布在沿海。山东半岛 120 公里的基岩海岸线非常适合建设核电站，这为山东核电的发展提供了十分难得的机遇①。

　　这一具有重大经济与环境效益的工程，在断断续续准备了 25 年之后，却出现了反对之声，原因是乳山在距核电选址不到 10 公里处建设了银滩旅游度假区，2002 年 11 月国家旅游局批准银滩旅游度假区为国家 4A 级旅游区。反对建核电站的人，90%是在乳山购房置业的外地人。银滩被批准为 4A 级旅游区后，旅游度假并没有得到实质性的发展（长达 7 个月的冬春淡季很难发展度假旅游），而房地产开发借度假区之名吸引了来自全国各地的业主。大多数业主只在盛夏（7～8 月）来此度假，其他季节很冷清。旅游业对当地的经济贡献非常有限。由于常住人口很少，也不能带动地方服务业和社区的发展。

　　对地方政府来讲，为了一个名实不符的度假区，放弃先期投资高达 600 亿的项目是有困难的，牺牲已有的旅游项目是符合经济规律的，也是理智的。如果度假区在规划建设阶段就注意到核电项目已在论证的话，就可避免现在的矛盾。

四、旅游项目产品单一，易模仿，建设风险大

　　一般工业企业的产品是多品牌多品种，系列化的，对抵御市场风险有一定缓冲作用。旅游项目本身是单一的观光或服务产品，且缺少核心技术，易模仿，品牌建设困难（中国旅游 30 年发展，至今没有品牌企业、品牌产品）。一旦市场萧条则很受影响，新景观的塑造和娱乐设施的引进均耗资巨大，而部分更新又难以造成形象的革新，对市场的带动力有限。

五、多数产品即时消费，不能储存，重复消费性差

　　工业产品生产出来之后可销售，可储存，且具重复消费的性质，旅游产品则与此不同。景区、景点及多数服务项目（酒店床位、航班座位等），其价值不能延转，不能储存，不消费就作废。观光型景区游客重游率很低，游客忠诚难以培育。

六、客源市场预测困难

　　旅游客源市场前景预测极其困难，这一点对项目可行性研究十分重要。很多产品存在一个刚性需求量，旅游没有。粮食的刚性消费量与人口数正相关，弹性消费量与饮食结构、加工能力等有关，可以相对准确地预测。工业产品中的生产性物品与经济形势、进出口密切相关，可以预测；消费品预测要复杂一

---

① http://www.sina.com.cn 2007 年 12 月 12 日 02:06 中国青年报记者 郑燕峰

些，也可以预测。旅游活动影响因子众多，目前只知道与可支配收入、闲暇时间的关系最为密切，但影响机制并不清楚，其他影响因素，譬如文化、习惯、个人健康状况、家庭结构、偶然事件等无法量化研究，因此，预测某一个具体旅游项目的游客流量从理论上不可行，结果也不可信。

七、旅游项目财务评价期需具体分析

一般而言，工业项目的财务计算期为 20 年。旅游本身就是求异、求新的活动，变化快是其基本特点。在旅游项目的可行性研究工作中，从我国旅游历史记录和当前实践看，人造景观好像没有坚持到 20 年的，这就要求具体分析。

八、行业指标值不同，不同项目差异大

作为投资项目，可行性研究中均需将财务效益与一定标准相对照，旅游项目除了净现值大于零外，内部收益率等盈利能力指标不应机械搬用工业项目，而应采用旅游业实际数值。旅游业只是一个行业通俗的提法，它所包含的项目千差万别。以折旧而论，饭店的折旧非常快，景区景点相对较慢。

■ 旅游项目可行性研究中的常见问题

可行性研究的使命是为项目投资决策提供可靠的科学依据，客观、准确是其至关重要的灵魂。分析目前诸多旅游项目的可行性研究报告，往往存在一些问题和缺陷，影响了可行性研究的精度，集中表现在：

一、以规划的思路编制项目可行性研究报告

旅游规划是提思路，立规矩，着眼于宏观问题。项目可行性研究是论证项目在经济、技术、生态方面是否可以实施，重点在微观，两者完全不同。然而，现有的旅游项目可行性研究与规划基本一致，不论是文本格式，还是研究设计。

二、回避竞争分析

忽视周边地区同类旅游资源或项目的存在，不做客观的竞争势态分析，只谈当地的优势和强项，对其劣势及不足轻描淡写或避而不谈。

混同区域人口总量与游客数量，人人皆游客。在基础分析中以研究区域总人口代替潜在游客。

结构分析粗略，缺乏市场竞争分析。旅游目的地不是"孤立国"，市场覆盖区域也不是"均质区"。一个市场区域内如果目的地不止一处，就必须研究对市场的分割问题。

在一定的地域范围内，多个目的地等级不同，不同等级的目的地有不同的门槛和吸引范围。低一级目的地的吸引范围被高一级目的地的吸引范围所覆盖，从而形成层层嵌套的"六边形"服务范围。"市场六边形"理论，是市场区位论的核心思想，是世界公认的市场分析工具，但我国旅游市场研究中很少使用，目前主要使用的是不考虑竞争因素的"同心圆"模式，常用的方法以研究城市或景区为圆心，以不同距离或车程为半径画圆，分出一级、二级、三级市场……。

三、市场预测方法、模型简单化

旅游市场有广义市场和狭义市场之分。狭义的旅游市场，其组成包括旅游者、旅游购买力、旅游购买欲望和旅游购买权利等四项基本要素。我国的旅游市场研究尚没有涉及到复杂的广义层面，在狭义层面展开的研究又限于旅游者数量、购买力等项。研究形式可粗略地分为以全国抽样调查、各类规划为代表的有计划、有组织的研究；以论文形式发布的零星的个案研究；也有为产品销售、景区振兴等开展的专项研究，但数量不多。区域旅游开发中市场预测在客观上存在很多困难，如果主观上又不缜密，就会使预测变猜测，失去实践指导价值。

在连续性假设成立的情况下，真实数据信息的可获得性和足够长的超前时间是进行实际定量预测的两个必要条件。旅游市场的定量预测是外推预测，如果使用时间序列预测法，因要根据预测变量的历史数据的结构推断其未来值，所以正确识别历史数据的结构是科学预测的关键。若使用因果预测法，因是利用预测变量与其他变量之间的因果关系进行预测，所以核心问题就是正确确定因果关系。同时，以数据形式表示的旅游信息，总要受到随机性的干扰，预测方法应当具备跟踪数据水平变动和消除随机干扰的能力。

实践中，旅游市场预测，时间跨度都在 2 年以上，属于长期预测。长期预测主要受环境因素的变化趋势影响，倾向于描述性预测，而非精确的数值预测。旅游活动受外部环境影响很大，游客数量的变化是非线性的。区域旅游开发的中、远期市场需求量难以预测，区域范围愈小误差愈大，即便是国家层面，10年、20 年后的旅游情况也很难预测。尽管理论上的预测方法很多，但在实际的旅游市场预测中，目前基本是用一个"$y=a+bx$"模型。从统计理论上讲，这一模型过于简单，不能显示历史数据的结构，也不具备跟踪数据水平变动和消除随机干扰的能力，与复杂的旅游活动不适应。举个青海省旅游业发展规划（已出版）的例子，尽管当时预测的 2001～2005 年旅游人数年均增长率为 15%～25%，旅游收入年均增长率为 20%～40%已经很大胆了，但因青藏铁路建设、"环湖赛"等，使青海旅游业发展的外部环境突变，国内旅游进入"超速"发展阶段，2006 年主要宏观指标已突破预测中 2010 年的高方案规模。但同时，该规划中诸如入境旅游、旅游者人均花费、旅游业收入占 GDP 比重等，远低于预期水平。预测 2005 年海外旅游者 10 万人次，旅游创汇 2500 万美元，实际分别为 3.52 万人次、1102 万美元。2005 人均花费预测 420 元，实际为 313 元。入境旅游、国内旅游、人均花费及旅游业收入占 GDP 比重等由于它们各自的影响因素与机制互不相同，因而用同一个模型预测缺乏说服力，也不可能准确。

四、市场调查多流于形式，结果使用不当

大多数旅游市场研究有问卷调查内容，但基本流于形式。一是问卷数量太少，没有代表性。"中国 2006 年农村居民国内旅游者抽样调查"，全国调查人数仅 6302 人。二是调查时间难把握。我国的旅游季节性很强，加之假日安排的影响，淡旺季差异明显。实地调研往往时间短而集中，不能准确反映年内变化信息。还有问卷设计、调查方法的科学性以及可信度无法保证的问题也比较突出。还以"中国 2006 年农村居民国内旅游者抽样调查"为例，样本的省级分布欠妥，与人口数、经济发展水平、旅游发展水平（出游率）等无关。湖南样本数最大，为 666 人，远高于人口大省河南、山东，经济大省江苏、浙江。海南的样本数大于河北、浙江、东北三省及西北五省。

调查结果使用不当的问题也普遍存在。抽样调查所获得的数据属于横断面数据，横断面数据不能进行趋势预测，但是依据抽样调查所获得的数据进行预测在旅游市场研究中很流行。市场的细分研究普受重视，按国别、性别、年龄、文化程度、家庭收入、地域、出游目的、消费偏好等等，极其详尽。但在产品设计、市场营销、服务提升等流程中却避之不用，市场细分研究成为装饰品。

对预测误差、极端数据不做解释也是通病。科学的预测，其误差不可避免，但可以描述，因此有必要对研究结果存在的误差进行说明，因为它也是决策的参考。在统计实践中，个别特殊数据应该解释，如《2006 年中国城镇居民国内旅游出游及花费情况统计》表中，全国人均花费增长率 3.98%，昆明市 213.52%，是全国平均水平的 54 倍，这类数据如果不说明就失去了统计（学）价值。

五、市场细分不够

项目可行性研究应指出目标市场主体是什么？在何种地域？什么层面？现有的可行性研究报告比较笼统，往往只有一个总量指标。

六、系数测定主观性大，脱离实际

我国旅游市场研究主要包括游客规模、人均花费、旅游业总收入及旅游业总产出相当于 GDP 比重等四项。在模型一定的情况下，预测的可靠性与增长率测定有直接关系。我国旅游开发的政府主导战略，人为因素过多，许多地方一味追求规划目标高数据，预测者或迎合官员意图或因机构利益而人为地拔高目标数据，主观性太大。旅游人数、各类经济指标，甚至连旅游业总收入占 GDP 的比重都是"永远高速增长"。这种假定理论上不成立，预测结果与其现实发展水平、发展潜力不符，目标难以实现。以 2005 年旅游统计数据检验全国旅游业"十五"规划，预测 2005 年旅游业总产出相当于 GDP 比重将达到 5.6%，实际为 4.2%，低于预测基年（2000 年）的水平，省级区域完成该项目标者寥寥无几。我国处于快速工业化阶段，理论上旅游业总收入占 GDP 比重不可能持续上升。实际上"十五"以来，我国第三产业在国民经济中的比重一直在下降。旅游业在服务经济中的比重、在国民经济中的比重以及创汇比重都在下降。国内旅游人均花费 2001 年达到历史最高点为 449.5 元，此后先降后升，2006 年尚未达到 2001 年的水平。"十五"期间 5 年累计仅增加 9.5 元，考虑到 2003 年下半年之后物价上涨因素，实际是下降的。在旅游市场预测实践中，负增长率似乎是"难以接受的"。

七、项目财务计算期

工业项目和商业项目的可行性报告一般均以 20 年为计算期，有其行业发展条件，但旅游建设项目目前也一律以 20 年计算，则脱离了实际。

八、随意夸大或缩小投资规模

夸大是为了大造声势，力求形成开业后的轰动效应，其具体做法是提高土地价格，并把周边的房地产开发投资全部包括进去；缩小投资规模往往是开发商采取的规避政策限制的手段（如征地规模），采用"化整为零"、"分期建设"等手段缩小投资规模，通过部分项目的上马造成既定事实。

■ 旅游项目可行性研究质量差的原因

旅游项目可行性研究中的失误，有的是客观原因，难以避免。譬如开发历史短，资料积累不够。游客的活动影响因子多，多数又难以度量。有些是主观原因造成，包括研究团队水平不够、态度不严谨等。承担单位或当地政府部门在明知风险很大甚至不可行、时机尚不成熟的情况下，违背可行性研究应有的客观原则，以获准批建为目的，生编硬造。究其主观动机。可分为以下几种：

一、项目本身动机不纯

不少项目名义上是旅游项目，但投资商、地方政府的真实意图五花八门。投资商以建设旅游项目名义获取地皮，屯地倒卖、炒作房地产很普遍。由于一些地区大力鼓励发展旅游项目，一些投资商以此手段获得大块地段，而后建设大量花园别墅、住宅小区乃至综合性大厦，原先图纸上的旅游项目只建在一个小角落甚至无影无踪。

二、以招商为目的的"假可研"泛滥

招商引资在我国地方政府绩效管理中占有极其主要的地位，政府部门及其领导以招商引资为自身成绩之一，因而抱着能吸引到资金就是成功、吸引不到也无多大损失的心理，对于投资的财务效益并不关心，在这种情况下，可行性报告的可靠性自然不高。

三、编制单位没有科学立场

"旅游就是无中生有"的谬论在中国旅游界流行甚广，管理部门、业界甚至学界以"忽悠"为能力，放弃科学立场。承担单位接受委托，不进行科学的调查、分析，主观编制旅游项目可行性报告。

第十一章 旅游项目可行性研究的内容

- ■ 项目总论
- ■ 项目背景和发展概况
- ■ 市场分析与建设规模
- ■ 选址与土地
- ■ 项目技术方案
- ■ 环境保护
- ■ 企业组织和人力资源
- ■ 项目实施进度安排
- ■ 投资估算与资金筹措
- ■ 财务与敏感性分析
- ■ 可行性研究结论与建议
- ■ 可行性研究附件

一般来说，旅游项目可行性研究报告包括以下内容，当然也视项目本身的大小、性质，可繁可简，特殊项目不应拘泥于形式。

■ 项目总论

总论作为可行性研究报告的首章，要综合叙述研究报告中各部分的主要问题和研究结论，并对项目的可行与否提出最终建议，为可行性研究的审批提供方便。总论部分可根据项目的具体条件，参照下列内容编写。

一、项目背景

1. 项目名称

企业或工程的全称，应和项目建议书所列的名称一致。

　　2．项目承办单位

　　承办单位指负责项目筹建工作的单位（或称建设单位），应注明单位的全称和总负责人。如承办单位属集团公司下属机构，应显示集团或公司的名称、地址及法人代表。中外合资项目应注明中外方的所属机构、国籍。

　　3．项目主管部门

　　旅游项目涉及主管部门众多，有的由单一部门主管，有的多个部门交叉管理，因此必须注明项目所属的主管部门与相关部门。

　　4．项目拟建地区、地点

　　5．承担可行性研究工作的单位和法人代表

　　如由若干单位协作承担项目可行性研究工作，应注明各单位的名称及其负责的工程名称、总负责单位和负责人。如与国外咨询机构合作进行可行性研究，则应将承担研究工作的中外各方的单位名称、法人代表以及所承担的工程、分工和协作关系等，分别说明。

　　6．研究工作依据

　　在可行性研究中作为依据的法规、文件、资料，要列出名称、来源、发布日期。并将其中必要的部分全文附后，作为可行性研究报告的附件，这些法规、文件、资料大致可分为四个部分：

　　（1）项目主管部门对项目的建设要求所下达的指令性文件；对项目承办单位或可行性研究单位的请示报告的批复文件。

　　（2）可行性研究开始前已经形成的工作成果及文件，譬如旅游规划。

　　（3）项目拟建地区的旅游发展政策、法令和法规。

　　（4）根据项目需要进行调查和收集的各类专题资料。

二、可行性研究结论

　　论述项目建设的必要性。简要说明项目在行业中的地位，该项目是否符合国家、地区产业政策，技术与环境条件是否可行，项目拟建的理由与重要性。在可行性研究中，对项目的可利用资源保障、生产（接待）规模、选址方案、资金总额及筹措、项目的财务效益，对地区经济、社会人文的影响，对环境生态有无负面作用，是否可控，都应得出明确的结论，需对有关部分的研究结论作简要叙述，并提出最终结论：可行或是通过采取措施可行抑或是不可行。

　　1．市场预测和项目规模

　　（1）市场规模分析。

　　（2）市场细分。

　　（3）产品定价、销售渠道及销售收入预测。

（4）项目拟建规模及分期建设的时间安排。

2．项目基础条件保障能力

（1）水、电、环卫设施。生态环境良好的地区往往远离城市，基础设施落后，要考虑其保障能力。

（2）项目区可进入性，譬如一个接待服务设施尽管有高速公路过境，但附近没有出口就有问题。

3．选址

旅游项目服务的对象是人，因此选址非常关键。酒店、景区点、娱乐设施的经营情况与区位密切相关。选址包括地理位置、占地面积及是否可得。可得与否与用地规划、城市规划、土地权属性质等众多要素相关，缺一不可。

选址还要考虑与其他要素的关系。譬如风景区的核心区、保护区的核心区不容许建设宾馆等。

4．项目工程技术方案

（1）有的项目（旅游用品、纪念品加工）需要生产设施、辅助设施、公用工程、生活设施等内容。

（2）有的涉及采用先进技术，如网络预定等。

5．环境保护

排放污染物的种类、数量，是否达到国家规定的排放标准。

工程施工是否影响景区景观效果。

主要治理设施及投资。

6．企业组织及人力资源

旅游业是典型的劳动密集型产业，能否招到合格的员工需考虑。

7．项目建设进度

8．投资估算和资金筹措

（1）项目所需总投资额。分别说明项目所需固定资产投资总额、流动资金总额。

（2）资金来源、投资方式和投资方向。

9．项目财务和经济评论

（1）项目总成本、单位成本。

（2）项目总收入，包括销售收入和其他收入。

（3）财务内部收益率、财务净现值、投资回收期、贷款偿还期、盈亏平衡点等指标计算结果。

（4）经济内部收益率，经济净现值、经济换汇（节汇）成本等指标计算结果。

10. 项目综合评价结论

11. 主要技术经济指标表

在总论部分中，可将研究报告各部分中的主要技术经济指标汇总，列出主要技术经济指标表，使审批和决策者对项目全貌有一个综合了解。

12. 存在问题及建议

对可行性研究中提出的项目的主要问题进行说明并提出解决的建议。

■ 项目背景和发展概况

这一部分主要应说明项目的发起过程、提出的理由、前期工作的发展过程、投资者的意向、投资的必要性等可行性研究的工作基础。说明项目提出的背景、投资理由、重要问题的决策和决策过程等情况。在叙述项目发展概况的同时，应能清楚地提示出本项目可行性研究的重点和问题。

一、项目提出的背景

1. 宏观发展规划

目前，我国县及其以上地方政府基本完成了旅游总体规划，有的已修编过多次，分析项目是否符合这些宏观规划要求。

2. 项目发起人和发起缘由

（1）写明项目发起单位或发起人的全称。如为中外合资项目，则要分别列出各方法人代表、注册国家、地址等详细情况。

（2）提出项目的理由及投资意向，如资源独特、市场前景好、利用现有的基础设施等。

二、项目发展概况

项目发展概况是指项目在可行性研究前所进行的工作情况。如：调查研究、项目建议书（初步可行性研究）的撰写与审批过程、筹办工作中的其他重要事项。

已进行的调查研究项目及其成果是重点。

1. 资源调查

2. 市场调查

3. 社会公用设施调查

4．拟建地区环境现状资料的调查

三、投资的必要性

一般从企业本身所获得的经济效益及项目对宏观经济、对社会发展所产生的影响两方面来说明投资的必要性。包括下面这些内容：

1．企业获得的利润情况

2．对当地经济、社会发展的积极影响

包括增加税收、增加就业、提高居民生活质量等。

■ 市场分析与建设规模

市场分析在可行性研究中的重要地位在于，任何一个项目，其规模的确定、投资估算，都必须在对市场需求情况有了充分了解之后才能解决。市场分析的结果，还可以决定产品的价格、销售模式、营业收入，最终影响项目的盈利性和可行性。在可行性研究报告中，要详细阐述市场需求预测、价格分析，并确定建设规模。

一、市场调查

市场调查是了解旅游者需求的有效手段，是项目决策的科学依据。项目的市场调查与目的地或区域旅游规划的市场调查不同，要有很强的针对性。

1．拟建项目特点分析

本产品的主要特点，是观光类产品、度假类产品、会议接待、散客接待。项目建成后满足什么类型的旅游者、消费者。

2．同类产品的市场满足情况调查

3．现有同类产品供应规模（接待能力）及销售情况调查

4．替代产品、模仿风险调查（旅行社的线路产品就极易模仿）

5．产品价格调查

二、市场预测

市场预测是市场调查在时间和空间上的延续，是利用市场调查所得到的信息资料，根据市场信息资料分析报告的结论，对本项目产品未来市场需求量及相关因素所进行的定量与定性的判断与分析。在可行性研究工作中，市场预测

的结论是制订产品方案、确定项目建设规模所必需的依据。

可行性研究工作中，应对下述各项与市场预测有关的因素加以说明：

1．产品的消费对象群

2．产品的消费条件

消费条件因产品特点性能而异，如海滨度假区的海水浴场，其消费需要具备相应气候条件，我国长江以北的海域一年中有八个月以上的时间因气温、水温低不能游泳。预测某一种产品的市场需求量时，应将那些不具备消费条件的消费领域或时间段从消费对象总量中剔除掉。

3．产品更新周期的特点，说明本产品有效经济寿命的长短

4．可能出现的替代产品，即代用品

如入藏旅游者，早期带像枕头一般的氧气袋，现在则是更为轻便、体积小的氧气瓶了。

根据以上分析，提出预测的产品国内需求量及与现有市场供应和满足市场的差距。

5．价格预测

进行产品价格预测，要考虑产品质量、同类产品目前价格水平；还要分析市场价格变化趋势，国家的物价政策变化（博物馆、城市公园免费，景区门票价格听证……），产品全社会供需变化等因素；产品降低生产经营成本的措施和可能性；为扩大市场需采用的价格策略等。综合以上因素，预测产品可能的销售价格。

三、市场推销战略

在市场经济环境中，企业要根据市场情况，制定合适的销售战略，争取扩大市场份额，稳定销售价格，提高产品竞争能力。因此，在可行性研究中，要对市场推销战略进行相应的研究。

1．推销方式

（1）分销渠道。

（2）企业自销。

（3）经销人代销及代销人情况分析。

2．推销措施

（1）销售和经销机构的建立。

（2）销售网点规划。

（3）广告及宣传计划。

（4）咨询服务和售后服务。

3．促销价格制度

促销价格制定可根据市场销售预测情况确定，一般用于产品投产初期，以较低价格、同等质量、优良的售后服务扩大市场占有份额。

投产初期产品以较低价格出售，会对销售收入产生影响，因此价格制定要合理，并应采取相应的成本控制措施。在一定时期后，可根据产品销售情况逐渐将产品价格提高到一定水平。

4．产品销售费用预测

产品销售费用包括建立销售机构、销售网点、培训销售人员、产品广告宣传、咨询及售后服务费用，在可行性研究中，应根据制定的产品销售计划，分别估算产品销售费用。对某些旅游产品，销售费用在成本中是占很大比例的。

四、建设方案和建设规模

1．建设方案

项目的建设应提供几个备选方案，供决策时选优。

2．建设规模

建设规模，是指项目生产一定质量标准的产品的最大能力。一般用实物单位来计量，譬如酒店的床位数、景区的接待能力、高尔夫球场的球洞数等。

同时说明项目经济规模、不同规模下项目效益与费用的比较分析，说明本项目确定的建设规模的合理性。

如果项目采用分期建设方法，应说明项目总规模、分期建设规模并说明分期建设的起止时期和各期建设的主要内容。

五、产品销售收入预测

根据确定的产品方案和建设规模及预测的产品价格，可以估算产品销售（经营）收入。

产品销售（经营）收入可以分别计算主要产品（服务）的年销售总收入，并计算销售收入和计算期内销售总收入，销售收入一般列表表示。

■ 选址与土地

有些项目需要占用土地，就需确定选址方案并进行土地获得问题的研究。

一、建设地区的选择

酒店建设方面有一句格言，叫做"开设一家酒店时需要重点考虑的三个问题，一是地址，二是地址，三还是地址"。地址的选择之所以如此重要，是因为企业一旦建起来，要想更改地址不但困难重重，而且代价巨大。选址的好坏会直接影响企业的经营绩效，甚至生存能力。

选址不仅在理论上重要，实践中也多有验证，很多倒闭的企业就与其选址错误有关。我国旅游界对选址的研究极其薄弱，个人分析认为，其原因一是旅游现属于工商管理类学科，而管理学从来都是忽视空间和选址问题的；二是实践机构不论从能力上，还是精力上都难于完成这样的任务。

然而，在区域经济、商业地理领域，选址问题的研究有丰富的成果积累。旅游研究者可以从中学到很多有用的知识与技巧。

选择建设地区，除须符合产业布局、地区规划外，还应考虑市场范围、交通和环境保护等多要素。其原则是：

◆ 自然条件适合于项目的特定需要和排放要求；
◆ 具有良好的投资环境和公共政策，交通条件优越；
◆ 有可供利用的社会基础设施和条件；
◆ 土地使用有优惠条件，可不占或少占良田，水文地质条件符合要求。

1．自然条件

（1）拟建地区的地理位置、地形、地貌基本情况和区域地质、地震、防灾等历史数据。

（2）水源和水文地质条件调查分析。包括地面水或地下水量和水质的分析、在枯水期的可能供应量及水质变化、地区今后水源开发和可利用水量增长情况。

（3）气象条件。收集分析地区气温、湿度、降水量、日照、风等资料，对需要增设防风、高温、严寒、改善光照等设施的地区，需进行费用估算。

2．基础设施

叙述拟建地区与项目直接有关的公用事业及基础设施的情况和可供利用的条件，从不同地区、不同条件中选取最有利的地区。

（1）供电、电源情况，近远期可能的供电量及电压，费用及计费方式，供电部门的要求。

（2）供水、水源情况，近远期可能的供水量及水质，费用及计算方式，供水部门的要求。

（3）排水条件，当地环保部门对污水排放的要求等。

（4）电信、供热、供气等公用设施及可利用的种类、容量、技术特征等。

（5）施工条件包括建筑材料的供应条件、施工运输条件等。在一些特殊地区要考虑设计的合理性。有家旅游策划公司给甘肃庆阳某红色旅游景区设计了一条几十公里的水泥路，可是这里是中国最典型的黄土高原区，方圆两百公里内没有砂石、没有水泥。

（6）市政建设及生活设施。包括当地的卫生、邮电、文化教育等。

3．社会经济条件

社会经济条件主要指地区的经济发展水平及近远期发展规划、与本项目有关的现有项目等。基本要求是：

（1）要有足够的门槛人数；

（2）影响范围要足够大；

（3）形成一定的层级体系。

4．其他应考虑的因素

项目选择建设地区还应考虑其他特殊的要求。如风景区、名胜古迹、自然保护区、生活饮用水源的卫生防护地带等不容许大规模建设。

二、具体选址

进行可行性研究时，应提出具体选址的推荐建议；对选址的各种条件需作详细勘查和落实，最终确认选址，标定四周界址。

土地可得性与费用是选址最重要的影响因子，选址应进行多方案比较。

不同的项目，对地址的要求各不相同，应具体分析。

以度假区选址来说，首先考虑主导影响因子，同时考虑配套条件。

旅游度假区选址的主导因子是资源条件与区位。旅游度假区选址的资源要综合分析如下四个方面：适宜的度假气候、优美的自然风光、有丰富的可供开展特色室外活动的体育健身资源、文化旅游资源。

旅游度假区的开发区位因素主要从下述四个方面予以评价：经济水平、客源分布、交通状况、基础设施等[1]。

旅游度假区应选择设立在旅游资源丰富、经济发达、交通便捷和有持续发展后劲的地区。旅游资源丰富，是指具有较高质量的文化旅游资源和开展度假休闲的自然旅游资源，且资源品位高，开发利用价值大。经济发达，是指对外开放程度高，商贸活跃，开发建设的基础条件好。交通便捷，是指可进入性强，航空、航运、铁路和公路四通八达。有持续发展后劲，是指旅游业已发展到一定规模，并且有稳定的海内外客源市场基础，开展度假休闲旅游可以进一步拓

① 刘家明，季任钧．旅游度假区开发的选址研究 [J]．人文地理，2001（6）

展市场与产品的发展空间。

世界旅游组织编写的《国家和地区旅游规划：方法与实例分析》一书，提出了综合度假区选址的 10 条标准[①]：

◆ 度假区应位于某个特色旅游景区内，或是附近地区，比如沙滩、滨海地区、滑雪坡以及主要的考古遗址与历史遗迹。但是，旅游业的发展不能威胁这些特色地区的周边环境，应与之保持一定距离。

◆ 适宜的小气候条件。气候条件影响旅游的发展类型。当地的气候条件可能随着地形的差异有明显变化，因此在选址时要充分考虑气候因素。

◆ 所选择的地点及其周围宜人的自然环境。

◆ 有充足可供开发利用的土地资源。有经济实力购买和开发这些土地资源，而且要确保这些土地资源没有其他更为重要的经济价值和保存价值，或是其他的利用价值。

◆ 从游客通道到达该地区，以及从该地区到达其他旅游景点的交通状况或者是潜在状况比较便利。

◆ 现有基础设施开发具有可得性与可行性。如充足的水源、电力资源、污水和废物处理系统以及通讯系统。

◆ 该地区在整体环境上适合度假区开发，而且还要能够协调周边的土地使用情况。也就是说不会造成环境污染。

◆ 要保证旅游度假区的开发不会对当地环境带来任何负面效应，进行合理的环境规划与管理。

◆ 要充分考虑附近居民对旅游业发展持积极支持态度，以及他们想从事旅游业的强烈愿望。

◆ 要保证周边地区有充足的人力资源市场。

餐饮企业的选址，麦当劳具有典型性。仔细观察麦当劳快餐厅在城市的扩张，人们惊奇地发现，麦当劳快餐厅几乎都是建在大型商业设施旁边。

以大型商业设施为依托比较容易获得客源。因为人们选择快餐往往是顺便而就，而不会单独计划去某处快餐厅就餐。麦当劳的经营者深谙经营之道，熟知顾客这一心理，把店址选在大型商业设施旁边，在弥补大型商业设施餐饮功能不足的同时，与其共同形成了对顾客更强的吸引力，不仅增加了大型商业设施的顾客流量，给大型商业设施带来了销售效益；也使顾客比以往更愿意到有快餐厅的大型商业设施去购物。与此同时，也相对简化了选址的工作程序和工作量。麦当劳快餐厅定位于大型商业设施旁边，可以省去许多环节，只要详细分

---

① 世界旅游组织. 国家和地区旅游规划：方法与实例分析. 电子工业出版社，2004

析大型商业设施的客流量及其构成，大商店的经济效益即可。

但是麦当劳的选址模式是针对快餐店的，对其他餐饮企业又不适合。

零售业连锁企业有不同于餐饮企业的选址要求，沃尔玛选址考虑的因素有：

◆ 城市的现有格局：城市的人口、城市面积、市区面积、市区人口（外来人口的比例、从事行业、人均收入、市民基本消费情况、倾向、消费区域的选择）；

◆ ××年规划人口数量及城市规划、商业规划；

◆ 城市在全国、全省的经济排名及地位；

◆ 社会生产总值、人均 GDP、增长比例、居民人均收入；

◆ 城市居民人均可支配收入、居民人均消费支出、消费结构、消费水平、增长比例；

◆ 社会零售总额、增长比例；

◆ 主要产业、产业结构、三产发展模式、比率及增长速度；

◆ 交通条件；

◆ 肯德基、麦当劳等的数量，其他中西餐饮布点情况，各地主要大型餐饮位置、地点；

◆ 私家车的比例；

◆ 已开业的大超市名称、开业时间、面积、营业额、各时段收入量；

◆ 即将开业的大超市的名称；

◆ 城市发展规划（例如工业往哪里发展，住宅往哪里发展）；

◆ 市区住宅平均售价、商圈内住宅平均售价；

◆ 商圈的等级和发展机会及成长空间；

◆ 主商圈位置、规模、组成等、商圈定位、功能；

◆ 市区内商铺平均售价、商铺销售、租赁价格、租赁状况、物业属性；

◆ 商铺档次结构，区域商业消费习惯，对高、中、低档的商业消费比例的需求；

◆ 现有超市和商场数量、规模、品牌，主要竞争对手、区域等；

◆ 项目所在城市对周边城市、乡镇的商业辐射；

◆ 城市人均商业面积多少，区域市场的商业物业的饱和度；

◆ 城市基础建设情况、城市基础建设规划；

◆ 政府是否大力支持此项目及优惠措施；

◆ 外商投资项目数量及实际引进外资金额、外商企业名称；

◆ 外商投资优惠政策，及其他外资项目情况；

◆ 市区内公交线路的数量，在项目周围 500 米内现有几条线路、未来三年内拟增设的公交数量；

◆ 以项目为中心，2公里为半径商圈内的人口数量；

◆ 以项目为中心，2公里为半径商圈内，过去三年、未来三年内人口增长的数量，未来五年内人口增长的数量；

◆ 该区内的人均可支配收入；

◆ 地块面积、周边道路路宽与流量、地块长度比等、周边人口与组成等。

■ 项目技术方案

　　旅游项目往往给人的印象多是些服务项目，没什么技术。但是随着旅游业的拓展，项目类型也越来越多，有些也需要研究其技术的可行性与风险。

■ 环境保护

　　在项目建设中，必须贯彻执行国家有关环境保护的法规、法律，对项目可能对环境造成的近期和远期影响，都要在可行性研究阶段进行分析，提出防治措施，并对其进行评价，推荐技术可行、经济、布局合理、对环境的有害影响较小的最佳方案。按照国家现行规定，凡从事对环境有影响的建设项目都必须执行环境影响报告书的审批制度。同时，在可行性研究报告中，对环境保护要有专门论述。

　　旅游项目常常依靠各类风景名胜区、自然保护区、文物，更要进行环境保护研究。

一、建设地区的环境现状

二、项目主要污染源和污染物

三、项目拟采用的环境保护标准

四、治理环境的方案

　　（1）项目对周围地区自然环境可能产生的影响。如森林公园项目对植被破坏，影响野生动物、植物繁殖和生存等，防范和减少这种影响的措施。

（2）项目对周围自然保护区、风景游览区、名胜古迹等可能产生的影响，防范和减少这种影响的措施。

（3）各种污染物最终排放量对周围环境的破坏程度及其污染物的治理措施和综合利用方案。

（4）环境绿化、美化措施。

五、环境监测制度的建议

（1）监测机构的设置和设备选择。

（2）监测手段和监测目标。

六、环境保护投资估算

简要分析环境对经济损益的影响。对可以量化的环境影响，可将其计算并列入经济评价中现金流量表内进行分析。

七、环境影响评价结论

■ 企业组织和人力资源

在可行性研究报告中，根据项目规模、项目组成和技术，研究提出相应的企业组织机构、人员总数、来源及相应的人员培训计划。

一、企业组织

二、人员需求预测

预测项目建设期人员需求量、获得途径。旅游企业雇佣人员多，工资支出比例大，要分人员类别，估算年工资总额。

三、人员培训及费用估算

1. 需培训的人员总数
2. 培训方式
3. 培训计划

4. 培训费用

■ 项目实施进度安排

项目实施时期的进度安排也是可行性研究报告的一个重要组成部分。所谓项目实施时期可称为投资时期，是指从正式确定建设项目（批准可行性研究报告）到项目达到正常经营这段时间。这一时期包括项目实施准备、资金筹集安排、勘察设计和设备订货、施工准备、施工和生产准备、试运行直到竣工验收和交付使用等各个工作阶段。这些阶段的各项投资活动和各个工作环节，有些是相互影响、前后紧密衔接的；也有些是同时开展、相互交叉进行的。因此，在可行性研究阶段，需将项目实施时期各个阶段的各个工作环节进行统一规划、综合平衡，作出合理而又切实可行的安排。

一、项目实施的各阶段

1. 建立项目实施管理机构

根据项目不同，新项目可以由业主指定项目实施管理机构；改扩建和技改项目可在老企业内专门成立筹建小组，筹建小组的任务是办理勘察设计和施工的委托手续及签订相应的合同和协议（一般是通过招标、投标和评标来确定的）；参加地址选择；提供设计必需的基础资料；申请或订购设备和材料；负责设备的检验和运输；承担各项生产准备工作。

2. 资金筹集安排

项目资金的落实包括总投资费用（固定资产投资和流动资金）的估算基本符合要求和资金来源有充分的保证。在可行性研究阶段要撰写投资估算，并在考虑了各种可行性的资金渠道的情况下，提出适宜的资金筹措规划方案。在正式确定建设项目和明确了总投资费用及其分年度使用计划之后，即可立即着手筹集资金。

3. 技术（服务）获得与转让

技术（服务）获得和转让是实施时期的一个关键要素，选择的技术（服务）将涉及到法律、经济、财务和技术等许多方面。当从国外引进专有技术（服务）时，与国外供应商的谈判有时需要很长的时间，有时还要解决法律问题。如果技术（服务）供应商标的合同责任中含培训，那就应该包括在培训计划中，可行性研究中应包含与项目选择有关的技术（服务）获得与转让有关的计划时间和费用。分配给项目详细设计的计划时间，将取决于技术（服务）种类及其复杂性。

4. 勘察设计和设备订货

有场地、房产建设任务的旅游项目，在设计工作开展的过程中，要委托进行必要的现场勘测工作。要提出设备、材料订货清单和非标准设备制造图纸。勘测精度要与设计阶段相适应，设计阶段的划分可根据不同项目区别对待。

有特殊设备要求的项目，设计进度要充分考虑设备询价和特殊设备的预订货时间以及取得设备资料的时间。

订购设备要考虑设备到达时间和安排顺序。当引进国外设备时，还要考虑到向国外有关公司进行询价、谈判（技术谈判和商务谈判），比选和签订合同所需要的时间，以及办理各种审批手续所需的时间。

5. 施工

项目初步设计和总概算一旦批准之后，即可着手进行施工，施工包括的主要工作内容有选定施工单位和签订施工合同、施工。

6. 营业准备

二、项目实施进度

在可行性研究报告中，根据分别确定的项目实施各阶段所需时间，撰写实施进度表，项目实施进度表有多种表示方法。在我国，多年来一直采用的方法是横道图。近年来，网络图在一些行业中也开始应用。

简单项目的实施进度可用横道图，复杂项目的实施进度可用网络图。为避免项目实施工程中费用和时间的浪费，保证各项作业活动能前后左右地协调配合，利用网络图可以模拟实施项目的各种不同方案进行筛选。

1. 横道图

横道图是一种最简单的方法。它可适用于各种项目，这种图表可以表示建设项目的计划任务、计划进度和实际记录等具体内容。它是把项目实施计划分为若干项（作业活动或工作单元），用横坐标表示时间，纵坐标表示各项作业活动，每项工作用一横道表示，横道两端表示该项作业活动的起、止时间；其长度即完成该作业活动所需时间。

2. 网络图

对于包括许多相互关联并连续活动的复杂的综合建设项目和对实施进度有要求的项目，需要使用网络图。应用统筹方法对项目实施进度作出安排。关键路线法（CPM）和项目评审技术（PERT）是应用网络图的两种方法，网络图多用于施工阶段的项目规划与控制。目前在可行性研究阶段，一些行业也有所应用。

三、项目实施费用

项目实施费用是指项目从筹建开始直到项目建成投产以前整个实施时期的筹建费用。这部分费用应包括在项目固定资产投资估算的第二部分，即其他建设费用中。

■ 投资估算与资金筹措

项目的投资估算和资金筹措分析，是项目可行性研究内容的重要组成部分，要计算项目所需要的投资总额，分析投资的筹措方式，并制定用款计划。

一、项目总投资估算

建设项目总投资包括固定资产投资总额和流动资金。

1. 固定资产投资总额

固定资产投资总额由固定资产投资、建设期利息等组成，在可行性研究报告中要分别估算，并汇总为固定资产投资总额。

（1）固定资产投资。根据前述各部分中估算的费用额，估算固定资产投资。

①工程费用

分为建筑工程、设备购置、安装工程、其他四项费用。

②其他费用

除了将前几部分中已估算的费用进行汇总分类外，还应对未估算的费用项目作出详细的估算。

在估算其他部分费用时，应说明各种费用的取费标准、定额，一般按国家和地区有关规定执行。

③预备费

分为基本预备费和涨价预备费两部分。

（2）建设期利息应根据提供的项目实施进度表已研究确定的基本建设投资来源及资金筹措方式、各种贷款的利率及分年度用款计划表计算得出。当项目投资来源为多种渠道时，应分别计算各种贷款资金的建设期利息。

在可行性研究中，建设期利息均按年计息。利息的计算，分为单利和复利，计息方法及年利率视项目实际情况而定。

利息计算中，假定借款发生当年在年中支用，按半年计息，还款当年也在年中偿还，按半年计息，其余各年按全年计息。按国家规定，建设期利息当年付清。

以上各项计算完成后，撰写固定资产投资估算表（表 11.1）。

表 11.1　固定资产投资估算表（单位：万元）

序号	工程或费用名称	估　算　价　值					占固定资产投资的比例
		建设工程	设备购置	安装工程	其他费用	合计	
1	固定资产投资						
1.1	工程费用						
1.1.1	土建工程						
1.1.2	加工、检测、运输设备						
1.1.3	水电设施						
1.2	其他费用						
1.2.1	无形资产						
1.2.2	开办费						
1.3	预备费用						
1.3.1	基本预备费						
1.3.2	涨价预备费						
2	投资方向调节税						
3	建设期利息						
4	固定资产投资总额（1+2+3）						

2．流动资金估算

（1）流动资金的组成。项目流动资金按其在生产经营过程中的作用，可以分为：

①储备资金。

②生产资金。

③营销资金。

除此之外，还有应收应付账款、现金等组成的流动资金。

（2）流动资金估算。可行性研究报告中流动资金的估算，按项目具体情况，可采用扩大指标估算法或分项详细估算法。

按详细估算法估算流动资金后，可列流动资金估算表（表 11.2）。

表 11.2　流动资金估算表（单位：万元）

序号	年份 项目	最低周 转天数	周转次数	投产期		达到设计能力生产期					
1	流动资产										
1.1	应收账款										
1.2	存货										
1.2.1	外购原材料及燃料										
1.2.2	在产品										
1.2.3	产成品										
1.3	现金										
2	流动负债										
2.1	应付账款										
3	流动资金（1-2）										
4	流动资金本年增加额										

二、资金筹措

一个建设项目所需要的投资资金，可以从多个来源渠道获得。项目可行性研究阶段，资金筹措工作是根据对建设项目固定资产投资估算和流动资金估算的结果，研究落实资金的来源渠道和筹措方式，从中选择条件优惠的资金。可行性研究报告中，应对每一种来源渠道的资金及其筹措方式逐一论述，并附有必要的计算表格和附件。可行性研究中，应对下列内容加以说明：

1. 资金来源

筹措资金首先必须了解各种可能的资金来源，如果筹集不到资金，投资方案再合理，也不能付诸实施。可能的资金渠道有：

政府预算内拨款（旅游类项目有时具有部分公共性质，政府负责基础设施等）；

银行贷款；

自筹资金：包括部门、地方、企业自筹资金；

其他资金来源。

可行性研究中，要分别说明各种可能的资金来源、资金使用条件，利用贷款的，要说明贷款条件、贷款利率、偿还方式、最大偿还时间等。

2. 项目筹资方案

筹资方案要在对项目资金来源、建设进度进行综合研究后提出。为保证项目有适宜的筹资方案，要对可能的筹资方式进行比选。

可行性研究中，要对各种可能的筹资方式的筹资成本、资金使用条件、利率和汇率风险等进行比较，寻求财务费用最经济的筹资方案。

三、投资使用计划

1. 投资使用计划

投资使用计划要考虑项目实施进度和筹资方案，使其相互衔接。

撰写投资使用计划表。其中：固定资产投资按不同资金来源分年列出年用数额；流动资金的安排要考虑企业的实际需要，一般从投产第一年开始按生产负荷进行安排，并按全年计算利息。

2. 借款偿还计划

借款偿还计划是通过对项目各种还款资金来源的估算得出的。借款偿还计划的最长年限可以等于借款资金使用的最长年限。制定借款偿还计划，应对下述内容进行说明：

（1）还款资金来源、计算依据。

（2）各种借款的偿还顺序。

（3）计划还款时间。借款的还本付息，要按借款双方事先商定的还款条件，如借款期、宽限期、还款期、利率、还款方式确定。

■ 财务与敏感性分析

在建设项目的技术路线确定以后，必须对不同的方案进行财务、经济效益评价，判断项目在经济上是否可行，比选、推荐出优秀的建设方案。这部分的评价结论是建设方案取舍的主要依据之一，也是对建设项目进行投资决策的重要依据。

以下就可行性研究报告中财务、经济与社会效益评价的主要内容做概要说明：

一、生产成本和营业收入估算

为了确定项目未来的经营和盈利情况，对项目的成本作出接近实际的预测是可行性研究的重要内容。生产经营成本是指生产一定种类和数量的产品（服务）所发生的经常性费用，它包括耗用的原料及主要材料、燃料、动力、工资、固定资产折旧费用及低值易耗品、推销费用等。

在成本估算时，其精确度要与投资估算的精确度相当。

1．生产（经营）总成本估算

生产（经营）总成本是指项目建成后在一定时期内（财务、经济评价中按年计算）为生产和销售所有产品（服务）而花费的全部费用。

（1）生产（经营）总成本的构成有：

①外购原材料及辅助材料。

②外购燃料动力。

③工资及福利基金。

④折旧及推销费。

⑤维护基金。

⑥其他费用，包括成本中列支的税金以及不属于以上项目的支出等。

⑦流动资金利息，按流动资金贷款额和贷款利率计算。

⑧销售及其他费用。

以上各项费用总额构成项目生产总成本。总成本扣除折旧及维修基金和流动资金利息为经营成本。

（2）用列表的方式表示生产（经营）总成本。

2．单位成本

单位成本是将总成本按不同消耗水平摊给单位产品的费用，它反映同类产品的费用水平。

生产单一产品的项目以总成本除以设计生产能力即是单位产品成本，生产多种产品的项目，也可按项目成本计算单位成本。

用列表的方式表示单位成本。

3．销售收入估算

根据预测的产品价格及设计生产能力，逐年计算产品销售收入，当有多种产品时，可分别计算多种产品的年销售收入并汇总计算年总销售收入。

二、财务评价

财务评价是根据国家现行财务和税收制度以及现行价格，分析测算拟建项目未来的效益费用。考察项目建成后的获利能力、债务偿还能力等财务状况，以判断建设项目在财务上的可行性，即从企业角度分析项目的盈利能力。财务评价采用动态分析与静态分析相结合，以动态分析为主的办法进行。评价的主要指标有财务内部收益率、投资回收期、贷款偿还期等。根据项目特点和实际需要，有些项目还可以计算财务净现值、投资利润率指标，以满足项目决策部门的需要。

财务评价指标根据财务评价报表的数据得出，主要财务评价报表有：财务现金流量表、利润表、财务平衡表、财务外汇平衡表。

用财务评价指标分别和相应的基准参数——财务基准收益率、行业平均投资回收期、平均投资利润率、投资利税率相比较，以判别项目在财务上是否可行。

三、国民经济评价

在对建设项目进行经济评价时，除了要从投资者的角度考察项目的盈利状况及借款偿还能力外，还应从国家、区域整体的角度考察项目对国民经济、区域经济的贡献和需要国民经济付出的代价，后者称为国民经济评价。它是项目经济评价的核心部分，是决策部门考虑项目取舍的重要依据。

四、不确定性分析

在对建设项目进行评价时，所采用的各种数据多数来自预测和估算。由于资料和信息来源的有限性，将来的实际情况可能与此有较大的出入，即评价结果具有不确定性，这会给项目的投资决策带来风险。为了避免或尽可能减少这种风险，要分析不确定性因素对项目经济评价指标的影响，以确定项目的经济上的可靠性。这项工作称为不确定性分析。

根据分析内容和侧重面不同，不确定性分析可分为盈亏平衡分析、敏感性分析和概率分析（风险分析）。盈亏平衡分析只用于财务评价，敏感性分析和概率分析可同时用于财务评价和国民经济评价。在可行性研究中，一般都要进行盈亏平衡分析，敏感性分析和概率分析可视项目情况而定。

五、社会效益和社会影响分析

在可行性研究中，除对以上各项经济指标进行计算、分析外，还应对项目的社会效益和社会影响进行分析。

项目社会分析方法，除可以定量的以外，还应对不能定量的效益影响进行定性描述。内容包括：

（1）项目对国家（或地区）政治和社会稳定的影响。包括增加就业机会、改善地区经济结构、提高地区经济发展水平、改善居民生活质量等。

（2）项目与当地社会、文化发展水平的相互适应性。

（3）在基础条件薄弱的地区，项目与当地基础设施发展水平的相互适应性。

（4）民族地区要考虑项目与当地居民的宗教、民族习惯的相互适应性。

（5）对保护环境和生态平衡的影响。

可行性研究人员可以根据项目的不同特点，对项目的主要社会效益或影响加以说明，供决策者参考。

■ 可行性研究结论与建议

根据前面各部分的研究分析结果，对项目在技术上可行性、经济上的合理性进行全面的评价，对建设方案进行总结，提出结论性意见和建议。主要内容有：

（1）对推荐的拟建方案、建设条件、产品特色、经济效益、社会效益、环境影响的结论性意见。

（2）对主要的对比方案进行说明。

（3）对可行性研究中尚未解决的主要问题提出解决办法和建议。

（4）对应修改的主要问题进行说明，提出修改意见。

（5）对不可行的项目，提出不可行的主要问题及处理意见。

（6）可行性研究中主要争议问题的结论。

■ 可行性研究报告附件

凡属于项目可行性研究范围，但在研究报告以外单独成册的文件，均需列为可行性研究报告的附件，所列附件应注明名称、日期、编号。

一、附件

（1）项目建议书（初步可行性研究报告）

（2）项目立项批文

（3）选址报告书

（4）资源评价报告

（5）贷款意向书

（6）环境影响报告

（7）需单独进行可行性研究的单项或配套工程的可行性研究报告

（8）重要的市场调查报告

（9）引进技术项目的考察报告

（10）利用外资的各类协议文件

（11）其他主要对比方案说明

（12）其他

二、附图

（1）项目位置图（土地利用图）

（2）平面布置方案图（功能分区图）

（3）其他图件

第四篇
旅游项目财务评价

第十二章　财务评价与投资估算

■ 财务评价
■ 建设投资估算内容
■ 建设投资估算方法

■ 财务评价[①]

财务评价是在国家现行财税制度和市场价格体系下，分析预测项目的财务效益与费用，计算财务评价指标，考察拟建项目的盈利能力、偿债能力，据以判断项目的财务可行性。

一、财务评价的内容与步骤

财务评价是在确定的建设方案、投资估算和融资方案的基础上进行财务可行性研究。财务评价的主要内容与步骤如下：

（1）选取财务评价基础数据与参数，包括主要投入品和产出品财务价格、税率、利率、汇率、计算期、固定资产折旧率、无形资产和递延资产摊销年限、生产负荷及基准收益率等基础数据和参数。

（2）计算销售（营业）收入，估算成本费用。

（3）编制财务评价报表，主要有：财务现金流量表、损益和利润分配表、资金来源与运用表、借款偿还计划表。

（4）计算财务评价指标，进行盈利能力分析和偿债能力分析。

（5）进行不确定性分析，包括敏感性分析和盈亏平衡分析。

（6）编写财务评价报告。

---

① 《投资项目可行性研究指南》编写组．投资项目可行性研究指南．中国电力出版社，2002

二、财务评价基础数据与参数选取

财务评价的基础数据与参数选取是否合理，直接影响财务评价的结论，在进行财务分析计算之前，应做好这项基础工作。

1. 财务价格

财务价格是对拟建项目未来的效益与费用进行分析，应采用预测价格。预测价格应考虑价格变动因素，即各种产品相对价格变动和价格总水平变动（通货膨胀或者通货紧缩）。由于建设期和生产经营期的投入产出情况不同，应区别对待。基于在投资估算中已经预留了建设期涨价预备费，因此建筑材料和设备等投入品，可采用一个固定的价格计算投资费用，其价格不必年年变动。生产运营期的投入品和产出品，应根据具体情况选用固定价格或者变动价格进行财务评价。

（1）固定价格。这是指在项目生产运营期内不考虑价格相对变动和通货膨胀影响的不变价格，即在整个生产运营期内都用预测的固定价格，计算产品销售收入和原材料、燃料动力费用。旅游项目如果建设周期短，或者使用原材料不多时可以用固定价格。

（2）变动价格。这是指在项目生产运营期内考虑价格变动的预测价格。变动价格又分为两种情况，一是只考虑价格相对变动引起的变动价格；二是既考虑价格相对变动，又考虑通货膨胀因素引起的变动价格。采用变动价格是预测在生产运营期内每年的价格都是变动的。为简化起见，有些年份也可采用同一价格。

进行盈利能力分析，一般采用只考虑相对价格变动因素的预测价格，计算不含通货膨胀因素的财务内部收益率等赢利性指标，不反映通货膨胀因素对盈利能力的影响。

进行偿债能力分析，预测计算期内可能存在较为严重的通货膨胀时，应采用包括通货膨胀影响的变动价格计算偿债能力指标，反映通货膨胀因素对偿债能力的影响。

在财务评价中计算销售（营业）收入及生产成本所采用的价格，可以是含增值税的价格，也可以是不含增值税的价格，应在评价时说明采用何种计价方法。

2. 税费

财务评价中合理计算各种税费，是正确计算项目效益与费用的重要基础。财务评价涉及的税费主要有增值税、营业税、资源税、消费税、所得税、城市维护建设税和教育费附加（部分省市收取）等。进行评价时应说明税种、税基、税率、计税额等。如有减免税费优惠，应说明政策依据以及减免方式和减免金额。

（1）增值税是对生产、销售商品或者提供劳务的纳税人实行抵扣原则，就其生产、经营过程中实际发生的增值额征税的税种。财务评价的销售收入和成本估算均含增值税，项目应缴纳的增值税等于销项税减进项税。

（2）营业税是对交通运输、商业、服务等行业的纳税人，就其经营活动营业额（销售额）为课税对象的税种。在财务评价中，营业税按营业收入额乘以营业税税率计算。

（3）消费税是以消费品（或者消费行为）的流转额为课税对象的税种。在财务评价中，一般按销售额乘以消费税税率计算。

（4）城市维护建设税和教育费附加是以增值税、营业税和消费税为税基乘以相应的税率计算。

（5）所得税是按应税所得额乘以所得税税率计算。

3．利率

借款利率是项目财务评价的重要基础数据，用以计算借款利息。采用固定利率的借款项目，财务评价直接采用约定的利率计算利息。采用浮动利率的借款项目，财务评价应对借款期内的平均利率进行预测，采用预测的平均利率计算利息。

4．汇率

财务评价汇率的取值，一般采用国家外汇管理部门公布的当期外汇牌价的卖出、买入的中间价。

5．项目计算期选取

财务评价计算期包括建设期和生产运营期。生产运营期，应根据产品寿命期、主要设施和设备的使用寿命期、主要技术的寿命期等因素确定。旅游项目生命周期比较短，财务评价的计算期一般不超过 10 年。

6．生产负荷

生产负荷是指项目生产运营期内生产能力发挥程度，也称生产能力利用率，以百分比表示。酒店一般称作客房出租率。生产负荷是计算销售收入和经营成本的依据之一，一般应按项目投产期和投产后正常生产年份分别设定生产负荷。

7．财务基准收益率设定

财务基准收益率是项目财务内部收益率指标的基准和判断，也是项目在财务上是否可行的最低要求。也用作计算财务净现值的折现率。如果有行业发布的本行业基准收益率，即以其作为项目的基准收益率；如果没有行业规定，则由项目评价人员设定。设定方法：一是参考本行业一定时期的平均收益水平并考虑项目的风险因素确定。二是按项目占用的资金成本加一定的风险系数确定。设定财务基准收益率时，应与财务评价采用的价格相一致，如果财务评价采用变动价格，设定基准收益率则应考虑通货膨胀因素。

资本金收益率，可采用投资者的最低期望收益率作为判据。

三、营业（销售）收入与成本费用估算

1. 营业（销售）收入估算

营业（销售）收入是指销售产品或者提供服务取得的收入。生产多种产品和提供多项服务的，应分别估算各种产品及服务的销售收入。对不便于按详细的品种分类计算销售收入的，可采取折算为标准产品的方法计算销售收入。编制销售收入、销售税金及增值税估算表，见表 12.1。

表 12.1　销售收入、销售税金及附加和增值税估算表（单位：万元）

序号	项　　目	合计	计　算　期					
			1	2	3	4	...	n
1	销售（营业）收入							
1.1	产品 A 销售收入							
	单价（含税）							
	销售量							
	销项税额							
1.2	产品 B 销售收入							
	单价（含税）							
	销售量							
	销项税额							
	......							
2	销售（营业）税金及附加							
2.1	营业税							
2.2	消费税							
2.3	城市维护建设费							
2.4	教育费附加							
3	增值税							
	销项税额							
	进项税额							

注：本表适用于新设项目法人项目的销售收入、销售税金及附加和增值税的估算，以及既有项目法人项目的"有项目"、"无项目"和增量销售收入、销售税金及附加和增值税的估算。

2. 成本费用估算

成本费用是指项目生产运营支出的各种费用。按成本计算范围，分为单位产品成本和总成本费用；按成本与产量的关系，分为固定成本和可变成本；按财务评价的特定要求，分为总成本费用和经营成本。成本估算应与销售收入的计算口径对应一致，各项费用应划算清楚，防止重复计算或者低估费用支出。

（1）总成本费用估算。总成本费用是指在一定时期（如一年）内因生产和销售产品发生的全部费用。总成本费用的构成及估算通常采用以下两种方法：

①产品制造成本加企业期间费用估算法，计算公式为：

总成本费用=制造成本+销售费用+管理费用+财务费用

其中：制造成本=直接材料费+直接燃料和动力费+直接工资
　　　　　　　　+其他直接支出+制造费用

②生产要素估算法，是从估算各种生产要素的费用入手，汇总得到总成本费用。将生产和销售过程中消耗的外购原材料、辅助材料、燃料、动力，人员工资福利，外部提供的劳务或者服务，当期应计提的折旧和摊销，以及应付的财务费用相加，得出总成本费用。采用这种估算方法，不必计算内部各生产环节成本的转移，也较容易计算可变成本和固定成本，计算公式为：

总成本费用=外购原材料、燃料及动力费+人员工资及福利费+外部提供的劳务及服务费+修理费+折旧费+景区维简费+摊销费+财务费用+其他费用

（2）经营成本估算。经营成本是项目评价特有的概念，用于项目财务评价的现金流量分析。经营成本是指总成本费用扣除固定资产折旧费、资源维简费、无形资产及递延资产摊销费用和财务费用后的成本费用。计算公式为：

经营成本=总成本费用−折旧费−资源维简费−无形资产及递延资产摊销费−财务费用

（3）固定成本与可变成本估算。财务评价进行盈亏平衡分析时，需要将总成本费用分解为固定成本和可变成本。固定成本是指不随产品产量及销售量的增减发生变化的各项成本费用，主要包括非生产人员工资、折旧费、无形资产及递延资产摊销、修理费、办公费、管理费等。可变成本是指随产品产量及销售量增减而成正比例变化的各项费用，主要包括原材料、燃料、动力消耗、包装费和生产人员工资等。

长期借款利息应视为固定成本。短期借款如果用于购置流动资产，可能部分与产品产量、销售量相关，其利息可视为半可变半固定成本，为简化计算，也可视为固定成本。

（4）编制成本费用估算表。分项估算上述各种成本费用后，编制相应的成本费用估算表，包括总成本费用估算表和各分项成本估算表，见表12.2。

表 12.2 总成本费用估算表（单位：万元）

序号	项目	合计	计算期					
			1	2	3	4	…	n
1	原材料费							
2	燃料及动力费							
3	工资及福利费							
4	修理费							
5	折旧费							
6	摊销费							
7	财务费用							
8	其他费用							
	其中：土地使用费							
9	总成本费用合计							
	（1+2+3+…+9）							
	其中：可变成本							
	固定成本							
10	经营成本（10-5-6-7-8）							

注：本表适用于新设项目法人项目成本费用的估算，以及既有项目法人项目的"有项目"、"无项目"和增量成本费用的估算。

四、新设项目法人项目财务评价

新设项目法人项目财务评价的主要内容，是在编制财务报表的基础上进行盈利能力分析、偿债能力分析和抗风险能力分析。

1．编制财务评价报表

财务评价报表主要有财务现金流量表、损益和利润分配表、资金来源与运用表、借款偿还计划表等。

（1）财务现金流量表，分为：

① 项目财务现金流量表，用于计算项目财务内部收益率及财务净现值等评价指标。见表 12.3。

表 12.3 项目财务现金流量表（新设项目法人项目）（单位：万元）

序号	项目	合计	计算期					
			1	2	3	4	…	n
1	现金流入							
1.1	销售（营业）收入							

序号	项　　　　目	合计	计　　算　　期					
			1	2	3	4	…	n
1.2	回收固定资产余值							
1.3	回收流动资金							
1.4	其他现金流入							
2	现金流出							
2.1	建设投资（不含建设期利息）							
2.2	流动资金							
2.3	经营成本							
2.4	销售税金及附加							
2.5	增值税							
2.6	其他现金流出							
3	净现金流量（1-2）							
4	累计净现金流量							

②　资本金财务现金流量表，用于计算资本金收益率指标，见表12.4。

表12.4　资本金财务现金流量表（新设项目法人项目）（单位：万元）

序号	项　　　　目	合计	计　　算　　期					
			1	2	3	4	…	n
1	现金流入							
1.1	销售（营业）收入							
1.2	回收固定资产余值							
1.3	回收流动资金							
1.4	其他现金流入							
2	现金流出							
2.1	项目资本金							
2.2	借款本金偿还							
2.3	借款利息支付							
2.4	经营成本							
2.5	销售税金及附加							
2.6	增值税							
2.7	所得税							
2.8	其他现金流出							
3	净现金流量（1-2）							

③ 投资各方财务现金流量表，用于计算投资各方收益率。见表 12.5。

表 12.5　投资各方财务现金流量表（新设项目法人项目）（单位：万元）

序号	项　　　目	合计	计　　算　　期					
			1	2	3	4	…	n
1	现金流入							
1.1	股利分配							
1.2	资产处置收益分配							
1.3	租赁费收入							
1.4	技术转让收入							
1.5	其他现金流入							
2	现金流出							
2.1	股权投资							
2.2	租赁资产支出							
2.3	其他现金流出							
3	净现金流量（1-2）							

（2）损益和利润分配表，用于计算项目投资利润率，见表 12.6。

表 12.6　损益和利润分配表（新设项目法人项目）（单位：万元）

序号	项　　　目	合计	计　　算　　期					
			1	2	3	4	…	n
1	销售（营业）收入							
2	销售税金及附加							
3	增值税							
4	总成本费用							
5	利润总额（1-2-3-4）							
6	弥补以前年度亏损							
7	应纳税所得额（5-6）							
8	所得税							
9	税后利润（5-8）							
10	提取法定盈余公积金							
11	提取公益金							
12	提取任意盈余公积金							
13	可供分配利润（9-10-11-12）							
14	应付利润（股利分配）							
15	未分配利润（13-14）							
16	累计未分配利润							

（3）资金来源与运用表，用于反映项目计算期各年的投资、融资及生产经营活动的资金流入、流出情况，考察资金平衡和余缺情况。见表 12.7。

表 12.7　资金来源与运用表（新设项目法人项目）（单位：万元）

序号	项　　目	合计	计　　算　　期					
			1	2	3	4	…	*n*
1	资金流入							
1.1	销售（营业）收入							
1.2	长期借款							
1.3	短期借款							
1.4	发行债券							
1.5	项目资本金							
1.6	其他							
2	资金流出							
2.1	经营成本							
2.2	销售税金及附加							
2.3	增值税							
2.4	所得税							
2.5	建设投资（不含建设期利息）							
2.6	流动资金							
2.7	各种利息支出							
2.8	偿还债务本金							
2.9	分配股利或利润							
2.10	其他							
3	资金盈余（1-2）							
4	累计资金盈余							

（4）借款偿还计划表，用于反映项目计算期内各年借款的使用、还本付息，以及偿债资金来源，计算借款偿还期或者偿债备付率等指标。见表 12.8。

表 12.8　借款偿还计划表（单位：万元）

序号	项　　目	合计	计　　算　　期					
			1	2	3	4	…	*n*
1	借款							
1.1	年初本息余额							
1.2	本年借款							

序号	项　　目	合计	计　　算　　期					
			1	2	3	4	…	n
1.3	本年应计利息							
1.4	本年还本付息							
	其中：还本							
	付息							
1.5	年末本息余额							
2	债券							
2.1	年初本息余额							
2.2	本年发行债券							
2.3	本年应计利息							
2.4	本年还本付息							
	其中：还本							
	付息							
2.5	年末本息余额							
3	借款和债券合计							
3.1	年初本息余额							
3.2	本年借款							
3.3	本年应计利息							
3.4	本年还本付息							
	其中：还本							
	付息							
3.5	年末本息余额							
4	还本资金来源							
4.1	当年可用于还本的未分配利润							
4.2	当年可用于还本的折旧和摊销							
4.3	以前年度结余可用于还本的资金							
4.4	用于还本的短期借款							
4.5	可用于还款的其他资金							

注：① 本表适用于新设项目法人项目和既有项目法人项目。

② 如有多种借款，必要时应分别列出。

③ 既有项目法人项目可根据需要增加项目范围外借款的还本付息。

2．盈利能力分析

盈利能力分析是项目财务评价的主要内容之一，是在编制现金流量表的基础上，计算财务内部收益率、财务净现值、投资回收期等指标。其中财务内部收益率为项目的主要盈利性指标，其他指标可根据项目特点及财务评价的目的、要求等选用。

（1）财务内部收益率（FIRR）

财务内部收益率是指项目在整个计算期内各年净现金流量现值累计等于零时的折现率，它是评价项目盈利能力的动态指标。其表达式为：

$$\sum_{t=1}^{n}(CI-CO)_t(1+FIRR)^{-t}=0 \qquad (12.1)$$

式中：CI——现金流入量；

CO——现金流出量；

$(CI-CO)_t$——第 t 年的净现金流量；

n——计算期年数。

财务内部收益率可根据财务现金流量表中的净现金流量，用试差法计算，也可采用专用软件的财务函数计算。

按分析范围和对象不同，财务内部收益率分为项目财务内部收益率、资本金收益率（即资本金财务内部收益率）和投资各方收益率（即投资各方财务内部收益率）。

① 项目财务内部收益率，是指考察确定项目融资方案前（未计算借款利息）且在所得税前整个项目的盈利能力，供决策者进行项目方案比选和银行金融机构进行信贷决策时参考。

由于项目各融资方案的利率不尽相同，所得税税率与享受的优惠政策也可能不同，在计算项目财务内部收益率时，不考虑利息支出和所得税，是为了保持项目方案的可比性。

② 资本金收益率，是以项目资本金为计算基础，考察所得税税后资本金可能获得的收益水平。

③ 投资各方收益率，是以投资各方出资额为计算基础，考察投资各方可能获得的收益水平。

项目财务内部收益率（FIRR）的判别依据，应采用行业发布或者评价人员设定的财务基准收益率（i_c），当 FIRR≥i_c 时，即认为项目的盈利能力能够满足需求。资本金和投资各方收益率应与出资方最低期望收益率对比，判断投资方收益水平。

（2）财务净现值（FNPV）

财务净现值是指按设定的折现率 i_c 计算的项目计算期内各年净现金流量的现值之和，计算公式为：

$$\text{FNPV}=\sum_{t=1}^{n}(CI-CO)_t(1+i_c)^{-t} \tag{12.2}$$

式中 CI——现金流入量；

　　　CO——现金流出量；

　　　（CI-CO）$_t$——第 t 年的净现金流量；

　　　n——计算期年数；

　　　i_c——设定的折现率。

财务净现值是评价项目盈利能力的绝对指标，它反映项目在满足按设定折现率要求的盈利之外，获得的超额盈利的现值。财务净现值等于或者大于零，表明项目的盈利能力达到或者超过按设定的折现率计算的盈利水平。一般只计算所得税前财务净现值。

（3）投资回收期（P_t）

投资回收期是指以项目的净收益偿还项目全部投资所需要的时间，一般以年为单位，并从项目建设起始年算起。若从项目投产年算起，应予以特别注明。其表达式为：

$$\sum_{t=1}^{P_t}(CI-CO)_t=0 \tag{12.3}$$

投资回收期可根据现金流量表计算，现金流量表中累计现金流量（所得税前）由负值变为 0 时的时点，即为项目的投资回收期。计算公式为：

P_t =累计净现金流量开始出现正值的年份数－1+上年累计净现金流量的绝对值/当年净现金流量值

投资回收期越短，表明项目的盈利能力和抗风险能力越好。投资回收期的判别标准是基准投资回收期，其取值可根据行业水平或者投资者的要求设定。

（4）投资利润率

投资利润率是指项目在计算期内正常生产年份的年利润总额（或年平均利润总额）与项目投入总资金的比例，它是考察单位投资盈利能力的静态指标。将项目投资利润率与同行业平均投资利润率对比，判断项目的获利能力和水平。

3．偿债能力分析

根据有关财务报表，计算借款偿还期、利息备付率、偿债备付率等指标，评价项目借款偿债能力。如果采用借款偿还期指标，可不再计算备付率；如果计算备付率，则不再计算借款偿还期指标。

（1）借款偿还期

借款偿还期是指以项目投产后获得的可用于还本付息的资金，还清借款本息所需的时间，一般以年为单位表示。这项指标可由借款偿还计划表推算。不足整年的部分可用内插法计算。指标值应能满足贷款机构的期限要求。

借款偿还期指标旨在计算最大偿还能力，适用于尽快还款的项目，不适用于已约定借款偿还期限的项目。对于已约定借款偿还期限的项目，应采用利息备付率和偿债备付率指标分析项目的偿债能力。

（2）利息备付率

利息备付率是指项目在借款偿还期内，各年可用于支付利息的税息前利润与当期应付利息费用的比值，即

利息备付率=税息前利润 / 当期应付利息费用

其中：税息前利润=利润总额+计入总成本费用的利息费用；当期应付利息是指计入总成本费用的全部利息。

利息备付率可以按年计算，也可以按整个借款期计算。利息备付率表示项目的利润偿付利息的保证倍率。对于正常运营的企业，利息备付率应当大于2，否则，表示付息能力保障程度不足。

（3）偿债备付率

偿债备付率是指项目在借款偿还期内，各年可用于还本付息资金与当期应还本付息金额的比值，即：

偿债备付率=可用于还本付息资金/当期应还本付息金额

可用于还本付息的资金，包括可用于还款的折旧和摊销，在成本中列支的利息费用，可用于还款的利润等。当期应还本付息金额包括当期应还贷款本金及计入成本的利息。

偿债备付率可以按年计算，也可以按整个借款期计算。偿债备付率在正常情况下应大于1。当指标小于1时，表示当年资金来源不足以偿付当期债务，需要通过短期借款偿付已到期债务。

五、既有项目法人项目财务评价

既有项目法人项目财务评价与新设项目法人项目财务评价的主要区别，在于它的盈利能力评价指标，前者是按"有项目"和"无项目"对比，采取增量分析方法计算。它的偿债能力评价指标，一般是按"有项目"后项目的偿债能力计算，必要时也可按"有项目"后既有法人整体的偿债能力计算。评价步骤与内容是：

1. 确定财务评价范围

一般来说，拟建项目是在企业现有基础上进行的，涉及范围可能是企业整

体改造，也可能是部分改建，或者扩建、建新项目。因此，应科学划分和界定效益与费用的计算范围。如果拟建项目建成后能够独立经营，形成相对独立的核算单位，项目所涉及的范围就是财务评价的对象；如果项目投产后的生产经营与现有企业无法分开，也不能单独计算项目发生的效益与费用，应将整个企业作为项目财务评价的对象。

2．选取财务评价数据

对既有项目法人项目的财务评价，采用"有无对比"进行增量分析，主要涉及下列三种数据：

（1）"有项目"数据，是预测项目实施后各年的效益与费用状况的数据。

（2）"无项目"数据，是预测在不实施该项目的情况下，原企业各年的效益与费用状况的数据。

（3）"增量"数据，是指"有项目"数据减"无项目"数据的差额，用于增量分析。

进行"有项目"与"无项目"对比时，效益与费用的计算范围、计算期应保持一致，才具有可比性。为使计算期保持一致，应以"有项目"的计算期为基准，对"无项目"的计算期进行调整。在一般情况下，可假设通过追加投资（局部更新或者全部更新）使"无项目"时的生产运营期，延长到与"有项目"的计算期相同，并在计算期末将固定资产余值回收。在某些情况下，假设通过追加投资延长其寿命期，在技术上不可行或者经济上不合理时，应设定"无项目"的生产运营适时终止，其后各年的现金流量为零。

3．编制财务报表

既有项目法人项目财务评价，应按增量效益与增量费用的数据，编制项目增量财务现金流量表（表 12.9）、资本金增量财务现金流量表（表 12.10）。按"有项目"的效益与费用数据，编制项目损益和利润分配表（表 12.11）、资金来源与运用表（表 12.12）、借款偿还计划表（表 12.8）。各种报表的编制原理和科目设置与新设项目法人项目的财务报表基本相同，不同之处是表中有关数据的计算口径有所区别。

表 12.9　项目增量财务现金流量表（既有项目法人项目）（单位：万元）

序号	项　　　　目	合计	计　算　期					
			1	2	3	4	…	n
1	有项目现金流入							
1.1	销售（营业）收入							
1.2	回收固定资产余值							

序号	项　　　目	合计	计　算　期					
			1	2	3	4	…	n
1.3	回收流动资金							
1.4	其他现金流入							
2	有项目现金流出							
2.1	建设投资（不含建设期利息）							
2.2	流动资金							
2.3	经营成本							
2.4	销售税金及附加							
2.5	增值税							
2.6	其他现金流出							
3	有项目净现金流量（1-2）							
4	无项目净现金流量							
5	增量净现金流量（3-4）							
6	累计增量净现金流量							

表 12.10　资本金增量财务现金流量表（既有项目法人项目）（单位：万元）

序号	项　　　目	合计	计　算　期					
			1	2	3	4	…	n
1	有项目现金流入							
1.1	销售（营业）收入							
1.2	回收固定资产余值							
1.3	回收流动资金							
1.4	其他现金流入							
2	有项目现金流出							
2.1	资本金							
2.2	借款本金偿还							
2.3	借款利息支付							
2.4	经营成本							
2.5	销售税金及附加							
2.6	增值税							
2.7	所得税							
2.8	其他现金流出							
3	有项目净现金流量（1-2）							
4	无项目净现金流量							
5	增量净现金流量（3-4）							

表 12.11　损益和利润分配表（既有项目法人项目）（单位：万元）

序号	项　　　　目	合计	计　　算　　期					
			1	2	3	4	⋯	n
1	产品销售（营业）收入							
2	销售税金及附加							
3	增值税							
4	总成本费用							
5	销售利润（1-2-3-4）							
6	其他业务利润							
7	对外投资收益							
8	营业外净收入							
9	利润总额（5+6+7+8）							
10	弥补以前年度亏损							
11	应纳税所得额（9-10）							
12	所得税							
13	税后利润（9-12）							
14	提取法定盈余公积金							
15	提取公益金							
16	提取任意盈余公积金							
17	可供分配利润（13-14-15-16）							
18	应付利润（股利分配）							
19	未分配利润（17-18）							
20	累计未分配利润							

表 12.12　资金来源与运用表（既有项目法人项目）（单位：万元）

序号	项　　　　目	合计	计　　算　　期					
			1	2	3	4	⋯	n
1	资金流入							
1.1	销售（营业）收入							
1.2	长期借款							
1.3	短期借款							
1.4	发行债券							
1.5	资本金（权益性资金）							
1.6	收回对外投资							
1.7	处置资产收入							
1.8	对外投资收益							

序号	项 目	合计	计 算 期					
			1	2	3	4	...	n
1.9	其他							
2	资金流出							
2.1	经营成本							
2.2	销售税金及附加							
2.3	增值税							
2.4	所得税							
2.5	建设投资（不含建设期利息）							
2.6	流动资金							
2.7	各种利息支出							
2.8	偿还债务本金							
2.9	分配股利或利润							
2.10	对外投资							
2.11	其他							
3	资金盈余（1-2）							
4	累计资金盈余							

4．盈利能力分析

盈利能力分析指标、表达式和判别依据与新设项目法人项目基本相同。

5．偿债能力分析

根据财务评价报表，计算借款偿还期或者利息备付率和偿债备付率，分析拟建项目自身偿还债务的能力。

计算出的项目偿债能力指标，表示项目用自身的各项收益（包括折旧）抵偿债务的最大能力，显示项目对企业整体财务状况的影响。项目偿债能力与项目债务实际还款方式和责任不同。因为，项目的债务是由既有法人借入并负责偿还的，计算出的项目偿债能力指标，可以给既有法人两种提示：一是靠拟建项目自身收益可以偿还债务，不需要另筹资金偿还；二是拟建项目自身收益不能偿还债务，需要另筹资金偿还债务。

同样道理，计算出的拟建项目偿债能力指标，对银行等金融机构也显示两种情况：一是拟建项目自身有偿债能力；二是拟建项目自身无偿债能力，需要企业另外筹资偿还。由于银行贷款是贷给企业法人而不是贷给项目的，银行评审时，一般是根据企业的整体资产负债结构和偿债能力决定是否贷款。有的时候，虽然项目自身无偿债能力，但是整个企业信誉好、偿债能力强，银行也可能给予贷款；有的时候，虽然项目有偿债能力，但企业整体信誉差、负债率高、偿债能力弱，银行也可能不予贷款。银行等金融机构决定是否贷款，需要考察企业的整体财务能力，评价既有企业的财务状况和各笔借款的综合偿债能力。为了满足债权人要求，企业不仅需要提供项目建设前 3~5 年企业的主要财务报表，还需要编制企业在拟建项目建设期和投产后 3~5 年内的损益和利润分配表、资金来源与运用表、资产负债表、企业借款偿还计划表，分析企业偿债能力。

■ 建设投资估算内容

投资估算是在对项目的建设规模、技术方案、设备方案、工程方案及项目实施进度等进行研究并基本确定的基础上，估算项目投入总资金（包括建设投资和流动资金）并测算建设期内分年资金需要量。投资估算作为制定融资方案、进行经济评价，以及编制初步设计概算的依据。

建设投资有建筑工程费、设备及工器具购置费、安装工程费、工程建设其他费用、基本预备费、涨价预备费、建设期利息构成。其中，建筑工程费、设备及工器具购置费、安装工程费形成固定资产；工程建设其他费用可分别形成固定资产、无形资产、递延资产。基本预备费、涨价预备费、建设期利息，在可行性研究阶段为简化计算方法，一并计入固定资产。

建设投资可分为静态投资和动态投资两部分。静态投资部分由建筑工程费、设备及工器具购置费、安装工程费、工程建设其他费用、基本预备费构成；动态投资部分由涨价预备费和建设期利息构成。

■ 建设投资估算方法

一、建设投资估算的依据与要求

1. 估算依据

投资估算应做到方法科学、依据充分。主要依据有：

（1）专门机构发布的建设工程造价费用构成、估算指标、计算方法，以及其他有关计算工程造价的文件；

（2）专门机构发布的工程建设其他费用计算方法和费用标准，以及政府部门发布的物价指数；

（3）拟建项目各单项工程的建设内容及工程量。

2. 估算精度要求

投资估算应达到以下要求：

（1）工程内容和费用构成齐全，计算合理，不重复计算，不提高或者降低估算标准，不漏项不少算；

（2）选用指标与具体工程之间存在标准或者条件差异时，应进行必要的换算或者调整；

（3）投资估算精度应能满足控制初步设计概算的要求。

二、建设投资估算步骤与方法

1. 估算步骤

（1）分别估算各单项工程所需的建筑工程费、设备及工器具购置费、安装工程费；

（2）在汇总各单项工程费用基础上，估算工程建设其他费用和基本预备费；

（3）估算涨价预备费和建设期利息。

2. 估算方法

（1）建筑工程费估算。建筑工程费是指为建造永久性建筑物和构筑物所需要的费用，建筑工程投资估算一般采用以下方法：

单位建筑工程投资估算法，以单位建筑工程量投资乘以建筑工程总量计算。一般工业与民用建筑以单位建筑面积（平方米）的投资计算。

单位实物工程量投资估算法，以单位实物工程量的投资乘以实物工程总量计算。

概算指标投资估算法，对于没有上述估算指标且建筑工程费占总投资比例较大的项目，可采用概算指标估算法。采用这种估算法，应具有较为详细的工程资料、建筑材料价格和工程费用指标。估算过程投入的时间和工作量较大。

建筑工程费用估算表，如表 12.13 所示。

表 12.13　建筑工程费用估算表

序号	建、构筑物名称	单位	工程量	单价（元）	费用合计（万元）

（2）设备及工器具购置费估算。设备购置费估算应根据项目主要设备表及价格、费用资料编制。工器具购置费一般按占设备费的一定比例计取。

设备及工器具购置费，包括设备的购置费、工器具购置费、现场制作非标准设备费、生产用家具购置费和相应的运杂费。对于价值高的设备应按单台（套）估算购置费；价值较小的设备可按类估算。国内设备和进口设备的设备购置费应分别估算。

国内设备购置费为设备出厂价加运杂费。设备运杂费主要包括运输费、装卸费和仓库保管费等，运杂费可按设备出厂价的一定百分比计算。应编制国内设备购置费估算表，如表 12.14 所示。

表 12.14　国内设备购置费估算表

序号	设备名称	型号规格	单位	数量	设备购置费		
					出厂价（元）	运杂费（元）	总价（万元）
	合　计						

进口设备购置费由进口设备货价、进口从属费用及国内运杂费组成。进口设备货价按交货地点和方式的不同，分为离岸价（FOB）与到岸价（CIF）两种价格。进口从属费用包括国外运费、国外运输保险费、进口关税、进口环节增值税、外贸手续费、银行财务费和海关监管手续费。国内运杂费包括运输费、装卸费、运输保险费等。

进口设备按离岸价计价时，应计算设备运抵我国口岸的国外运费和国外运输保险费，得出到岸价。计算公式为：

进口设备到岸价=离岸价+国外运费+国外运输保险费

其中：国外运费=离岸价×运费率　　或　　国外运费=单位运价×运量；

国外运输保险费=（离岸价+国外运费）×国外保险费率。

进口设备的其他几项从属费用通常按下面公式估算：

进口关税=进口设备到岸价×人民币外汇牌价×进口关税率

进口环节增值税=（进口设备到岸价×人民币外汇牌价+进口关税+消费税）
　　　　　　　　×增值税率

外贸手续费=进口设备到岸价×人民币外汇牌价×外贸手续费率

银行财务费=进口设备到岸价×人民币外汇牌价×银行财务费率

海关监管手续费=进口设备到岸价×人民币外汇牌价×海关监管手续费率

海关监管手续费是指海关对发生减免进口税或实行保税的进口设备，实施监管和提供服务收取的手续费。全额征收关税的设备，不收取海关监管手续费。

国内运杂费按运输方式，根据运量或者设备费金额估算。

应编制进口设备购置费估算表，如表 12.15 所示。

表 12.15　进口设备购置费估算表（单位：万美元）

序号	设备名称	台套数	离岸价	国外运费	国外运输保险费	到岸价	进口关税	消费税	增值税	外贸手续费	银行财务费	海关监管手续费	国内运杂费	设备购置费总价
1	设备 A													
2	设备 B													
3	设备 C													
	...													
	合计													

注：①难以按单台（套）计算进口设备从属费用的，可按进口设备总离岸价估算。

②现场制作非标准设备，由材料费、人工费和管理费组成，按其占设备总费用的一定比例估算。

（3）安装工程费估算。需要安装的设备应估算安装工程费，包括各种机电设备装配和安装工程费用，与设备相连的工作台、梯子及其装设工程费用，附属于被安装设备的管线敷设工程费用；安装设备的绝缘、保温、防腐等工程费用；单体试运转和联动无负荷运转费用等。

安装工程费通常按行业或专门机构发布的安装工程定额、取费标准和指标估算投资。具体计算可按安装费率、每吨设备安装费或者每单位安装实物工程量的费用估算，即：

安装工程费=设备原价×安装费率

安装工程费=设备吨位×每吨安装费

安装工程费=安装工程实物量×安装费用指标

应编制安装工程费估算表，如表 12.16 所示。

表 12.16　安装工程费用估算表

序号	安装工程名称	单位	数量	指标（费率）	安装费用（万元）
1	设备				
1.1	A				
1.2	B				
	...				

续表

序号	安装工程名称	单位	数量	指标（费率）	安装费用（万元）
2	管线工程				
2.1	A				
2.2	B				
...	...				
	合计				

（4）工程建设其他费用估算。工程建设其他费用按各项费用科目的费率或者取费标准估算。应编制工程建设其他费用估算表，如表 12.17 所示。

表 12.17　工程建设其他费用估算表（单位：万元）

序号	费用名称	计算依据	费率或标准	总价
1	土地使用费			
2	建设单位管理费			
3	勘察设计费			
4	研究试验费			
5	建设单位临时设施费			
6	工程建设监理费			
7	工程保险费			
...	......			
	合计			

注：上表所列费用科目，仅供估算工程建设其他费用参考。项目的其他费用科目，应根据拟建项目实际发生的具体情况确定。

（5）基本预备费估算。基本预备费是指在项目实施中可能发生难以预料的支出，需要事先预留的费用，又称工程建设不可预见费，主要指设计变更及施工过程中可能增加工程量的费用。基本预备费以建筑工程费、设备及工器具购置费、安装工程费及工程建设其他费用之和为计算基数，乘以基本预备费率计算。

（6）涨价预备费估算。涨价预备费是对建设工期较长的项目，由于在建设期内可能发生材料、设备、人工等价格上涨引起投资增加，需要事先预留的费用，亦称价格变动不可预见费。涨价预备费以建筑工程费、设备及工器具购置费、安装工程费之和为计算基数。计算公式为：

$$PC = \sum_{t=1}^{n} I_t \left[(1+f)^t - 1 \right] \tag{12.4}$$

式中　PC——涨价预备费；

　　　It——第 t 年的建筑工程费、设备及工器具购置费、安装工程费之和；

　　　f——建设期价格上涨指数；

　　　n——建设期。

建设期价格上涨指数，政府部门有规定的按规定执行，没有规定的由可行性研究人员根据具体情况预测。

（7）建设期利息估算。建设期利息是指项目借款在建设期内发生并计入固定资产的利息。计算建设期利息时，为了简化计算，通常假定借款均在每年的年中支用，借款第一年按半年计息，其余各年份按全年计息，计算公式为：

各年应计利息=（年初借款本息累计+本年借款额/2）×年利率

有多种借款资金来源，每笔借款的年利率各不相同的项目，既可分别计算每笔借款的利息，也可先计算各笔借款加权平均的年利率，并以此利率计算全部借款的利息。

三、流动资金估算

流动资金是指生产经营性项目投产后，为进行正常生产运营，用于购买原材料、燃料，支付工资及其他经营费用等所需的周转资金。流动资金估算一般采用分项详细估算法，个别情况或者小型项目可采用扩大指标法。

1. 分项详细估算法

对构成流动资金的各项流动资产和流动负债分别进行估算。在可行性研究中，为简化计算，仅对存货、现金、应收账款和应付账款四项内容进行估算，计算公式为：

流动资金 = 流动资产－流动负债

流动资产 = 应收账款+存货+现金

流动负债 = 应付账款

流动资金本年增加额 = 本年流动资金－上年流动资金

估算的具体步骤，首先计算各类流动资产和流动负债的年周转次数，然后再分项估算占用资金额。

（1）周转次数计算，周转次数等于 360 天除以最低周转天数。存货、现金、应收账款和应付账款的最低周转天数，可参照同类企业的平均周转天数并结合项目特点确定。

（2）应收账款估算，应收账款是指企业已对外销售商品、提供劳务尚未收回的资金，包括若干科目，在可行性研究时，只计算应收销售款。计算公式为：

应收账款=年销售收入/应收账款周转次数

（3）存货估算，存货是企业为销售或者生产耗用而储备的各种货物，主要有原材料、辅助材料、燃料、低值易耗品、维修备件、包装物、在产品、自制半成品和产成品等。为简化计算，仅考虑外购原材料、外购燃料、半成品和产成品，并分项进行计算。计算公式为：

存货 ＝ 外购原材料＋外购燃料＋在产品＋产成品

其中：外购原材料 ＝ 年外购原材料/按种类分项周转次数

外购燃料 ＝ 年外购燃料/按种类分项周转次数

在产品 ＝（年外购原材料＋年外购燃料＋年工资及福利费＋年修理费＋年其他制造费用）/在产品周转次数

产成品 ＝ 年经营成本/产成品周转次数

（4）现金需要量估算，项目流动资金中的现金是指货币资金，即企业生产运营活动中停留于货币形态的那部分资金，包括企业库存现金和银行存款。计算公式为：

现金需要量＝（年工资及福利费＋年其他费用）/资金周转次数

年其他费用＝制造费用＋管理费用＋销售费用－（以上三项费用中所含的工资及福利费、折旧费、维简费、摊销费、修理费）

（5）流动负债估算，流动负债是指在一年或者超过一年的一个营业期内，需要偿还的各种债务。在可行性研究中，流动负债的估算只考虑应付账款一项。计算公式为：

应付账款＝（年外购原材料＋年外购燃料）/应付账款周转次数

根据流动资金各项估算的结果，编制流动资金估算表，如第十一章的表 11.2 所示。

2．扩大指标估算法

扩大指标估算法是一种简化的流动资金估算方法，一般可参照同类企业流动资金占销售收入、经营成本的比例，或者单位产量占用流动资金的数额估算。

四、项目投入总资金及分年投入计划

1．项目投入总资金

按投资估算内容和估算方法估算各项投资并进行汇总，分别编制项目投入总资金估算汇总表（如表 12.18 所示）、主要单项工程投资估算表（如表 12.19 所示），并对项目投入总资金构成和单项工程投资比例的合理性、单位生产能力（使用效益）投资指标的先进性进行分析。

表 12.18 项目投入总资金估算汇总表（单位：万元、万美元）

序号	费用名称	投资额		占项目投入总资金的比例（%）	估算说明
		合计	其中：外汇		
1	建设投资				
1.1	建设投资静态部分				
1.1.1	建筑工程费				
1.1.2	设备及工器具购置费				
1.1.3	安装工程费				
1.1.4	工程建设其他费用				
1.1.5	基本预备费				
1.2	建设投资动态部分				
1.2.1	涨价预备费				
1.2.2	建设期利息				
2	流动资金				
3	项目投入总资金（1+2）				

表 12.19 主要单项工程投资估算表（单位：万元）

序号	工程名称	建筑工程费	设备及工器具购置费	安装工程费	工程建设其他费用	合计
	合计					

2. 分年资金投入计划

估算出项目投入总资金后，应根据项目实施进度的安排，编制分年资金投入计划表，如表 12.20 所示。

表 12.20 分年资金投入计划表（单位：万元、万美元）

序号	名称	人民币			外汇		
		第一年	第二年	…	第一年	第二年	…
	分年计划（%）						
1	建设投资（不含建设期利息）						
2	建设期利息						
3	流动资金						
4	项目投入总资金（1+2+3）						

本章参考及进一步阅读的文献

1.《投资项目可行性研究指南》编写组．投资项目可行性研究指南．中国电力出版社，2002

2. 杨义群．财务管理．科学出版社，2004

3. 梁建民．财务管理．东南大学出版社，2004

4. 陈玉菁，宋良荣．财务管理．清华大学出版社，2005

5. 黄良文．投资估价原理．科学出版社，2002

6. 韦耀莹．投资核算技能与案例．中国财政经济出版社，2003

7. 高檀，史建梁．管理会计．科学出版社，2005

8. 张少杰，李北伟．项目评估．高等教育出版社，2006

第十三章　旅游企业贷款

- ■ 旅游企业贷款种类
- ■ 旅游企业贷款申请
- ■ 访问面谈
- ■ 贷款申请书
- ■ 借款人需提交的材料
- ■ 个人贷款

■ 旅游企业贷款种类

　　旅游企业在资金不足时可以采用直接融资和间接融资的办法获得资金。旅游企业不通过金融机构，与资金盈余单位、个人等直接协议进行的融资活动为直接融资，而通过金融机构进行的融资就是间接融资。间接融资通常有贷款、承兑、担保、信用证、减免交易保证金、信贷承诺等形式。向商业银行申请贷款是旅游企业使用最广泛的融资方式。下面的讨论集中于旅游企业如何顺利获得商业银行贷款。

　　银行为了降低自身开展贷款业务的风险，必然要求向其申请贷款的客户提供担保来降低其潜在的风险和成本。按照担保的不同贷款可以分为：

　　信用贷款、保证贷款、抵押贷款、质押贷款和票据贴现贷款。

　　◆ 信用贷款

　　就是指在不需要企业或个人提供完全担保的情况下，凭着对其信誉的了解而部分或全部贷款的一种方式。目前国内旅游企业多数是中小企业、民营企业，贷款的限制较多，而一些有实力的大企业则可以实现这种贷款。

　　◆ 抵押贷款

　　就是抵押贷款人按《担保法》规定的抵押方式以借款人或第三人的财产作为抵押物发放的贷款。

◆　质押贷款

是指贷款人按《担保法》规定的质押方式以借款人或第三人的动产或权利为质押物发放的贷款。

抵押与质押的区别在于：

抵押的标的物，通常为不动产、特别动产（车、船等），质押则以动产为主；

抵押要登记才生效，质押则只需占有就可以；

抵押只有单纯的担保效力，而质押中质权人既支配质物，又能体现留置效力；

抵押权的实现主要通过向法院申请拍卖，而质押则多直接变卖。

◆　保证贷款

指贷款人按《担保法》规定的保证方式以第三人承诺在借款人不能偿还贷款本息时，按规定承担连带责任而发放的贷款。保证人为借款提供的贷款担保为不可撤销的全额连带责任保证，也就是指贷款合同内规定的贷款本息和由贷款合同引起的相关费用。保证人还必须承担由贷款合同引发的所有连带民事责任。

◆　票据贴现贷款

是银行以购买客户手中未到期银行承兑汇票或商业承兑汇票的方式向企业发放的贷款。

企业在申请贷款时应选择好贷款类型和贷款用途，以便贷款成功。

贷款还有多种分类方式，每一种划分代表不同的用意，企业应熟悉并掌握。

◆　按货币种类划分

人民币贷款

外汇贷款

在汇率变化大时，选择不同币种贷款，其使用、偿还效果差别较大。

◆　按信用支付方式划分

贷款

承兑

保函

信用证

承诺

◆　按贷款期限划分

透支（包括信用卡透支、存款账户透支）

短期贷款（1 年以内的贷款）

中期贷款（1～5 年贷款）

长期贷款（5 年以上的贷款）

◆　按贷款用途划分

固定资产贷款（基本建设贷款、技术改造贷款）

流动资金贷款

◆　按贷款偿还方式划分

一次还清贷款

分期偿还贷款

企业在投资、经营过程中，都会不同程度地遇到资金短缺的时候，如何贷款才能获得最大的使用效果是需要认真研究的商业课题。

企业在与金融机构合作的过程中，主要有以下工作：贷款申请提交、访问面谈和贷款需求评估（预测）。

■ 旅游企业贷款申请

按照银行的要求，企业在申请贷款时，应具备的资格和基本条件有[①]：

◆　借款人应具备的资格

公司贷款的借款人应当是经工商行政管理机关（或主管机关）核准登记的企（事）业法人。

◆　借款人应具备的基本条件

根据《贷款通则》的规定，借款人申请贷款，应当具备产品有市场、生产经营有效益、具有还贷能力；按规定用途使用贷款，不挪用信贷资金；按贷款合同期限归还贷款本息、恪守信用等。

◆　借款人应符合的要求

有按期还款的能力，原应付款利息和到期贷款已清偿；没有清偿的，已经作出银行认可的偿还计划；

除了事业法人外，应当在工商管理部门办理了年检手续；

已开立基本存款账户或一般存款账户；

有限责任公司和股份有限公司对外股本权益性投资累计没有超过其净资产总额的 50%；

借款人的资产负债率符合银行的要求；

---

① 中国银行业从业人员资格认证办公室. 公司信贷. 中国金融出版社, 2009

如申请中长期贷款，新建项目的企业法人所有者权益与项目总投资的比例要符合国家规定的投资项目资本金比例。

同时必须提交贷款卡，获得贷款卡的程序如下：

（一）领表

企业应持有效营业执照副本原件（事业单位持有效事业法人登记证副本原件）和有效代码证副本原件（或代码证电子副本即 IC 卡），向当地人民银行征信管理部门提出申请，在办卡窗口拷贝或从网上下载贷款卡申请书电子文档。不具法人资格的分支机构除上款各文件外，还应提交由上级法人出具的信贷业务授权书。其他单位确需办理贷款卡（编码）的，应提交编制委员会关于批准该机构成立的批文的复印件、经上级主管部门签署意见的申请报告、金融机构信贷意向书以及本单位正式介绍信。

（二）填表

企业经办人如实填写各有关表格，有关各表格的填写应先阅读"填写说明"，填写应有根有据，不得凭印象随意填写。贷款卡申请书各项信息经校验无误后打印成纸质文件，由法定代表人（负责人）、主管会计、经办填表人分别在指定处签名（不得代签），并加盖企业（单位）公章。

（三）送验

申请人准备好下列应出示文件和应提交文件（材料），连同贷款卡申请书（纸质文件和电子文档）一起送人民银行有关部门审验：

1. 有效的企业法人营业执照或营业执照或事业法人登记证等复印件，并出示副本原件；

2. 有效的组织机构代码证副本复印件，并出示副本原件。

3. 有效的国税登记证、地税登记证副本复印件，并出示副本原件。

4. 有效的基本账户开户许可证复印件，并出示原件。

5. 法定代表人（负责人）、总经理、财务责任人等高级管理人员的有效身份证明（身份证、外籍护照、回乡证等）、学历证明材料复印件，大专以下学历不需提交学历证明材料。

6. 企业法人最新注册资本验资报告或国有资产产权登记证或有关注册资本来源的证明材料复印件，并出示原件。

注意：①验资报告中应载明具体出资人和出资额；②若为增资报告则应同时提交原验资报告；③若注册资本验资报告、国有资产产权登记证或有关注册资本来源的证明材料等均无法提供原件，可由主管工商行政管理部门出具其有关出资证明文书；④以上证明材料中企业名称若与本企业实际名称不符，需提交工商部门变更证明；股东变更需提交股权转让协议，或者工商部门的出资变更证明。

7. 企业资本构成情况表中各出资单位有效组织机构代码证复印件和各出资自然人的身份证件复印件。

8. 企业对外投资情况证明材料。被投资单位验资报告、（未验资的）被投资单位公司章程等，以及各被投资单位的有效组织机构代码证复印件。

9. 上级公司（集团公司/母公司）的有效组织机构代码证复印件。

10. 法人代表家族企业各成员身份证件，以及家族企业各成员单位的营业执照复印件。

11. 企业法人申请贷款卡前的上年度或最近季度及上一个月财务报表（资产负债表、损益表及现金流量表），各报表页须盖企业公章和财务负责人、制表人印章（或签字）。事业单位、非法人企业、个体工商户等无须报送财务报表。

12. 申请贷款卡经办人身份证件复印件。

13. 若委托他人申请贷款卡（编码）的，还另需提交具有法律效力的委托授权书。

14. 人民银行征信管理部门要求提供的其他材料。

上述各复印件，一律按 A4 纸规格复印，并加盖单位公章。

（四）发卡

人民银行根据申请人报送的资料，审查申请人是否具备领卡（编码）的资格。对条件具备者人民银行按有关规定颁给贷款卡，申请人可对自己的贷款卡设置密码，以保护本单位信用信息安全。

（五）提交贷款申请书

■ 访问面谈

企业向商业银行提出贷款申请后，一般情况下，银行信贷业务人员会通过面谈等方式进行前期调查。企业应当了解面谈的大体内容，作好准备，积极配合，才能顺利贷到款项。

面谈一般按照国际通行的信用"6C"标准原则展开。"6C"标准即品德（Character）、能力（Capacity）、资本（Capital）、担保（Collateral）、环境（Condition）和控制（Contral），从申请企业的现状、贷款需求、还款能力、抵押品的可接受性以及企业目前与银行的关系等方面取得企业的相关信息。

面谈中银行要了解的情况大体上有：

申请贷款企业状况。包括历史背景、股东背景、资本构成、组织构架、产品情况、经营现状等。

企业贷款需求状况。包括贷款背景、贷款用途、贷款规模、贷款条件。

企业的还款能力。包括现金流量构成、经济效益、还款资金来源、担保方的经济实力等。

抵押品的可接受性。包括抵押品的种类、权属、价值、变现的难易程度等。

企业与银行的关系。包括企业与拟借款行、其他银行的业务往来情况、信用履约记录等。

◆ 贷款意向

银行的前期考察工作结束，就可以得到不予受理或可以正式受理的结果。如果确立了贷款意向，表明贷款可以受理。此时银行方面可能出具贷款意向书，也可能通过口头、电话或书面等形式告知企业贷款申请正式受理。不管是哪种方式，之后银行都要求申请企业提供正式的贷款申请书及更为详尽的材料。

■ 贷款申请书

企业要向银行提供一份正式的"贷款申请书"。

申请书要写明：借款人概况、申请借款金额、借款币别、借款期限、借款用途、还款来源、还款保证、用款计划、还款计划及其他事项。

申请书上还要由法人代表或其授权人签字并加盖借款人公章。

■ 借款人需提交的材料

◆ 无论借款人申请何种贷款，都要提供以下材料：

借款人已经在工商管理部门办理年检手续的营业执照复印件；

法人代码证和税务登记证复印件；

初次申请贷款还要提供公司章程；

借款人的贷款卡复印件；

借款人的财务审计报表；

外商投资企业及股份制企业，提交关于同意申请借款的董事会决议和借款授权书正本。

◆ 不同担保形式的贷款，还需提交以下材料：

保证形式贷款。经银行认可，有担保能力的担保人的营业执照复印件；担保人经审计的近三年的财务报表；如担保人为外商投资企业或股份制企业，应提交关于同意申请借款的董事会决议和借款授权书正本。

抵（质）押形式贷款。抵押、质押物清单；抵押、质押物价值评估报告；抵押、质押物权属证明文件；如抵押、质押物为外商投资企业及股份制企业，应出具同意提供抵押、质押的董事会决议和授权书；借款人同意将抵押物办理保险手续并以银行作为第一受益人。

◆ 固定资产贷款。提交资金到位情况证明文件（资本金、金融机构贷款、其他融资方式……）；项目可行性研究报告及有关部门对可行性研究报告的批复；其他配套条件落实的证明文件。

◆ 流动资金贷款。提交采购合同、销售合同等。

■ 个人贷款

现实中的旅游企业以小企业居多，多数会选择个人贷款，如果是个人创业贷款，一般有以下几种：

◆ 创业贷款

创业贷款是指具有一定生产经营能力或已经从事生产经营活动的个人，因创业或再创业提出资金需求申请，经银行认可有效担保后而发放的一种专项贷款。符合条件的借款人，根据个人的资源状况和偿还能力，最高可获得单笔 50 万元的贷款支持。

◆ 抵押贷款

对于需要创业的人来说，可以灵活地将个人消费贷款用于创业。抵押贷款金额一般不超过抵押物评估价的 70%，贷款最高限额为 30 万元。如果创业需要购置沿街商业房，可以以拟购房子作抵押，向银行申请商用房贷款，贷款金额一般不超过拟购商业用房评估价值的 60%，贷款期限最长不超过 10 年。

◆ 质押贷款

除了存单可以质押外，以国库券、保险公司保单等凭证也可以轻松得到个人贷款。存单质押贷款可以贷存单金额的 80%；国债质押贷款可贷国债面额的 90%；保险公司推出的保单质押贷款的金额不超过保险单当时现金价值的 80%。

◆ 保证贷款

如果没有存单、国债，也没有保单，但借款人的配偶或父母有一份较好的工作，有稳定的收入，这也是绝好的信贷资源。当前银行对高收入阶层情有独钟，律师、医生、公务员、事业单位员工以及金融行业人员均被列为信用贷款的优待对象，这些行业的从业人员只需找一至两个同事担保就可以在工行、建行等金融机构获得 10 万元左右的保证贷款，在准备好各种材料的情况下，当天即能获得批准，从而较快地获取创业资金。

自己开公司首先要面对资金问题。如今银行的贷款种类越来越多，贷款要求也不断放松，如果根据自己的情况科学选择适合自己的贷款品种，个人创业将会变得更加轻松。

本章参考及进一步阅读的文献

1. 中国银行业从业人员资格认证办公室. 公司信贷. 中国金融出版社, 2009

第十四章　借款需求分析

- ■ 借款需求分析的意义
- ■ 借款需求分析工具
- ■ 借款需求分析的内容
- ■ 资金需要量分析

　　企业在投资和经营过程中，总会遇到资金紧缺的问题，借款是经常性的财务管理工作。合理的借款可以为企业的发展提供机会和动力，不合理的借款会加大企业的经营风险。

　　借款需求分析就是帮助企业分析造成企业资金短缺的原因；企业需要借款的数额和结构；借款的风险预测等。

■ 借款需求分析的意义

　　借款需求与还款能力、企业经营风险密切相关，贷款期限的设计、利率的可接受程度都需要进行借款分析。

　　对银行来讲，通过借款分析，可以了解企业在资本运营过程中导致资金短缺的原因，合理有效地规避风险；

　　银行也可以利用其专业优势，为企业在融资方面提供科学、合理的建议，为企业发展提供咨询服务；

　　对拟借款的企业来说，它们不一定真正了解自己需要借款的原因，缺钱只是"结果"，而原因则"五花八门"。到底是季节性流动资金短缺，还是投资的结构性缺陷导致资金不足？通过借款分析，企业就能找到资金短缺的真正原因，进而合理配置负债，降低经营风险。

■ 借款需求分析工具

企业的现金流量表、资产负债表和损益表，都可以进行借款需求分析。

一、现金流量表

现金流量表是反映一家公司在一定时期现金流入和现金流出动态状况的报表。其组成内容与资产负债表和损益表相一致。通过现金流量表，可以概括地反映经营活动、投资活动和筹资活动对企业现金流入流出的影响，对于评价企业的实现利润、财务状况及财务管理，可以比损益表提供更好的基础。

现金流量表以收付实现制为编制基础。对现金流量表的分析，既要掌握表的结构及特点，分析其内部构成，又要结合损益表和资产负债表进行综合分析，以求全面、客观地评价企业的财务状况和经营业绩。

1. 经营活动产生的现金流量分析

（1）将销售商品、提供劳务收到的现金与购进商品。接受劳务付出的现金进行比较。在企业经营正常、购销平衡的情况下，二者比较是有意义的。比率大，说明企业的销售利润大，销售回款良好，创现能力强。

（2）将销售商品、提供劳务收到的现金与经营活动流入的现金总额比较，可大致说明企业产品销售现款占经营活动流入的现金的比重有多大。比重大，说明企业主营业务突出，营销状况良好。

（3）将本期经营活动现金净流量与上期比较，增长率越高，说明企业成长性越好。

2. 投资活动产生的现金流量分析

当企业扩大规模或开发新的利润增长点时，需要大量的现金投入，投资活动产生的现金流入量补偿不了流出量，投资活动现金净流量为负数，但如果企业投资有效，将会在未来产生现金净流入，用于偿还债务，创造收益，企业不会有偿债困难。因此，分析投资活动现金流量，应结合企业目前的投资项目进行，不能简单地以现金净流入还是净流出来论优劣。

3. 筹资活动产生的现金流量分析

一般来说，筹资活动产生的现金净流量越大，企业面临的偿债压力也越大，但如果现金净流入量主要来自于企业吸收的权益性资本，则不仅不会面临偿债压力，资金实力反而增强。因此，在分析时，可将吸收权益性资本收到的现金与筹资活动现金总流入比较，所占比重大，说明企业资金实力增强，财务风险降低。

4. 现金流量构成分析

首先，分别计算经营活动现金流入、投资活动现金流入和筹资活动现金流入占现金总流入的比重，了解现金的主要来源。一般来说，经营活动现金流入占现金总流入比重大的企业，经营状况较好，财务风险较低，现金流入结构较为合理。其次，分别计算经营活动现金支出、投资活动现金支出和筹资活动现金支出占现金总流出的比重，它能具体反映企业的现金用于哪些方面。一般来说，经营活动现金支出比重大的企业，其生产经营状况正常，现金支出结构较为合理。

二、资产负债表

资产负债表是反映企业期末资产和负债状况的报表。资产负债表的分析，主要是通过资产负债表结构分析和比较分析来进行。通过计算各类资产占总资产的比重，并与行业参考指标相比较，了解企业各项资产占用情况；通过计算全部资金中负债与所有者权益所占比重，并与行业参考指标比较，了解企业资金结构是否合理；评价借款人的经济基础是否牢固，抵御风险能力有多大，偿债能力如何。

三、损益表

损益表是指反映企业在一定会计期的经营成果及其分配情况的会计报表，它揭示了企业利润的计算过程和利润的形成过程。企业的经营成果通常表现为某个时期收入与费用配比而得的利润或亏损。损益表分析的作用主要在于：有助于解释、评价和预测企业的经营成果和获利能力；有助于解释、评价和预测企业的偿债能力。

■ 借款需求分析的内容

一、游客季节性增长引起的资金需求

旅游企业经营具有明显的季节性，旺季游客稳定增长，甚至在某些"事件（如"天池水怪"）"的影响下"暴涨"。为了满足旺季游客的大量增加，企业需

要在旺季之前或旺季期间增加存货、人力资源等的供应；旺季也相应地会出现应收账款的增加，但通常情况下有一段滞后期，这就导致资金出现缺口，需要现金去满足。

出现资金缺口有多种融资渠道：

增加应付账款。商业信用好的企业可以在购买存货时要求延期付款，在资产负债表上表现为应付账款。

企业内部融资。来自公司内部的现金和有价证券。

申请银行贷款。申请流动资金贷款或短期贷款。

二、游客持续性增长引起的资金需求

创新性的旅游产品、对季节变化反应迟钝的新产品，也可能在一段时期内出现持续的游客增长。有的旅游产品本身是季节性产品，游客持续多年保持稳定持续增长，也可以按照持续性增长对待。

三、资产变化引起的资金需求

资产变化引起的资金需求主要有：

资产效率的下降；

企业商业信用减少；

固定资产的重置；

固定资产扩张；

企业长期投资。

四、负债变化引起的资金需求

商业信用的变化导致应付账款融资出现困难；

债务重构。

五、融资成本变现引起的资金需求

红利支付；

利息支出。

六、盈利能力不足引起的资金需求

盈利能力不足有多种原因，但都会导致直接借款需求，而此时银行会比较谨慎。

七、额外的或者非预期性支出引起资金需求

旅游业容易受到外部事件的影响,偶然事件可能导致企业额外的资金需求,在留存收益不足时需要借款。

■ 资金需要量分析

资金是企业生产经营最为重要的因素,因此保证资金的合理供应、提高资金的利用效率是企业正常运作的前提和保证。资金需要量分析也就是预测企业未来的资金需要量。企业的资金需要量预测是指在销售预测、成本预测、利润预测的基础上根据企业未来经营发展需要并考虑影响资金需要量的各项因素,运用一定的科学方法预计和推测企业未来一定时期内或一定项目所需要的资金数额。资金需要量的预测,既要保证企业各项经济活动所需资金供应,又要使生产经营活动以最少的资金占用取得最佳的经济效益。

一、资金需要量预测的主要依据

企业生产经营活动所需的资金通常分为两类:一类是用于固定资产方面的资金,称为"固定资金";另一类是用于流动资产方面的资金,称为"流动资金"。这里所指的资金需要量预测是指包括流动资金和固定资金在内的资金需要总量的预测。企业的资金需要量预测要在销售预测、成本预测、利润预测的基础上,根据企业未来经营发展需要并考虑影响资金需要量的各项因素进行预测。在一般情况下,影响资金需要量程度最大的就是计划期间的预计销售金额。因此,良好的销售预测是资金需要量预测的主要依据。

二、资金需要量预测的主要方法

资金需要量预测最常用的方法有销售百分比法和回归分析法。

1. 销售百分比法

销售百分比法,就是根据资金各个项目与销售收入总额之间的依存关系,按照计划期销售额的增长情况来预测需要相应地追加多少资金的方法。销售百分比法一般按以下几个步骤进行:

① 资产类项目。周转中的货币资金、正常的应收账款和存货等流动资产项目,一般都会因销售额的增长而相应地增加。而固定资产是否要增加,需视基

期的固定资产是否已被充分利用而定。如尚未充分利用，可通过进一步挖掘其利用潜力，即可生产更多的产品；如基期对固定资产的利用已达饱和状态，则增加销售就需要扩充固定设备。至于长期投资和无形资产等项目，固定资产一般不随销售额的增长而增加。

②　权益类项目。应付账款、应付票据、应交税金和其他应付款等流动负债项目，通常会因销售的增长而增加。如果企业实行计件工资，则应付工资项目随销售的增长而相应增长。至于长期负债和股东权益等项目，则不随销售的增长而增加。

③　计算基期的销售百分比

根据基期资产负债表，将与销售额有依存关系的项目，按基期销售收入计算其金额占销售的百分比。

④　计算期内所需追加资金量

计划期内所需追加资金量包括以下几方面内容：

◆　由于计划期销售增加而追加的资金量。它是根据增长的销售额按销售百分比计算的。计算公式如下：

增加的销售额所需追加资金= $[(A/C) - (L/C)] \times (S - S_0)$

式中：A——随销售额增加而增加的资产

L——随销售额增加而增加的负债

C——项目金额占销售额的百分比

S——计划期销售总额

S_0——基期销售总额

◆　计划期内需要追加资金的内部资金来源。包括计划期所提取的折旧准备（应减去计划期用于更新改造的金额）和留存收益两个项目：

计划期内部资金来源= $Dep + SR_0(1-d)$

式中：Dep——计划期提取折旧—计划期用于更新改造资金

S——计划期销售总额

R_0——销售利润率

d——计划期股利发放率

◆　计划期的零星资金需要量（M）。

最后，按下列公式计算出计划期间预计需要追加的资金数量。

$$计划期预计追加的资金数量 = \left[\frac{A}{C} - \frac{L}{C}\right](S - S_0) - [Dep + SR_0(1-d)] + M$$

【例14.1】龙秀酒店基期销售收入总额为800000元，获得税后净利30000元，发放股利15000元。基期的客房设备利用率已达饱和状态。该酒店基期期末的简略资产负债表如表 14.1 所示。若该公司计划年度销售收入总额将达到 1200000 元，并仍按基期股利发放率支付股利，折旧提取数为 30000 元，其中 70%用于更新改造现有的客房设备；又假定零星资金需要量为 18000 元，试预测计划期间需追加的资金数量。

表 14.1 龙秀酒店资产负债表（单位：元）

资产		负债及所有者权益	
项目	金额	项目	金额
现金	20000	应付账款	80000
应收账款	100000	应交税金	40000
存货	160000	长期负债	160000
固定资产（净值）	200000	普通股股本	250000
无形资产	70000	留存收益	20000
合计	550000	合计	550000

　　根据基期期末的资产负债表各项目与销售额的依存关系，计算编制用销售百分比形式反映的资产负债表，如表 14.2 所示。

表 14.2　按销售百分比计算的资产负债表

资　产		负债及所有者权益	
项　　目	各项目金额占销售额的百分比	项　　目	各项目金额占销售额的百分比
现金	2.5%	应付账款	10%
应收账款	12.5%	应交税金	5%
存货	20%	长期负债	—
固定资产（净值）	25%	普通股股本	—
无形资产	-	留存收益	—
合计（A/S_0）	60%	合计（L/S_0）	15%

$$\text{计划期预计追加的资金数量} = \left[\frac{A}{C} - \frac{L}{C}\right](S - S_0) - \left[Dep + SR_0(1-d)\right] + M$$

$$= (60\% - 15\%) \times (1200000 - 800000) - [30000 \times (1-70\%)$$

$$+ 1200000 \times 30000 \div 800000 \times (1 - 15000 \div 30000)] + 18000$$

$$= 166500 \text{元}$$

2. 回归分析法

回归分析法就是运用最小平方原理对过去若干期间的销售额及资金总量（即资金占用额）的历史资料进行分析，按照 y=a+bx 的公式来反映销售收入总额（x）和资金总量（y）之间的回归直线，并据以预测计划期间资金需要量的一种方法。

【例 14.2】远洋酒店用品公司 2006～2008 年度的实际销售额分别为 200 万元、220 万元、260 万元，而相应的资金占用额分别为 40 万元、45 万元、55 万元。该公司预计 2008 年度的销售额将达到 300 万元，则该公司 2009 年度的预测资金额是多少？

解析：设销售额为 x，则 x_1=200，x_2=220，x_3=260；资金占用额为 y，则 y_1=40，y_2=45，y_3=55，n=3。设 y=a+bx，a、b 为常数，则根据回归直线公式为

$$b=\left(n\sum x_iy_i - \sum x_i\sum y_i\right)/\left[n\sum x_i^2 - \left(\sum x_i\right)^2\right]$$

$$=(3\times 32200 - 680\times 140)/(3\times 156000 - 680\times 680)$$

$$=0.25$$

$$a=\left(\sum y_i - b\sum x_i\right)/n=(140 - 0.25\times 680)/3$$

$$=-10$$

因为 2009 年度的预计销售额 x_4=300，则 2009 年度预测资金额为：

y_4=a+bx=－10+0.25×300=65 万元

本章参考及进一步阅读的文献

1．中国银行业从业人员资格认证办公室．公司信贷．中国金融出版社，2009

2．高檀，史建梁．管理会计．科学出版社，2005

第五篇
旅游市场研究

第十五章　旅游市场研究

- ■ 旅游市场分析
- ■ 旅游供给调查
- ■ 旅游需求调查
- ■ 旅游市场预测方法

市场预测是对项目的产出品（产品、服务）和所需的主要投入品的市场容量、价格、竞争力，以及市场风险进行分析预测。市场预测的结果为确定项目建设规模与产品方案提供依据。

■ 旅游市场分析

市场预测主要围绕与项目产出品相关的市场条件展开。由于旅游项目产品的多样性，既包括为到访游客提供的有形产品、无形产品，还包括为社区公众提供使用或服务的旅游公共产品（公园、海滩、纪念地），因此市场预测的具体内容有很大差异，但就其基本内容和方法而言又是相同的。

旅游市场预测的研究内容主要有：

旅游市场现状调查；

旅游产品供应与需求预测；

旅游产品价格预测；

目标市场与市场竞争力分析；

市场风险分析。

市场预测的时间跨度应根据产品的生命周期、市场变化规律以及占有数据资料的时效性等情况综合确定。竞争性项目的产品，预测时段一般为5～10年左右。市场预测范围应包括全国市场、区域市场、本地市场，有的项目还要预测国际市场。市场预测深度应满足确定项目建设规模与产品方案的要求。

一、市场现状调查

市场现状调查是进行市场预测的基础。市场现状调查主要是调查拟建项目资源占有，同类产品的市场容量、价格以及市场竞争力现状等。

1．拟建项目资源占有情况

2．同类产品市场容量现状调查

市场容量现状调查，主要是调查项目产品在近期和预测时段的市场供需总量及其区域分布情况，为项目产品供需预测提供条件。调查内容如下：

（1）供应现状

（2）需求现状

3．价格现状调查

4．市场竞争力现状调查

二、供需预测

供需预测是利用市场调查所获得的信息资料，对项目产品未来市场供应和需求的数量、品种、质量、服务进行定性与定量分析。

1．产品供需预测应考虑的因素

（1）国民经济与社会发展对项目产品供需的影响。

（2）相关产业产品和上下游产品的情况及其变化，对项目产品供需的影响。

（3）产品结构变化，产品升级换代情况对项目产品供需的影响。

（4）项目产品在其生命周期中所处阶段（投入期、成长期、成熟期、衰退期）对供需的影响。

（5）不同地区和不同消费群体的消费水平、消费习惯、消费方式及其变化，对项目产品供需的影响。

2．产品供需预测的内容

（1）供应预测

预测拟建项目产品在生产运营期内全社会和目标市场的可供量，包括现有供应量和新增供应量。

（2）需求预测

预测拟建项目产品在生产运营期内全社会和目标市场需求总量。

3．产品供需平衡分析

在产品供应和需求预测的基础上，分析项目产品在生产运营期内的供需平衡情况和满足程度，以及可能导致供需失衡的因素和波及范围。

4．目标市场分析

根据市场结构、市场分布与区位特点、消费习惯、市场饱和度，以及项目产品的特性和价格的适应性等因素，选择确定项目产品的目标市场，预测可能占有的市场份额。

三、价格预测

项目产品价格是测算项目投产后的销售收入、生产成本和经济效益的基础，也是考察项目产品竞争力的重要方面。预测价格时，应对影响价格形成与导致价格变化的各种因素进行分析，初步设定项目产品的销售价格。

四、竞争力分析

竞争力分析是研究拟开发项目在市场竞争中获胜的可能性和获胜能力。进行竞争力分析，既要研究项目自身竞争力，也要研究竞争对手的竞争力，并进行对比，以此进一步优化项目的技术经济方案，扬长避短，发挥竞争优势。

1．竞争力优势、劣势分析

（1）旅游资源独特性优势、劣势；

（2）规模效益的优势、劣势；

（3）产品特色的优势、劣势；

（4）价格的优势、劣势；

（5）品牌、商誉的优势、劣势；

（6）项目区位的优势、劣势；

（7）人力资源的优势、劣势。

2．竞争力对比

选择项目目标市场范围内，占市场份额较大、实力较强的几家竞争对手，将项目自身条件与竞争对手条件的优势、劣势对比并排序。编制竞争力对比分析表，如表 15.1 所示。

表 15.1　竞争力对比分析表

序号	比较内容	本项目优势、劣势	竞争对手优势、劣势				本项目与竞争对手对比后的优势、劣势排序
			国内竞争对手		国际竞争对手		
			对手Ⅰ	对手Ⅱ	对手Ⅰ	对手Ⅱ	
1	资源独特性						
2	产品特色						
3	规模效益						
4	区位						
5	服务水平						

续表

序号	比较内容	本项目优势、劣势	竞争对手优势、劣势				本项目与竞争对手对比后的优势、劣势排序
			国内竞争对手		国际竞争对手		
			对手Ⅰ	对手Ⅱ	对手Ⅰ	对手Ⅱ	
6	价格						
7	商标、商誉、品牌						
8	人力资源						

3. 营销策略研究

对市场竞争比较激烈的旅游产品，应进行营销策略研究，研究旅游产品进入市场和扩大销售份额在营销方面应采取的策略。营销策略分析一般应包括：销售方式、销售渠道、销售网点、价格定位、宣传手段、结算方法、售后服务等。

五、市场风险分析

在旅游商业研究中，市场风险分析是在产品供需、价格变动趋势和竞争能力等常规分析已达到一定深度要求的情况下，对未来市场某些重大不确定因素发生的可能性，及其可能对产品造成的损失程度进行的分析。市场风险分析可定性描述，估计风险程度；也可定量计算风险发生概率，分析对产品的影响程度。旅游市场产生风险的主要因素有：

（1）新竞争对手加入，市场趋于饱和，出现产出品买方市场，导致项目产品市场占有份额减少，产出品的价格急剧下降；

（2）市场条件出现突发性变化，引起市场激烈震荡，导致产出品销售锐减。

上述情况的出现，均影响企业、项目的预期效益。应根据旅游市场的具体情况，确定可能面临的主要风险并分析风险程度。

■ 旅游供给调查

旅游商业研究归根到底就是两个方面，即生产和消费。生产是旅游企业提供旅游产品与服务并交付到消费者手中的方法。消费是旅游者实际消费旅游产品与服务的方式、地点、原因和时间。

旅游供给调查是了解满足旅游需求的全部生产活动的结果。

一、旅游供给的组成

由于旅游体验的交付涉及多种不同的活动、服务和行业，因此对旅游经营者来说，就旅游供给的构成要素进行识别和分类是十分必要的。旅游供给包括旅游业经营者向旅游者提供的旅游资源、基础设施、接待设施、娱乐设施、体育场馆等。

人们对旅游供给结构的划分不尽相同。为了方便讨论，我们归纳的旅游供给结构如表 15.2。

表 15.2　旅游供给内容

类　型	组成要素	可经营的产品
旅游资源	气候	度假、滑雪
	森林、草原、湿地、沙漠	生态旅游产品
	山岳、湖泊、	风景名胜
	历史遗留	纪念地
	现代建筑	城市风貌
基础设施	交通	航空、铁路
	水电供应	
	通讯	
运营部门	运输部门	游艇、汽车公司
	住宿、餐饮部门	宾馆、饭店、度假村
	娱乐部门	游乐场、赛马
	景观业部门	景区、景点
	购物	特色工艺品、保税产品、纪念品、土特产品
服务水平	管理能力、城市（景区）秩序、景区卫生、景区可进入性	服务增值产品
好客氛围	社区居民态度	目的地营销
社会习俗	当地居民的生产、生活行为	体验旅游、散客旅游、自驾旅游

二、旅游资源及调查

旅游资源是构成旅游活动的客体，是旅游吸引物，既是一个国家或地区发展旅游业的基础，也是旅游企业经营的基本要素。如果没有旅游资源，游客便不会被吸引前来访问，旅游企业也就无法生存。一个国家或地区拥有的旅游资源越丰富和越有特色，对游客的吸引力也就越强。因此，一个国家或地区旅游业的成功发展，最基础的条件在于它所拥有旅游资源的数量和质量。

1．类型调查

旅游资源首先可以分为免费资源和稀缺资源两大类。免费旅游资源包括气候、文化、传统、生活方式等。免费资源的调查一般通过文献调查就可获得，譬如一个地方的气候是否适宜发展度假旅游产品等。稀缺的旅游资源调查相对复杂，我国已制定了旅游资源分类、调查与评价的国家标准（GB／T18972－2003）。

2．数量与结构调查

3．开发利用状态调查

4．开发潜力调查

尽管有一个国家标准，但在实践应用中问题很多，对于区域旅游资源本底调查、区域旅游规划、旅游行政管理工作而言，还是可以使用的，但对于商业开发来讲，还应在国家标准的基础上，设计更为合适的调查表。从商业研究的角度考虑，上述内容可以分项调查，也可以综合调查，如表 15.3。

表 15.3　龙秀市旅游资源调查表

旅游资源 编号：		旅游资源 名称：	
主管部门：			
地理位置：			
通讯地址：			
联系电话：		传真	
邮政编码：		电子邮件	
网址：			
资源类型	□地文景观 □水域风光 □生物景观 □自然景象 □遗址遗物 □建筑与设施 □旅游商品 □人文活动 □其他（请说明）		
资源概述	（旅游资源种类、特征、数量、品味、组合关系、保护措施等，可另附页）		
所处环境	（地理位置、交通区位优势、周边环境等，可另附页）		
保护与开发现状	（行政归属单位、经营管理单位、开业时间、发展过程、累计投入、近三年经营情况等，可另附页）		
是否编制旅游规划		旅游规划编制单位	
旅游规划审批单位		旅游规划审批时间	
开业时间		截止×年底总投资额	
日最佳接待量（人次）		日最大接待量（人次）	

续表

×年游客接待量(万人次)		×年门票收入（万元）	
停车场数量（个）		停车位数量（个）	
是否有门票：		门票价格（元）：	
面积			
总占地面积（m²）		建筑面积（m²）	
水域面积（m²）		绿地面积（m²）	
交通状况			
依托城市名称（填依托县区城市）		距依托城市距离（km）	
距龙秀市区距离（km）		在图上标注地理位置，附电子稿示意图	
文物保护单位	□国家级文物保护单位主体　□省级文物保护单位主体 □市级文物保护单位主体　□其他文物保护单位主体		
自然保护区	□国家级自然保护区主体　□省级自然保护区主体 □市级自然保护区主体　□其他级自然保护区主体		
风景名胜区	□国家级重点风景名胜区主体　□省级重点风景名胜区主体 □其他级重点风景名胜区主体		
旅游度假区	□国家旅游度假区主体　□省级旅游度假区主体 □其他旅游度假区主体		
森林公园	□国家森林公园主体　□省级森林公园主体 □市级森林公园主体　□其他森林公园主体		
地质公园	□国家地质公园主体　□省级地质公园主体 □其他地质公园主体		
旅游区（点）等级：			

注：资源类型请参照国家标准《旅游资源分类、调查与评价》。

三、旅游设施

旅游设施即旅游经营者向旅游者提供食、住、行、游、购、娱等方面服务的凭借物，这些设施和服务的数量、品质代表一个国家或地区旅游接待能力。旅游企业的商业机会主要体现在这些方面。

住宿设施调查可以按区域、城市调查，也可以按细分的市场调查，如表 15.4、表 15.5。

表 15.4　高尔夫会所旅游接待服务情况调查表

单位名称		
通讯地址		
邮编	主管部门	
负责人姓名	职务	
电话	手机	
联系人姓名	职务	
电话	手机	
传真		
单位网址	电子邮箱	
单位性质	国有、股份、集体、私营、中外合资（打√）	
投资方		
企业注册资金	成立时间	
会所建筑物面积	球场面积（公顷）	
球场数量	球洞数	
会所数量	练习场打位数量	
客房数量	餐位数量	
管理人员人数	球童数量	
其他服务人员人数	拥有会员数	
××年接待游客总人数		
××年接待韩日游客人数		
××年接待我国港澳台游客人数		
××年接待我国内地游客人数		
××年营业总收入	球场收费标准	
××年综合服务收入	房地产收入	
承办赛事情况	国际（　）次　　　　国内（　）次	
高尔夫球场简介		

表 15.5　马场镇西大河观光旅游接待户（餐饮）调查表

村　名	户　名	房屋结构（有卫生厕所）	间数	接待能力（人）	联系电话
一场	赵晓峰	水泥结构	3	30	
二场	麻志峰	水泥结构	2	20	
	李建良	水泥结构	2	20	
	于小萍	水泥结构	2	20	
五场	陶桂林	水泥结构	3	20	
	麻艺杰	水泥结构	3	30	

村名	户名	房屋结构（有卫生厕所）	间数	接待能力（人）	联系电话
马洼	马良辉	水泥结构	3	30	
	马洪根	砖木结构	4	30	
	马龙喜	水泥结构	3	30	
黄岘口	腾成项	水泥结构	3	16	
	严立荣	三层水泥结构	3	30	
	施立军	水泥结构	3	40	
	吴炳富	水泥结构	3	30	
	陈道桂	土木结构	8	20	
应和村	李跃平	土木结构	4	20	
	方亚平	土木结构	3	20	
	李国营	土木结构	4	20	
泉水村	鲍一平	水泥结构	3	16	
	鲍松林	水泥结构	3	20	
大石三	鲍时清	水泥结构	2	20	
	鲍竹标	水泥结构	2	20	
	徐早清	水泥结构	2	20	
后山村	余森标	土木结构	4	30	
	余良忠	土木结构	3	30	
清泉村	林和春	水泥结构	3	25	
	吴志坤	水泥结构	3	18	
	林有清	水泥结构	3	18	
合计					

四、旅游服务

传统的旅游服务指旅行社的组团、导游、翻译；交通部门的客运服务、饭店业的食宿服务、商业零售部门的购物服务以及其他部门向游客提供的商业性接待服务。现在内容更为丰富，譬如网上预定、在线服务、旅游咨询、旅游规划、散客服务中心等。

五、旅游基础设施

旅游基础设施是辅助性旅游供给的主要内容。一般来讲，这些设施都是针对当地居民的需要而设计和提供的，它不是直接针对旅游者而提供的，但来访的旅游者同样也要使用这些设施，其数量和质量反映着地区社会经济发展的状况。

六、旅游项目建设情况调查

在建旅游项目，就是潜在的旅游供给品，商业研究一定要重视在建项目分析，避免重复建设。在建旅游项目调查如表 15.6 所示。

表 15.6　旅游项目建设情况统计调查表（单位：万元）

项目名称	项目单位	性质	建设内容	起止年限	累计投资完成情况					
					投资总额	其中：				
						政府投资	金融贷款	外商投资	企业自筹	其他投资

填表说明：

1. 项目名称：填写××万元以上（含××万元）的旅游投资项目；

2. 项目单位：填写项目的法人单位；

3. 性质：按新建、扩建、续建填写；

4. 累计投资完成情况：填写项目从开工之日起到××年××月××日止累计投资完成情况；

5. 政府投资包括：现金、实物、土地折价、国债资金等；

6. 项目现状可另为予以说明。

填表日期：　　年　月　日

■ 旅游需求调查

一、影响旅游需求的因素

在旅游商业研究中，凡是使旅游需求增加或减少的因素都视为旅游需求的影响因素。除了价格以外，对旅游需求具有明显影响的因素主要有：

1. 社会经济发展水平

旅游业不仅是一项综合性经济产业，也是一项依赖性很强的产业。因此，经济发展水平的高低直接影响该国旅游需求的变化。

2. 人口因素

人口数量、年龄构成、地区分布、城乡结构都对旅游需求产生影响。

3. 旅游资源和环境容量

旅游目的地的旅游环境容量在很大程度上决定着旅游供给规模的最大极限。如果超负荷地接待外来旅游者，则会导致自然环境的破坏和当地居民的不满。这些问题的出现继而又会影响该旅游目的地对旅游市场的吸引力，造成旅游需求量的下降。

4. 旅游生产要素的价格

旅游产品的销售价格增加，引起旅游产品需求量也随之减少；反之，旅游产品售价降低，刺激旅游产品需求量随之增加。

5. 旅游经济发展的政策

有关旅游经济发展的方针和政策，会影响该地的旅游需求。明显的例子是我国为推动旅游业发展而采取的"黄金周"假日制度，极大地调动了国内旅游需求，推动了旅游业的发展。红色旅游、乡村旅游等也是政策推动需求的典型。

6. 社会文化、政治因素

社会文化活动本身可以产生客流，如麦加的穆斯林朝圣等。

7. 特殊事件

旅游本身就是体验未经历之事物，求新求异是其本性，因此特殊事件有时会导致旅游需求的增长。

二、旅游需求调查的主要内容

1. 入境旅游

对于拟开展入境旅游服务的企业或项目，要进行入境游客需求调查，主要内容有：

入境游客的主要特征；

入境游客的花费水平和花费构成；

在境内停留的时间；

入境次数；

入境流向；

地区、城市分布；

对设施的使用；

旅游目的偏好。

2．国内旅游人次

调查内容与入境旅游者基本相同，但更应重视区域调查。

3．旅游者消费能力

旅游消费能力与收入、可自由支配收入、家庭抚养、生命阶段、社会保障水平等诸多社会因素有关。

4．旅游者消费意愿

旅游者消费意愿调查要针对细分市场进行，既可以在特定的目的地、景区、景点、酒店、度假村进行，也可以在特定人群中进行。

■ 旅游市场预测方法

旅游市场预测是根据目前旅游市场状况和过去发展特点，对未来旅游市场可能的发展和变化趋势作出判断，以提高发展旅游业的计划性和目的性。分为短期、中期和长期预测。短期预测的年限为一年或一年以内，用于确定旅游业短期经营对策；中、长期顶测年限为数年或数十年，作为制定旅游业发展战略的依据。市场预测的内容包括：世界旅游市场总的变化和分布、旅游需求类型的变化、旅游市场未来的竞争趋势、本地区旅游业对市场需求变化的适应能力等。

影响市场变化的因素复杂。在旅游市场的变化中，许多因素难以预测，如政府干预，自然条件变化，疾病发生等，故要求市场预测应具有相当的灵活性。

在进行市场预测时，应根据项目产品特点以及项目不同决策阶段对市场预测的不同深度要求，选用相应的预测方法。

　　预测方法按其类型，分为定性预测方法和定量预测方法。定性预测方法是建立在经验判断基础上，并对判断结果进行有效处理的预测方法，带有一定的主观成分，如德尔菲法。定量预测方法是建立在数学模型基础上的预测方法，如时间序列法、回归分析法、趋势类推法、投入产出法、弹性系数法和产品终端消费法等。定量预测要通过调查进行预测，包括抽样调查、典型调查等，调查越深入，预测准确性越高。

　　预测方法按预测的时间跨度，分为中、长期预测方法和短期预测方法。适合于中、长期预测的方法有德尔菲法、回归分析法、趋势类推法、投入产出法、弹性系数法和产品终端消费法等。适合于短期预测的方法有简单移动平均法、简单指数平滑法、霍特双参数线性指数平滑法、时间序列分解法等。其中回归分析法、趋势类推法和弹性系数法也可用于短期预测。

　　此外，还有专门用于价格预测的比价法，用于市场占有率预测的马尔代夫转移概率矩阵法。

本章参考与进一步阅读的文献

　　1．查尔斯·R.格德纳，J·R.布伦特·里奇. 旅游学. 李天元，徐虹，黄晶译. 中国人民大学出版社，2008

　　2．米歇尔·霍尔，斯蒂芬·J.佩奇. 旅游休闲地理学. 周昌军，何佳梅译. 旅游教育出版社，2007

　　3．R.基钦，N.J.泰特. 人文地理学研究方法. 蔡建辉译. 商务印书馆，2006

　　4．雍天荣. 旅游市场营销. 对外经济贸易大学出版社，2008

第十六章 顾客满意度调查

- ■ 概念体系
- ■ 顾客满意度的影响因素
- ■ 服务差距理论与服务质量差距模型
- ■ 顾客满意度调查的手段
- ■ 开展顾客满意度调查的步骤
- ■ 我国旅游行业顾客满意度研究评论
- ■ 旅游接待企业顾客满意度测评方法研究
- ■ 旅游目的地满意度调查
- ■ 旅行社服务质量顾客调查
- ■ 度假区健身会所顾客满意度测评问卷
- ■ 旅客满意度调查的关注点

顾客满意概念是 1986 年由美国心理学家提出的。顾客满意度源于日本企业提出的顾客满意战略，20 世纪 90 年代以来发展成为管理学的重要理论。

20 世纪 80 年代初，当时的美国市场竞争环境日趋恶劣，美国电话电报公司（AT&T）为了使自己处于有利的竞争优势，开始尝试性地了解顾客对目前企业所提供服务的满意情况，并以此作为服务质量改进的依据，取得了一定的效果。与此同时，日本本田汽车公司也开始将顾客满意情况作为自己了解情况的一种手段，并且更加完善了这种经营战略。

在 20 世纪 80 年代中期，美国政府建立了"马尔科姆·鲍德里奇全国质量奖"（Malcolm Baldrige National Quality Award），以鼓励企业应用"顾客满意"。这一奖项的设立大大推动了"顾客满意"的发展。当然，它不只是单纯考核企业顾客满意度最终得分，而是测评企业通过以"顾客满意"为中心所引发的一系列进行全面质量管理的衡量体系。IBM、MOTOROLA、FEDEX 等都是这一奖项的获得者，但至今为止，全球每年获得这一奖项的企业不超过五名。

1989 年，瑞典成为第一个正式使用"国家顾客满意度调查工具（SCSB，Swedes' Customer Satissfaction Barometer）"评估产品和服务质量的国家。该工具具有跨部门、跨行业、跨企业的经济分析功能。

1994 年，美国人引进了 SCSB，加以改造后，构建了美国顾客满意度指数

（ASCI，American Consumer Satisfaction Index）。

20 世纪 90 年代中期，顾客满意度调查在我国大陆的跨国公司中得到初步应用。原因一是跨国公司总部要求按照本部的模式定期获得大中国区市场的顾客信息，以应对全球化进程中的挑战；二是在日趋激烈的市场竞争中，优秀的服务成为企业获得并保持竞争优势的重要砝码；三是企业主管部门需要对员工的工作绩效进行量化评估，而这需要来自顾客的评价。

我国的满意度指数（CCSI）测评体系的建立起步较晚，1997 年在中国质量协会、全国用户委员会的推动下，开始着手 CCSI 系统研究，并联合北大、人大、清华、社科院等国内顶极学术机构共同攻关，开展适合中国国情的国家满意度指数模型的设计工作。1999 年 12 月，国务院发布了《关于进一步加强产品质量工作若干问题的规定》，明确提出要研究和探索顾客满意度指数评价方法。

CCSI 是在参照和借鉴美国用户满意度指数方法（ACSI）的基础上，根据中国国情和特点建立的具有中国特色的质量评测方法。CCSI 以用户作为质量评价主体，用户需求作为质量评价标准，按照消费行为学和营销学的研究结论，通过构建一套由预期质量、感知产品质量、感知服务质量、感知价值、用户满意度、用户抱怨和用户忠诚度等 7 个主要指标组成的严格的模型，计算出消费者对产品使用的满意度指数。它的特点是收集用户对其感知到的质量状况和预期的质量水平等相关问题的回答结果，然后带入 CCSI 计量经济模型，计算出一个百分制的分数。

不同于其他市场研究，顾客满意度调查主要在企业的客户群中展开。这需要企业有良好的信息管理系统。在信息化程度最高的 IT 业，顾客满意度调查得到了较充分的应用。调查获得的信息不但能为多部门共享，而且为企业建立基于互联网的问题自动反馈系统提供了大量资料。

我国国家级的顾客满意度评测仅包括钢铁、煤炭、房产、汽车、IT 等少数几个行业。与国外起步较早的国家相比，无论是深度还是广度都存在明显的差距，尚不足以对国内整体经济起到宏观指导作用和发挥经济增长速度"晴雨表"的预测预报作用。

■ 概念体系

一、顾客满意

顾客满意（Consumer Satisfaction，缩写为 CS）是顾客对某一事项已满足其需求和期望的程度的意见表达。通俗地讲，是指顾客认为服务商、供应商提供的产品或服务已达到或超过他的预期的一种感受的表达。

二、顾客满意度

顾客满意度是对顾客满意做出的定量描述。可简要定义为：顾客对企业产品和服务的实际感受与其期望值比较的程度。

三、顾客满意度指数

顾客满意度指数（Consumer Satisfaction Index，缩写为 CSI），是根据顾客对企业提供的产品和服务质量的评价，通过建立模型计算而获得的一个指数，是一个测量顾客满意程度的多种经济指标。这些指标（变量）应相互关联，成为一个整体逻辑结构，借助于计量经济学的有关方法，将这些逻辑结构转换为数学模型，再将测评的有关数据输入此模型，便可以计算出顾客满意度指数。

四、顾客要求

顾客希望产品、服务具有满足其需求和期望的特性，这些需求和期望在产品、服务规范中表述，并集中归结为顾客要求。

顾客要求可以由顾客以合同方式规定或由组织自己确定。因为顾客的需求和期望是不断变化的，这就驱使企业持续地改进其产品、服务及其过程。

五、顾客不满

顾客不满（customer dissatisfaction）是指顾客对某一事项未能满足其需求和期望的程度的意见表达。

六、顾客满意度测量

测知顾客如何判断服务商的表现。顾客满意度调查是用来测量一家企业或一个行业在满足或超过顾客购买产品的期望方面所达到的程度。测量顾客满意度的过程就是顾客满意度调查。它可以找出那些与顾客满意或不满意直接有关的关键因素（用统计指标来反映，有时称之为绩效指标），根据顾客对这些因素的看法而测量出统计数据，进而得到综合的顾客满意度指标。具体包括

◆ 测定顾客预期的服务质量

要求顾客回想他们以往消费该项服务的经验，确定对于该项服务的预期质量水平。所需测定的指标包括：

顾客对服务质量的总体期望（消费前）；

对于服务顾客化程度（或者服务如何适应顾客的个人需要）的期望（消费前）；

对于服务可靠性（或者服务出错率）的期望（消费前）。

◆ 测定顾客经历的服务质量

要求顾客对他们近期消费的该服务作出评价。所需测定的指标包括：

对服务质量经验的总体评价（消费后）；

服务顾客化程度的经验（或者服务如何适应该顾客的个人需要）的评价（消费后）；

对服务可靠性（或者服务出错率）的评价（消费后）。

◆ 测定顾客感知价值

要求顾客评价他们所感受到的相对于所付出价格的服务质量水平。可以从两个角度来确定指标：

对于给定价格条件下的服务质量水平。这一指标适合于研究人员进行同业同项服务质量的横向比较；

对于给定服务质量条件下的价格水平。这一指标适合于所有进行差异化市场区划的市场经营环境，可以对同一市场定位的各服务项目的竞争力进行比较。

◆ 测定总体顾客满意度

测定总体顾客满意度主要通过三个指标：

总体满意度水平；

期望差距（次于或优于期望的实际表现）；

服务表现相对于理想中的该类服务的水平。

后两个指标中所指的"期望的服务水平"和"理想的服务水平"是两个不同的概念，服务的顾客满意度水平的测定是由服务表现与这二者的差距共同来衡量的。

◆ 测定顾客抱怨

对顾客抱怨的测定是通过测量顾客的抱怨是正式地（如写信、打电话给服

务的设计、策划者、管理人员和服务人员）还是非正式地提出这一指标来完成的。反映出的顾客抱怨水平可以反映企业和顾客的沟通水平和对顾客抱怨的管理水平。

◆ 测定顾客忠诚度

通过测量顾客对服务再消费的倾向性来完成对顾客忠诚度的测定。

七、顾客信任

顾客信任是指顾客对某一企业、某一品牌的产品或服务的认同与信赖，它是顾客满意不断强化的结果。与顾客满意倾向于感性感觉不同，顾客信任是顾客在理性分析基础上的肯定、认同和信赖，他们可以理性地面对品牌企业的成功与不利。

八、顾客承诺

指的是顾客在对某种产品或品牌的消费过程中，与该产品或品牌之间形成的一种心理契约。

九、顾客忠诚

是伴随着较高的态度取向的重复购买行为，是情感依恋和重复购买行为的有机融合。

十、客户终身价值

"客户终身价值"（Customer Life-cycle Value，简称 CLV）是指在维持客户的条件下，企业从该客户持续购买中所获得的利润流的现值，即每个购买者在未来可能为企业带来的收益总和。研究表明，如同某种产品一样，顾客对于企业利润的贡献也可以分为导入期、快速增长期、成熟期和衰退期。

十一、客户保留度

客户保留度是指客户在与企业发生初次交易之后继续购买该企业产品或服务的程度。

十二、客户贡献度

客户贡献度也称之为客户利润贡献度，是指客户对企业的利润贡献程度。从广义的、客户生命周期的角度来看，客户终身的贡献度包括现有的贡献以及潜在的贡献。

■ 顾客满意度的影响因素

一次旅游活动涉及咨询、预定、线路与行程确定、交通、住宿、景点、餐饮、购物、娱乐、结算等多个环节，旅游业涉及部门极其宽广，任何一个因素都无法单独决定顾客满意度。一般来说，顾客满意度的影响因素有：

一、顾客经历的服务质量

顾客经历的服务质量是通过顾客对近期消费经验的评价来表示的，对服务过程中的顾客满意具有直接的影响。通过顾客对所经历的服务的评价来预测顾客满意，其结果一般依赖于顾客的主观直觉，这是影响顾客满意度的关键因素。

二、服务的顾客化程度

指企业及服务人员向各类不同的顾客提供的个性化的服务的程度。丰富的服务组合给顾客提供了按个人需求选择服务的充分自由，这本身就是高品质的服务的重要特征。

三、服务的可靠程度

指企业及服务人员向顾客提供可靠的、标准的和充足的服务的程度。服务的可靠程度对顾客满意度有着很重要的影响。

四、顾客预期的服务质量

顾客预期的服务质量是通过顾客对以往企业及服务人员服务的消费经验（其中包括通过广告和口头宣传得来的非亲身经历的信息）的评价来表示的，代表了顾客对服务提供者未来的服务质量的预测。在服务表现一定的条件下，过高的顾客预期服务质量会因与其真实体验的差距大而降低顾客满意度。

五、沟通技巧

旅游活动中，如果服务人员不知道什么对客户来说更重要，不能准确理解客人的需求和优先要求，那么无论怎样重视细节，都不会令客人满意。因此，服务人员掌握良好的沟通技巧，在提供产品或服务的过程中与顾客进行有效的沟通是很重要的。

■ 服务差距理论与服务质量差距模型

服务质量差距理论是 20 世纪 80 年代中期到 90 年代初,美国营销学家帕拉休拉曼(A. Parasuraman)、赞瑟姆(Valarie A.Zeithamal)和贝利(Leonard L. Berry)等人提出的,是专门用来分析质量问题的根源。

服务质量差距,即顾客期望与顾客感知的服务之间的差距——这是差距模型的核心。这一差距由以下五个差距构成(如图 16.1):

◆ 促销差距——因推销交流引起;
◆ 理解差距——不了解顾客的期望;
◆ 程序差距——未选择正确的服务设计和标准;
◆ 行为差距——未按标准提供服务;
◆ 感受差距——顾客感受与现实不相匹配。

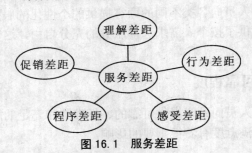

图 16.1 服务差距

首先,模型说明了服务质量是如何形成的。模型的外部涉及与顾客有关的现象。期望的服务是顾客的实际经历、个人需求以及口碑沟通的函数。另外,也受到企业营销沟通活动的影响。

实际经历的服务,在模型中称为感知的服务,它是一系列内部决策和内部活动的结果。在服务交易发生时,管理者对顾客期望的认识,对确定组织所遵循的服务质量标准起到指导作用。

分析和设计服务质量时,这个基本框架说明了必须考虑哪些步骤,然后查出问题的根源。要素之间有五种差异,也就是所谓的质量差距。最主要的差距是期望服务和感知(实际经历)服务差距。

服务质量差距模型五个差距分析 :

(1)理解差距 (Understanding Gap)

理解差距即管理者认识的差距。这个差距指管理者对顾客期望质量的感觉不明确，不能正确理解顾客的需求与优先要求。产生的原因有：

◆ 对市场研究和需求分析的信息不准确；

◆ 对期望的解释信息不准确；

◆ 没有需求分析；

◆ 企业与顾客联系过程中传递的信息失真或丧失；

◆ 臃肿的组织层次阻碍或改变了与顾客联系中所产生的信息。

（2）程序差距（Procedural Gap）

也称质量标准差距。这一差距指企业、管理者没有把顾客的期望转化成适当的操作程序和具体步骤。服务质量标准与管理者对质量期望的认识不一致。原因如下：

◆ 计划失误或计划过程不够充分；

◆ 计划管理混乱；

◆ 组织无明确目标；

◆ 服务质量的计划得不到最高管理层的支持。

（3）行为差距（Behavioural Gap）

这一差距指在服务和交易过程中员工的行为不符合质量标准，它是因为：

◆ 标准太复杂或太苛刻；

◆ 员工对标准有不同意见，例如一流服务质量可以有不同的行为；

◆ 标准与现有的企业文化发生冲突；

◆ 服务生产管理混乱；

◆ 内部营销不充分或根本不开展内部营销；

◆ 技术和系统没有按照标准为工作提供便利。

（4）促销差距（Promotional Gap）

这一差距指营销沟通行为所做出的承诺与实际提供的服务不一致。产生的原因是：

◆ 营销沟通计划与服务生产没统一；

◆ 传统的市场营销和服务生产之间缺乏协作；

◆ 营销沟通活动提出一些标准，但组织却不能按照这些标准完成工作；

◆ 有故意夸大其辞，承诺太多的倾向。

（5）感受差距　（Perception Gap）

这一差距指感知或经历的服务与期望的服务不一样。尽管前面的四个差距都不存在，还有可能产生感受差距。原因有很多，譬如顾客有过不愉快的经历，你已经改正了，而顾客有成见。

差距分析模型指导管理者发现引发质量问题的根源，并寻找适当的消除差距的措施。差距分析是一种直接有效的工具，它可以发现服务提供者与顾客对服务观念存在的差异。明确这些差距是制定战略、战术以及保证期望质量和现实质量一致的理论基础。这会使顾客给予质量积极评价，提高顾客满意度。

■ 顾客满意度调查的手段

一、设立投诉与建议系统

以顾客为中心的企业应当能方便顾客传递他们的建议和投诉，设立投诉与建议系统可以收集到顾客的意见和建议。例如，很多餐厅和旅馆都为客人提供表格以反映他们的意见。一些以顾客为中心的企业，还建立了一种称为"顾客热线"的免费电话，从而最大程度地方便顾客咨询、建议或者投诉。这些信息流有助于企业更迅速地解决问题，并为这些企业提供了很多开发新产品的创意。

二、顾客满意度量表调查

作为一个企业，不要以为建立了投诉与建议系统，就能全面了解顾客的满意和不满意。调查表明，当顾客对劣质服务不满意时，会有以下反应：70%的购物者将到别处购买；39%的人认为去投诉太麻烦；24%的人会告诉其他人不要到提供劣质服务的企业消费；17%的人将对劣质服务写信投诉；9%的会因为劣质服务责备销售人员。上述结果说明并不是所有不满意的顾客都会去投诉，因此，企业不能用投诉程度来衡量顾客满意程度，应该通过开展周期性的调查，获得有关顾客满意的直接衡量指标。

企业可以通过电话或者信件等方式向购买者询问他们的满意度是多少。

三、神秘顾客

"神秘顾客"是由经过严格培训的调查员，在规定或指定的时间里扮演成顾客，对事先设计的一系列问题逐一进行评估或评定的一种调查方式。由于被检查或需要被评定的对象，事先无法识别或确认"神秘顾客"的身份，故该调查方式能真实、准确地反映客观存在的实际问题。

四、失去顾客分析

企业应当同停止购买或转向其他服务商的顾客进行接触，了解为什么会发生这种情况。

■ 开展顾客满意度调查的步骤

一、确定调查的内容

开展顾客满意度调查研究，必须首先识别顾客和顾客的需求结构，明确开展顾客满意度调查的内容。不同的企业、不同的产品拥有不同的顾客。不同群体的顾客，其需求结构的侧重点是不相同的，例如，有的侧重于价格，有的侧重于服务，有的侧重于性能和功能等。

二、量化和权重顾客满意度指标

顾客满意度调查的本质是一个定量分析的过程，即用数字去反映顾客对测量对象的属性的态度，因此需要对调查项目指标进行量化。顾客满意度调查了解的是顾客对产品、服务或企业的态度，即满足状态等级，一般采用五级态度等级：很满意、满意、一般、不满意和很不满意；并相应赋值为5、4、3、2、1。

对不同的产品与服务而言，相同的指标对顾客满意度的影响程度是不同的。因此，相同的指标在不同指标体系中的权重是完全不同的，只有赋予不同的因素以适当的权重，才能客观真实地反映出顾客满意度。

三、调查方法的选用

目前通常采用的方法主要包括三种：

1. 问卷调查

这是一种最常用的顾客满意度数据收集方式。问卷中包含很多问题，需要被调查者根据预设的表格选择该问题的相应答案，顾客从自身利益出发来评估企业的服务质量、顾客服务工作和顾客满意水平。同时也允许被调查者以开放的方式回答问题，从而能够更详细地掌握他们的想法。

2. 二手资料收集

二手资料大都通过公开发行刊物、网络、调查公司获得，在资料的详细程度和资料的有用程度方面可能存在缺陷，但是它毕竟可以作为深度调查前的一种重要的参考。特别是进行问卷设计的时候，二手资料能为研究者提供行业的大致轮廓，有助于设计人员对拟调查问题的把握。

3．访谈研究

包括内部访谈、深度访谈和焦点访谈。内部访谈是对二手资料的确认和对二手资料的重要补充。通过内部访谈，可以了解企业经营者对所要进行的项目的大致想法，同时内部访谈也是发现企业问题的最佳途径。深度访谈是为了弥补问卷调查存在的不足，在必要时实施的典型用户深度访谈。焦点访谈法是由一个训练有素的主持人以一种无结构的自然形式与被调查者交谈，通过倾听一组以目标市场中选来的被调查者的心声，从而获取一些有关问题的深度信息。

四、选择调查的对象

进行科学的随机抽样调查。在抽样方法的选择上，为保证样本具有一定的代表性，可以按照顾客的种类等分类进行随机抽样。在样本的大小确定上，为获得较完整的信息，必须要保证样本足够大，但同时兼顾到调查的费用和时间的限制。

五、科学分析

选用合适的分析方法和工具，顾客满意度测量结果可以给研究者提供许多有用的信息。常用的分析方法和工具有：方差分析法、休哈特控制图、双样本T检验、过程能力直方图和 Pareto 图等。

六、编写顾客满意度指数测评报告

顾客满意度测评报告的一般格式是：题目、报告摘要、基本情况介绍、正文、改进建议、附件。

正文内容包括：测评的背景、测评指标设定、问卷设计检验、数据整理分析、测评结果及分析。

■ 我国旅游行业顾客满意度研究评论

我国旅游管理部门也开展居民对国内旅游服务质量的评价，但问题很多，亟待改进。

一、调查内容过于简单

目前开展的有城镇居民对旅游服务质量的评价、农村居民对旅游服务质量的评价。每组包括综合评价、住宿、交通、餐饮、娱乐、购物、景区／景点、导游等项目。

二、调查设计欠专业

以量表设计为例，对每项服务的态度分为很好、好、一般、尚可、差、不曾使用等6级。在一个6级评价中，一般与尚可是很难判断的，它们基本是中性的，这个设计不对称，有诱导做出正面回答之嫌。还有"不曾使用"不是对服务的态度表达，不应作为服务态度的选项。如2006年农村居民对旅游服务质量的评价中，散客中有74.12%不曾使用景区／景点，90.37%不曾使用导游服务，该项评价（计算比例）还有什么意义呢？

三、结果缺乏起码的可信度

以2006年城镇居民对交通服务质量评价为例，很好的为11.3%，好的为52.1%，合计占63.4%，而认为交通服务差的只有0.6%；农村居民对交通服务质量评价很好的为13.75%，好的为50.11%，合计占63.86%，而认为交通服务差的只有0.66%。

这一结论显然与"我国交通运输业发展尚不能满足社会需要"的国情不符，也与旅游出行难，特别是黄金周出行难上加难的事实不符。

其他各项的评价结果也存在这样的问题。对服务的负面评价值：餐饮为1%、住宿0.3%、交通0.6%、娱乐0.2%、购物0.6%、景区／景点0.2%、导游0.6%，最大值为餐饮1%，最小值为娱乐0.2%。事实上，导游拿购物提成一直以来就为游客所诟病，严重损害了中国旅游的名声。

四、旅游企业开展的一些顾客满意度调查，总体上不规范、过于简单

以下是作者住宿时收到的调查表。

北京××宾馆顾客满意度调查

尊敬的宾客：

承蒙您光临本酒店，我们深感荣幸，衷心希望您对本酒店的设施及服务感到满意。

敬请您花少许时间填妥本问卷，留下您对本酒店的印象及建议，对此，我们将万分感激。

烦请您将此问卷交至前台或大堂经理处。

再次感谢您选择并惠顾本酒店。

顺致敬意

总经理

1. 预定房间

您是否获得了快捷、有效的订房服务？

是□　　否□

如"否"请告知原因。

_____

_____

_____

2. 接待与服务

请告知下列项目的服务质量：

	☺	☺	☹
门卫	□	□	□
行李员	□	□	□
大堂经理	□	□	□
接待	□	□	□
总机接线员	□	□	□
洗衣	□	□	□
商务中心	□	□	□
康体中心	□	□	□

评议：_____

_____

_____

3. 客房

请对以下几项作出评价：

	☺	☺	☹
清洁	□	□	□
舒适	□	□	□
客房装饰	□	□	□
客房服务	□	□	□

评议：_____

_____

4．商务楼层

如果您是商务层的客人，请告知您的感受：

_____

_____

5．餐厅酒吧

请告知您所光顾餐厅的食品、饮料与服务质量：

菜点质量			服务质量		
☺	😐	☹	☺	😐	☹
□	□	□	□	□	□
□	□	□	□	□	□
□	□	□	□	□	□
□	□	□	□	□	□
□	□	□	□	□	□
□	□	□	□	□	□

评议：_____

_____

请告知您所光顾的出租餐厅的食品、饮料和服务质量（这些场所非由本酒店经营）：

	菜点质量			服务质量		
	☺	😐	☹	☺	😐	☹
萨尔家园	□	□	□	□	□	□
星期五餐厅	□	□	□	□	□	□

6．您愿意将我们酒店介绍给您的朋友吗？

是□　　否□

如果"否"烦请说明原因

_____

_____

7．能否列举为您提供超常服务的员工姓名？

1）姓名 _____　部门 _____

2）姓名 _____　部门 _____

8．有无其他意见或建议？

_____

_____

姓名：_____

国籍：＿＿＿＿＿＿＿＿＿＿

地址：＿＿＿＿＿＿＿＿＿＿＿＿＿＿＿＿

抵达日期：＿＿＿＿＿＿＿＿＿＿＿＿

房号：＿＿＿＿＿＿＿＿＿＿

■ 旅游接待企业顾客满意度测评方法研究①

1．范围

本技术规范规定了旅游接待企业顾客满意度测评的要求。

本技术规范适用于对旅游接待企业开展顾客满意度测评。

2．术语和定义

2.1 顾客：购买并接受过宾馆、酒店等机构某种服务的消费者、客户和用户。

2.2 旅游接待企业:指宾馆、酒店、度假村、度假公寓等为游客提供住宿及其他相关服务的机构。

2.3 顾客满意:是顾客对其要求已被满足的程度的感受。

3．要求

3.1 分析影响顾客满意度的因素

顾客满意度是顾客接受产品或服务的实际感受与期望值比较的实际程度。选择测量顾客满意的因素不应仅采用服务的技术标准作为评价项目，必须从顾客的需求和期望中判断选择影响因素，确定测评内容。具体因素有：

感知质量：顾客在接受服务后感受到的服务质量，如对设施设备、服务人员、服务项目、健康和安全、服务环境的感受等。

感知价值：顾客对服务质量和价格比较后的主观感受，主要表现为价格的合理性。

宣传和承诺：如宣传是否得当、服务承诺的兑现情况等。

对顾客投诉的处置。

预期质量：即在接受服务前对服务质量的期望。

3.2 测评人群

一般来讲，旅游接待企业的顾客满意度测评是针对购买企业服务或产品的顾客。

---

① 中国经济与管理研究院，起草人：师守祥

3.3　抽样方法

根据不同服务项目要求，应设计不同的抽样方法和方案。

3.3.1　采用分层抽样或配额抽样方法。

3.3.2　针对要调查的顾客满意度项目，确定要调查的顾客范围；

3.3.3　对可能参与测评的顾客进行定性、定量研究，尽可能明确识别顾客的属性、类别、分布和变动情况，以便准确选择满意度调查对象，评测各类顾客的满意水平。具体可参考如下方面：

——顾客的属性可分为社会属性（如职业、社会地位等）和自然属性（如年龄、性别等）；

——服务的分类：包括不同服务区域、服务项目等；

3.3.4　确定抽样方案，抽样样本的数量要适宜。对于日客流量大的项目，可以日客流量的百分比确定抽样数量，对于日客流量不大的项目，可采用年客流量的百分比确定抽样数量。

3.4　调查方法

3.4.1　几种适用方法

根据不同服务项目，可采用问卷调查、顾客访谈及神秘顾客（审查员扮为顾客）现场调查等方式。本技术规范着重介绍问卷调查方法。

3.4.2　问卷调查方法

3.4.2.1　问卷设计

3.4.2.1.1　设计原则

——根据不同服务项目设置不同的问卷。

——尊重顾客，充分体现顾客的感受。

——问题易于顾客理解和回答，不要占用顾客太多时间。

——要体现出客观性和科学性。

——采用封闭式题目。

——适合接待企业服务认证的要求。

3.4.2.1.2　设计内容

——问卷与星级的对应

顾客满意与不满意是针对某特定人群的特定事件而言的。因而对于同一服务项目，在本测评方法中问卷与星级没有直接的对应关系。无论哪个星级顾客满意度的测评都采用同一问卷。

——问卷结构

● 问卷的标题；

- 开场白：应明确问卷填写方法及其他需要明确的事项；
- 被访者的社会属性；
- 问题及选项；
- 致谢；
- 调查的主办单位。

3.4.2.1.3 问题指标的设置

——设置问题的数量不宜过多，应不致使顾客产生反感，但也不能数量过少，以免要调查的内容不能充分反映。一般来说，问题指标总量控制在 30 以内是顾客基本可以承受的。

——问卷内容要体现顾客最关心的问题，至少包括的内容如下：

- 服务场所的整体服务理念和意识；
- 设施设备的配置和清洁卫生状况；
- 服务人员的服务礼仪、用语、沟通能力；
- 指导人员的专业能力和服务能力；
- 服务场所的清洁卫生和安全；
- 对顾客私人物品和信息的保管；
- 对顾客意见和建议的处置；
- 服务承诺的兑现情况；
- 其他配套服务情况。

3.4.2.2 选项及对应分值的设置

本测评方法中问卷的选项按照李克特量表，分为非常满意、满意、一般、不满意和非常不满意五个选项。其对应的分值分别为：10、8、6、4、2 分。

3.4.2.3 填写方法

为便于顾客填写，本测评方法采用封闭式问卷，请顾客直接划勾等简便方式。

3.4.2.4 现场调查的实施和汇总

3.4.2.4.1 现场调查的组织

满意度调查应在与被调查方充分沟通抽样方法、调查方法的基础上由调查机构组织实施。调查机构应在现场审查时由符合要求的人员组织该项调查。调查地点应是接待企业的服务现场。

3.4.2.4.2 调查人员的要求

——客观、公正，与调查单位无任何利益关系。

——具有良好的沟通和组织协调能力。

——能按调查机构要求完成调查对象的抽样设计并现场实施和监督。

3.4.2.4.3 问卷的发放与回收

——发放要求

- 按抽样设计发放问卷；
- 发放时不应同时有其他的调查内容或影响顾客的心理感受的事项发生；

——回收要求

- 问卷应现场回收，不得隔天收回；
- 有效问卷数量应保证不低于发放问卷数量的60%。

3.5 数据统计和分析

3.5.1 无效问卷筛选

应将汇总的问卷进行筛选，剔除无效问卷后再进行统计。无效问卷如：

——明显的未经考虑回答问题（如回答问题很有规律或大面积选项一致或逻辑上混乱）；

——填写问卷的顾客不符合要求条件（根据不同服务项目规定的身体、年龄要求等）；

——填写的问卷不符合规定的要求（如未按要求填写相关项目等）。

3.5.2 权重设计

应根据不同服务项目中各类调查指标的重要程度设置不同的权重值。权重值的设置可采用配对比较法。即将每个指标与其他指标逐一进行比较，判断两个指标中哪个更重要。同时，在给定的各指标外，还应人为增加一个比所有给定指标重要性都差些的指标，以保证所有给定指标都能计算出合适的权重值。当每个指标都分别同其他指标比较后，就可以得到一个相对重要性的百分比，形成一个顺序量表。

3.5.3 数据统计

3.5.3.1 横向统计

是指将所有有效问卷中具有相同题号的单个问题进行满意度统计，然后将该企业所有单个问题的顾客满意度进行比较，找出该企业服务项目中顾客相对不满意的内容，为企业馆改进服务指出明确方向。本测评文件中要求进行相应的横向统计。其计算方法：

$$H_i = \frac{\sum_{j=1}^{m}\frac{P_{ij}}{m}}{10} \times 100\%$$

式中：

i：问卷中问题指标的下标，1，2，3，……，k；

　　k：问卷中问题指标的总量；

　　H_i：第 i 项指标的满意度，用 % 表示；

　　j：调查样本的标记，1 , 2, 3, ……, m；

　　m：样本总量；

　　P_{ij}：第 j 份问卷中第 i 个指标的得分。

3.5.3.2 纵向统计

纵向分析是将顾客满意度调查结果与前期比较，分析提高或下降的原因，进一步持续改进。本测评文件对纵向统计不做要求。

3.5.3.3 满意度计算

对顾客满意度进行数学量化分析的方法一般有：直接计算法、百分比法和加权平均法等。本测评方法采用加权平均法计算顾客满意度，其公式为：

$$S = \frac{\sum\limits_{i=1}^{k}\left[B_i \times \sum\limits_{j=1}^{m}\frac{P_{ij}}{m}\right]}{10} \times 100\%$$

式中：

　　S：整体满意度，用 % 表示；

　　i：问卷中问题指标的下标，1, 2, 3, ……, k；

　　k：问卷中问题指标的总量；

　　B_i：第 i 项指标的权重值；

　　j：调查样本的标记，1 , 2, 3, ……, m；

　　m：样本总量；

　　P_{ij}：第 j 份问卷中第 i 个指标的得分。

如果已计算出各项指标的满意度，可用公式计算整体顾客满意度：

$$S = \sum_{i=1}^{k}\left(B_i \times H_i\right)$$

式中：

　　S：整体满意度，用 % 表示；

　　i：问卷中问题指标的下标，1, 2, 3, ……, k；

　　k：问卷中问题指标的总量；

　　B_i：第 i 项指标的权重值；

　　H_i：第 i 项指标的满意度，为一百分数。

3.6 结果评价

调查机构根据横向统计结果确定现场审查时的重点或者发现一些审查中需

要注意的问题。

■ 旅游目的地满意度调查

XX市旅游业满意度调查问卷

> 问卷编号：_____
> 访问员姓名：_____
> 访问员编号：_____
> 访问开始时间：××年____月____日

_____先生／女士：

　　为提高旅游服务质量，不断促进 XX 市旅游业的发展，更好地服务旅客，××市消费者协会与 XX 质量协会联合进行旅游业满意度调查活动，希望能够得到您的支持和协助！

　　您只需根据自己的实际感受填写。您的回答具有代表性，将对改善我市旅游业的现状提供帮助！按照《统计法》，对您的回答我们给予严格保密，感谢您的配合及大力支持！

××市消费者协会

××质量协会

年____月

基本情况

　　下面有关您的一些情况，仅供统计分析使用，请您别介意，同时对于您的回答我们将严格保密。

　　如何填写问卷

　　请您在相应的评价栏目内打"√"或填写相应内容

　　D1.【☞单选题】请问您的年龄：

16 周岁以下（停止访问）	16（含）～45 周岁	45（含）～60 周岁	60 周岁（含）以上

　　D2.【☞单选题】请问您的性别是：

　　1. 男　　2. 女

　　D3.【☞单选题】请问您的婚姻状况是：

　　1. 未婚　2. 已婚　　3. 其他

D4.【☞单选题】请问您家有几口人：

1. 一人　　　2. 二人　　　3. 三口之家　　　4. 四人及以上

D5.【☞单选题】请问您的受教育程度是哪一种？

小学及以下	初中	高中/中专/技校	大专	大学本科	硕士及以上

D6.【☞单选题】请问您的家庭人均月收入是多少元？

1000 元及以下	1001～2000 元	2001～3000 元	3001～4000 元	4001～5000 元	5001 元以上

D7.【☞单选题】请问您的职业：

政府或事业单位人员	企业职工		个体工商户	离、退休人员
学生	无业、待业、下岗人员	离退休人员	其他_____（请注明）	

主体问卷

Q1.【☞可多选】您一般通过何种渠道了解ＸＸ旅游信息

报纸/杂志	朋友介绍/推荐	电视广告	传单/画报/优惠海报宣传
广播	旅游展销会	网络	其他_____（请填写）

Q2.【☞可多选】您通常选择旅行的方式是：

徒步旅行	自驾旅游	探险旅游	专题旅游（如森林之旅、文化之旅）
休闲旅游	风光旅游	文化旅游	红色旅游（革命圣地）

Q3.【☞可多选】您通常选择旅游的主要原因：

休闲观光	公司组织	节假日	庆祝重要日子（蜜月、生日等）
喜欢旅游	朋友邀请	释放压力	其他_____（请填写）

Q4.【☞可多选】您选择旅行团，通常会根据什么因素进行选择：

公司规模	旅游线路	公司信誉度
全程价格	旅游时间	其他_____（请注明）

Q5.【☞可多选】请问，旅行社主动向您提供以下哪些服务呢？

正规旅行社证明	主动签订合同	提供正式发票	其他_____（请注明）

Q6. 请问，您本次是选择一日游公司吗？

1. 是　　请注明：_____　　2. 不是

Q7. 请问，您参加的一日游活动遇到过无资质的旅游公司、黑导游吗？

1. 有过 _____次　　　　　　2. 没有

Q8.【☞单选题】在旅行之前，您对旅行团总体印象评价：

问　　题	评　价（注：分值越高表示您的评价越高）
企业总体形象	很低　1　2　3　4　5　很高
业内知名度	很差　1　2　3　4　5　很好

Q9.【☞单选题】在进行旅游之前，您对这次旅游的期望是多高？

问　题	评价（注：分值越高表示您的评价越高）
对旅游质量的总体要求	很低 1　　2　　3　　4　　5　　很高
对旅游过程服务质量的估计	很低 1　　2　　3　　4　　5　　很高

Q10.【☞单选题】在旅游过程中，请您对此次旅游的服务质量进行评价：

编号	问　题	评　价（注：分值越高表示您的评价越高）
1	旅游交通	很差　　1　　2　　3　　4　　5　　很好
2	旅游餐饮	很差　　1　　2　　3　　4　　5　　很好
3	旅游住宿	很差　　1　　2　　3　　4　　5　　很好
4	旅游购物	很差　　1　　2　　3　　4　　5　　很好
5	旅游娱乐	很差　　1　　2　　3　　4　　5　　很好
6	旅游宣传	很差　　1　　2　　3　　4　　5　　很好
7	景点总体氛围	很差　　1　　2　　3　　4　　5　　很好
8	景点安全	很差　　1　　2　　3　　4　　5　　很好
9	景点环境	很差　　1　　2　　3　　4　　5　　很好
10	景点管理	很差　　1　　2　　3　　4　　5　　很好
11	景点收费	很不合理 1　　2　　3　　4　　5　　很合理

Q11.【☞单选题】请您对最近旅行过程的服务质量进行评价：

编号	问　题	评　价（注：分值越高表示您的评价越高）
1	门市服务	很差　　1　　2　　3　　4　　5　　很好
2	游程安排	很不合理 1　　2　　3　　4　　5　　很合理
3	工序交接	很差　　1　　2　　3　　4　　5　　很好
4	服务承诺履行	很差　　1　　2　　3　　4　　5　　很好
5	服务流程	很不合理 1　　2　　3　　4　　5　　很合理
6	合同执行	很差　　1　　2　　3　　4　　5　　很好
7	服务质量监督管理	很不及时 1　　2　　3　　4　　5　　很及时

Q12.【☞单选题】请您对最近在随团旅行的导游服务质量进行评价：

编号	问　题	评　价（注：分值越高表示您的评价越高）
1	言行仪表	很差　　1　　2　　3　　4　　5　　很好
2	法规意识和职业道德	很不合理 1　　2　　3　　4　　5　　很合理
3	导游解说能力	很差　　1　　2　　3　　4　　5　　很好
4	服务态度	很差　　1　　2　　3　　4　　5　　很好
5	业务水平	很差　　1　　2　　3　　4　　5　　很好
6	应急能力	很差　　1　　2　　3　　4　　5　　很好
7	遵守约定	很差　　1　　2　　3　　4　　5　　很好

Q13.【☞单选题】请您对最近旅行进行总体评价

编号	问　题	评　价（注：请您按照实际感受对以下各项进行评价）
1	总体满意程度	很不满意　1　　2　　3　　4　　5　　很满意
2	与要求相比的满意程度	很不满意　1　　2　　3　　4　　5　　很满意
3	与理想中相比的满意程度	很不满意　1　　2　　3　　4　　5　　很满意

Q14.【☞单选题】请您对最近旅行的定位进行评价：

编号	问　题	评　价（注：请您按照实际感受对以下各项进行评价）
1	旅游价格是否合理	很不合理 1　2　3　4　5　很合理
2	与旅游定位相比的旅游质量	很不合理 1　2　3　4　5　很合理

Q15.【☞单选题】请问您今后再次旅行的可能性

编号	问　题	评　价
1	再次选择该旅行社可能性	很小　1　2　3　4　5　很大
2	向他人推荐该旅行社可能性	很小　1　2　3　4　5　很大
3	价格提高后再选择该旅行社可能性	很小　1　2　3　4　5　很大

Q16.【☞单选题】请您对此次旅游抱怨情况的进行评价：

编号	问　题	评　价（注：请您按照实际感受对以下各项进行评价）
1	对ＸＸ旅游质量的抱怨	很小　1　2　3　4　5　很大
2	对导游的抱怨	很小　1　2　3　4　5　很大
3	对该旅行社的抱怨	很小　1　2　3　4　5　很大

Q17.【☞单选】您在ＸＸ旅游碰到过旅游陷阱么？

1. 有	2. 没有（跳问 Q19）

Q18.【☞可多选】主要碰到过哪些旅游陷阱，请选择：

景点缩水	低价引诱	强迫消费	导游误导误购	餐饮标准降低
住宿宾馆降级	拼团或转团	导游服务差	擅改合同	其他_____

Q19.【☞可多选】您认为哪种旅游陷阱最难以忍受？

景点缩水	低价引诱	强迫消费	导游误导误购	餐饮标准降低
住宿宾馆降级	拼团或转团	导游服务差	擅改合同	其他_____

Q20. 当您与旅游公司发生争议时，通常采取哪些措施呢？

与旅行社协商解决	向其主管政府机关申诉	向消费者协会投诉	放弃

Q21.【☞填空题】请问您个人每年大概有多少旅游支出？＿＿＿＿＿

Q22. 请问您对ＸＸ旅游业最满意的地方是？（请详细填写）

_____

Q23. 请问您ＸＸ旅行最不满意的地方是？（请详细填写）

_____

Q24. 请您对ＸＸ旅游业提出宝贵的意见和建议？（请详细填写）

_____

十分感谢您花费时间填写这份问卷。请把问卷装进预付邮资的信封中寄回。

我们还提供其他的联系方式供您使用：

传真电话：

邮箱：

需要进一步信息，请与以下地址联系：

中国　北京　中关村南大街 1000 号

中国经济与管理研究院

电话：000-88888888

邮编：100000

■ 旅行社服务质量顾客调查

山东省旅行社等级评定中进行旅行社服务质量暗访及旅行社服务质量顾客调查

一、调查说明

1. 调查问卷满分 180 分。

2. 调查问卷分为信息咨询、交通、住宿、餐饮、导游员、售后、产品安排和总体等 8 个大项，共 36 个小项。除特殊说明外，对 3 星级至 5 星级旅行社均适用。

3. "满意"指每份调查问卷得分 140 分以上。满意率＝调查结果为"满意"的问卷数/有效问卷数×100%。各等级旅行社最低调查取样和达标满意率要求：

三 A 级旅行社：调查取样不低于 100 份，满意率不低于 85%

四 A 级旅行社：调查取样不低于 200 份，满意率不低于 90%

五 A 级旅行社：调查取样不低于 300 份，满意率不低于 95%

二、调查标准

旅行社服务质量顾客调查问卷如下：

旅行社服务质量顾客调查问卷

尊敬的顾客：

为了提高山东省旅行社的整体服务水平，根据 DB11/T 393—2006 旅行社等级划分与评定的地方标准，山东省旅游局于 2007 年起开始对旅行社进行等级评定。您本次旅行的宝贵意见，将是本项评定工作的重要影响因素。

您只需在相应的评分项中打"√"。分值越高，表示您对旅行社提供的该项服务越满意。5 分为非常满意、4 分为满意、3 分为一般、2 分为不满意、1 分为非常不满意。

　　谢谢您的支持！

旅行社等级评定委员会

C.1 旅行社服务质量顾客调查表

项目	序号	评分标准	项目分值				
			5	4	3	2	1
信息咨询	1	可方便地从该旅行社网站获得旅游信息					
	2	可从该旅行社网站获得及时、准确的旅游信息					
	3	该旅行社的广告设计有吸引力					
	4	可方便地通过电话咨询、预订					
	5	服务人员具备相应的产品知识，能为顾客提供快速、有效、热情的服务					
	6	服务人员的技能、礼貌让顾客产生信任感和安全感					
交通	7	对所选航班（车次）的时间满意					
	8	对所选航班（车次）的价格满意					
	9	对所选航班（车次）的服务满意					
	10	所选旅游车辆安全可靠					
	11	所选旅游车辆干净清洁					
	12	所选旅游车辆设施良好					
	13	司机驾驶安全、熟悉线路					
住宿	14	所选饭店具有干净的住宿环境					
	15	所选饭店具有良好的设备					
	16	所选饭店的等级安排适当					
	17	所选饭店能提供便利性服务					
餐饮	18	所选餐馆提供了足量的饭菜					
	19	所选餐馆提供了干净的饭菜					
	20	所选餐馆提供了可口的饭菜					
	21	所选餐馆的地点、风格适当					
导游员	22	导游员有良好的解说能力					
	23	导游员有良好的沟通协调能力					
	24	导游员能为顾客着想，有责任心					
	25	导游员具有良好的带团技巧，较高的专业化水平					
	26	导游员具有较高的应变能力，必要时能适时采取补救措施					

续表

项目	序号	评分标准	项目分值				
			5	4	3	2	1
售后	27	旅行社产品售后服务、工作处理做得及时到位					
	28	旅行社能加强和已参团顾客的联系					
产品安排	29	旅游线路游览时间安排合理					
	30	购物次数、购物停留时间安排适度					
	31	自选项目活动安排合理					
	32	线路景点的安排有吸引力					
	33	产品质价相符					
总体	34	我满意旅行社此次服务安排					
	35	该旅行社具有可靠地、准确地履行服务承诺的能力					
	36	如果下次出行，我很愿意选择该旅行社提供服务					

您的其他意见或建议：

_____

_____

_____

您的基本情况（评定单位有义务为您保密）

1. 您的性别：

（1）男　　　　　　　　　　（2）女

2. 您的年龄：

（1）18 岁以下　　　　　　　（2）18～29 岁

（3）30～44 岁　　　　　　　（4）45～64 岁

（5）65 岁以上

3. 您的学历：

（1）大学本科及以上　　（2）大学专科　　（3）中专或高中以下

4. 您的职业：

（1）公务员　　　　　　　　（2）企事业管理人员

（3）专业／文教技术人员　　（4）服务销售商贸人员

（5）工人　　　　　　　　　（6）农民

（7）军人　　　　　　　　　（8）离退休人员

（9）学生　　　　　　　　　（10）其他

5. 您的家庭人均月收入：

(1) 800 元及以下   (2) 800～1600 元

(3) 1600～2500 元（含 2500 元）   (4) 2500～4000 元（含 4000 元）

(5) 4000～6000 元（含 6000 元）   (6) 6000 元以上

■ 度假区健身会所顾客满意度测评问卷

尊敬的女士／先生：

您好！我们希望了解您对该健身房服务的看法，以便判断该健身服务现状并了解服务中存在的问题，有针对性地令其进行改进，为您提供更好的服务。

以下每个问题五个选项，请在您认为合适的选项"□"内打"√"。

本次调查将对您的个人信息严格保密，敬请如实填写。谢谢！

姓　　名：_____　性　别：_____　年　龄：_____

联系电话：_____　入会时间：_____ 年_____ 月

题　目	非常满意	满意	一般	不满意	非常不满意
1. 服务人员的服务意识	□10	□8	□6	□4	□2
2. 服务人员的业务水平、沟通能力	□10	□8	□6	□4	□2
3. 会员卡的办理是否方便、快捷	□10	□8	□6	□4	□2
4. 健身预约服务便捷，沟通及时	□10	□8	□6	□4	□2
5. 健身器材的配置	□10	□8	□6	□4	□2
6. 健身器材完好、清洁卫生状况	□10	□8	□6	□4	□2
7. 教练员的专业指导能力	□10	□8	□6	□4	□2
8. 教练员的服务态度	□10	□8	□6	□4	□2
9. 集体健身课程内容是否合理、适宜	□10	□8	□6	□4	□2
10. 该健身房的环境的舒适程度	□10	□8	□6	□4	□2
11. 健身房整体的清洁卫生、安全保障	□10	□8	□6	□4	□2
12. 对顾客私人信息的保密	□10	□8	□6	□4	□2
13. 配套服务（如商品供应、更衣、洗浴服务等）	□10	□8	□6	□4	□2
14. 对顾客建议、投诉的处置	□10	□8	□6	□4	□2

15. 对外宣传（含承诺）与实际
  服务的一致性　　　　　　□10　　□8　　□6　　□4　　□2
16. 您感觉您的消费是否物有所值？　□10　　□8　　□6　　□4　　□2
17. 再次续会的可能性　　　　□100%　□80%　□60%　□40%　□20%

　　衷心感谢您对我们工作的支持和配合！

××健身会所

××年××月××日

■ 旅客满意度调查的关注点

　　要真正做到客观、全面、科学、公正地开展顾客满意度调查，必须把关注点放在以下四个方面：

　　1. 关注顾客不满意的意见

　　在顾客满意度调查中，要特别注意了解不满意的意见。这些意见不但为企业改进产品和服务质量、改善企业形象提出了新的要求，而且为企业指明了努力的方向。

　　在开展质量、价格、交货期、服务态度、服务及时性、服务准确性等 6 个方面的顾客满意度调查中。一般来讲，顾客重视程度越高的项目，满意度越低，改进的机会就越多。这些项目应成为改进的对象和重点抓的问题。

　　2. 关注隐性的调查结果

　　运用走访、问卷、座谈等方式和方法得出的调查结果，可称为显性结果。如果企业满足于此，调查结果就可能不完整，难以全面反映顾客的意见。所以，必须留心以下特定场合的顾客反馈意见，观察其中的隐性问题，确保顾客满意度调查结果全面、准确、真实、可靠：①在基层工作现场遇到具体问题时的顾客意见、抱怨和不满意；②在日常业务交往中，顾客通过电话、信函等方式提出的亟待解决的问题；③亲朋好友在私下场合对企业作出的评价和提出的建议；④针对相同的情况与不同企业的类比结果。

　　从顾客满意度调查的情况看，为顾客解决各种困难，把顾客的难题作为企业研究和解决的课题，是企业的优势所在。这方面的工作做好了，用户满意度就会大大提高。

　　3. 关注顾客的潜在需求

　　公司在满足顾客明示的要求的同时，注意通过顾客满意度调查主动把握顾客要求的变化和潜在需求，从而及时或超前变革服务的内容和方式，以此增强顾客满意度。满足顾客的潜在需求，既包括未来的需求、长远的需求，也包括顾客情况的变化、数量的增减、类别的变化、群体的扩展等。这就需要抓住顾客满意模式中最关键的环节来持续推动企业的发展和进步。持续改进不应局限于对顾客不满意的改进，还应包括产品的改进、新产品的开发、服务模式的发展、组织的优化、机制的改革等，同时不断补充、扩大顾客满意度调查的内容。

4．关注竞争对手的顾客

在进行顾客满意度调查时，必须考虑竞争对手综合水平对自己的影响。所以，应调查竞争对手的顾客为什么没有购买自己的产品（服务），了解他们对竞争对手的满意程度，从中发现自己的优势和不足，并针对差距和问题进行改进，以此提高市场竞争力，扩大市场份额。

本章参考及进一步阅读的文献

1．王方华.服务营销．山西经济出版社，1998

2．刘宇．顾客满意度测评．社会科学文献出版社，2003

3．（英）奈杰尔・希尔（Nigel Hill）．顾客满意度测量手册．赵学慧；叶振亚译．沈阳出版社，2000